Evolução Espiritual na Prática

Ao longo da obra, preparamos bônus especiais e conteúdos em links exclusivos para você.

Para facilitar, você pode acessá-los apontando a câmera do seu celular para o QR Code ao lado.

Evolução Espiritual na Prática

Bruno J. Gimenes & Patrícia Cândido

Luz da Serra®
EDITORA

10ª Edição / Nova Petrópolis-RS / 2023

Capa: Marco Cena
Revisão: Renato Deitos
Editoração eletrônica: Bruna Dali e Maitê Cena

Dados Internacionais de Catalogação na Publicação (CIP)

G491e   Gimenes, Bruno J.
           Evolução espiritual / Bruno J. Gimenes, Patrícia Cândido. –
           1. ed. Nova Petrópolis, RS : Luz da Serra 2009.
           344 p.

           Inclui bibliografia.
           ISBN 978-85-77272-00-6

           1. Espiritualidade. 2. Vida espiritual. 3. Espírito - consciência.
           4. Mediunidade. 5. Alma. 6. Pensamento. 7. Cura pela mente.
           8. Felicidade. I. Cândido, Patrícia. II. Título.

                                                 CDU 133.9
                                                 CDD 291.4

(Bibliotecária responsável: Sabrina Leal Araujo – CRB 10/1507)

Luz da Serra Editora Ltda.
Avenida Quinze de Novembro, 785
Bairro Centro - Nova Petrópolis/RS
CEP 95150-000
loja@luzdaserra.com.br
www.luzdaserra.com.br
loja.luzdaserraeditora.com.br
Fones: (54) 3281-4399 / (54) 99113-7657

Sumário

Observações importantes 7

Recomendações para leitura 9

Para desenvolver esse tema em grupo 11

Apresentação 13

Introdução
Como anda sua evolução espiritual? 19

Capítulo 1
A busca espiritual no século XXI
e o universalismo 23

Capítulo 2
Vidas passadas, carma e reencarnação 51

Capítulo 3
Vida após a morte e a imortalidade da alma 75

Capítulo 4
A importância da família na Evolução Espiritual 91

Capítulo 5
Educação espiritual no século XXI
e as crianças da Nova Era 101

Capítulo 6
A dor e a doença como instrumento de evolução 121

Capítulo 7
Obsessões: trocas involuntárias de energia 135

Capítulo 8
O psiquismo da Terra 151

Capítulo 9
Anatomia sutil e os fluidos vitais 175

Capítulo 10
As formas de pensamento 193

Capítulo 11
A mensagem que a mediunidade nos traz 205

Capítulo 12
A oração como um elevador do psiquismo 237

Capítulo 13
Meditação - A arte de serenar a mente 261

Capítulo 14
Mantras e palavras de poder 271

Capítulo 15
Terapias alternativas 291

Capítulo 16
O livre-Arbítrio e a Missão de Cada Um 329

Referências Bibliográficas 341

OBSERVAÇÕES IMPORTANTES

O material apresentado neste livro não esgota o assunto referente à evolução espiritual. Os capítulos deste livro não constituem conteúdo necessário para promover absoluta transformação espiritual no indivíduo que o lê, contudo é uma coletânea de assuntos que poderão modificar por completo a consciência de cada pessoa acerca da temática da espiritualidade e o emprego dessas práticas no seu dia a dia.

Nossa proposta não é semear discussões de ordem técnica, tampouco defender quaisquer teses científicas. Trata-se apenas de uma tentativa bem-intencionada no sentido de estimular o leitor a perceber a importância de viver uma vida com especial atenção na Evolução Espiritual. De maneira prática e descomplicada, objetiva mostrar que a busca por consciência espiritual se faz nas coisas simples e que a atenção a pequenos detalhes pode fazer toda a diferença. Sobremaneira, este livro tem o propósito de ajudar as pessoas a se ajudarem, a eliminarem a vitimização, a autopunição, para que consigam alcançar elevados estados de paz, felicidade e conexão com Deus.

Recomendações para leitura

Esta obra teve origem em um curso chamado Evolução Espiritual, onde os grupos encontram-se em determinados períodos (semanais, quinzenais e em alguns casos mensais) para estudo, prática e debate dos temas desenvolvidos em cada módulo. Neste curso existem coordenadores que abordam o tema através de palestras, com exposição dialogada através de exemplos teóricos e práticos.

Portanto, recomendamos a leitura de um módulo por semana, pois o objetivo em cada módulo é que haja leitura, reflexão, disciplina e prática. Havendo um mergulho profundo em cada um dos temas, ao final de dezesseis semanas estaremos completamente transformados e sutilizados energeticamente, atingindo altos níveis de consciência e luz.

Para desenvolver esse tema em grupo

- Reúna as pessoas interessadas em um local tranquilo, onde possa haver bons debates, reflexão e meditação.

- Antes de iniciar, faça um relaxamento coletivo, uma oração em grupo ou uma meditação.

- Apresente o nome do tema.

- É recomendável que cada integrante do grupo leia uma parte do tema.

- Assim o conteúdo é apresentado aos participantes de forma leve e tranquila.

- No final da leitura, recomenda-se que cada participante comente:

1. O que entendeu do tema.

2. Como pode usar esse aprendizado na prática do dia a dia com ações concretas.

3. Baseado no conteúdo apresentado, como anda a sua evolução espiritual.

- Faça os debates que forem necessários, depois encerre com uma oração ou meditação.

- Combine com o grupo novo encontro e o próximo tema.

- Recomenda-se que você siga a mesma sequência dos capítulos do livro.

Apresentação

"Sejam bons. Meditem. Transformem o trabalho em adoração. Sejam calmamente ativos e ativamente calmos. Não desperdicem seu tempo com ninguém, exceto Deus, e assim o tempo não será desperdiçado. Um grama de prática vale mais do que uma tonelada de teorias." Paramahansa Hariharananda

Estamos nós, Bruno e Patrícia, compartilhando este livro escrito a quatro mãos que é a nossa primeira obra desenvolvida em coautoria. Desejamos que toda a força divina da sincronicidade que nos conduziu até a construção desse material possa ser sentida por você leitor ou leitora. Este livro foi construído por quatro mãos (Bruno e Patrícia). Contudo, quando nos abrimos para o universo, em intenção elevada e com o coração neutro, recebemos a ajuda de milhares de "mãos". Por isso, seria muito injusto dizer que só quatro mãos trabalharam!

Evolução espiritual na prática não é apenas um livro, é uma proposta, um projeto de vida que queremos compartilhar com um número máximo de pessoas possível.

Acreditamos que a sensibilidade ao extrafísico, chamada de mediunidade (que muitos mistificam por pura ignorância), tenha sido nossa maior aliada. Nessa caminhada, conseguimos perceber que praticamente todas as inspirações que nós seres humanos temos ou já tivemos, que geram ações, criações, construções, projetos ou realizações, têm sua fonte geradora no âmago das dimensões superiores, pela vontade de Deus, Existência ou Criador. Para perceber essas virtudes, precisamos nos alinhar a elas e sentir com o coração.

Com certeza foi a inspiração do Plano Superior que nos convidou a este trabalho, transformado em livro para que tenha seu propósito mais facilmente disseminado entre os tantos corações afinizados com os valores espirituais.

Tudo se iniciou já faz um bom tempo, quando começamos a ministrar diversos cursos sobre curas energéticas naturais, terapias vibracionais e consciência espiritual, dando origem a instituição hoje conhecida como Luz da Serra.

Os anos foram passando, a nossa dedicação só aumentava, os alunos surgiam, as turmas eram formadas e o trabalho se intensificava. Sempre foi um movimento maravilhoso que proporcionou com que milhares de alunos pudessem participar dos cursos em um período de aproximadamente cinco anos.

As frentes de trabalho iam bem, muitos cursos, palestras e eventos. Sempre atraímos um público muito interessado, estudioso, dedicado, que nos faz sentir que nossa tarefa de professores tem grande êxito. Certo dia, no decorrer de um curso, em um exercício de meditação, uma forte mensagem veio. Era uma energia ou um bloco de informação que falava diretamente à consciência. Não era uma voz audível, mas uma mensagem que pairava sobre nós, que foi assimilada naquele mesmo dia, deixando-nos "intrigados". A mensagem passava a seguinte ideia:

"Esses cursos são muito bons, o propósito é elevado e faz a diferença, mas, vejam, não tem nem vinte pessoas na sala. E o restante das pessoas que não conseguem entender a importância desses cursos que reformam a alma? Como elas ficam?

Pensem melhor, reformulem a didática. A pedagogia do ensino para as verdades espirituais precisa aproximar, conquistar, e isso acontece aos poucos.

As coisas ruins da vida, o mal, os pensamentos densos, as futilidades, a mídia contaminada, os vícios, são forças que seduzem as pessoas em um processo muitas vezes lento.

Para atrair as pessoas, chamando suas atenções para a necessidade de buscar consciência espiritual, precisamos ser sábios, mostrando delicadamente, calmamente, que o conhecimento das verdades universais é uma dádiva que precisamos conquistar. As pessoas no mundo todo estão muito distanciadas do entendimento de suas missões. Precisamos ajudar nesse despertar, que precisa ser leve, sadio, que faça a pessoa perceber por ela mesma quantas vantagens existem no caminho dessa espiritualidade simples, tranquila e amorosa. Sem imposições, sem aprisionamento de mentes. O discernimento espiritual é nosso maior triunfo, porque é ele quem diz para cada pessoa o que deve ou não fazer ou seguir.

E essa estrutura de cursos é interessante, mas para um pequeno grupo. Reflitam: vocês consideram essas poucas pessoas o suficiente?"

Não dá para negar que essa mensagem nos deixou confusos e até desmotivados, já que vínhamos em um ritmo muito gratificante de cursos e eventos, com bons resultados, acreditando que estávamos na direção certa.

Alguns dias passaram, e sempre que possível debatíamos sobre a mensagem, tentando entender melhor quais seriam os nossos papéis e como faríamos para implantar tal mudança.

Com a correria das rotinas diárias, continuamos a cumprir normalmente nossa agenda de cursos, viajando muito em várias cidades. Certa noite, através de um "sonho", aparece um ser com aparência amiga, mostrando-se familiar e explica:

"Lembram do que lhes foi pedido?

Está na hora de vocês construírem um novo formato de trabalho. Organizem um curso que se chamará Evolução Espiritual. Esse curso acontecerá em vários módulos, com linguagem simples, universalista (sem cunho religioso), que ensine as pessoas a colocarem os aprendizados na prática, que traga exemplos simplificados e acessíveis a todos.

Os módulos devem ser escritos e apresentados de maneira clara e objetiva, sempre com o foco na prática da evolução espiritual.

Cada aula do curso será um módulo. Cada módulo deve ter um conteúdo escrito que deve ser oferecido aos alunos. Não deve ser cobrado o valor de um curso comum, apenas uma contribuição para cobrir custos.

Quando os módulos ficarem prontos, ofereçam para as pessoas que quiserem também ministrá-los, através dos cursos ou grupos de estudos. Façam esse material circular entre todos os interessados.

O curso deve ter uma aula por mês, sendo cada aula um tema diferente (módulo), mas não prendam as pessoas. Cada um pode começar do módulo que quiser e parar também quando quiser, isso não muda nada. Cada um deve buscar aquilo que seu nível de consciência está pronto para receber e usar.

Quanto aos temas dos módulos, vocês saberão em breve."

Esse foi o esclarecimento do iluminado amigo que apareceu naquele sonho.

Como somos pessoas dedicadas ao nosso trabalho, não demorou nem um mês e a primeira aula do curso de evolução espiritual se iniciou. Muitas pessoas surgiram, muitas novidades, uma nova energia tomou conta da nossa equipe, porque sentíamos presenças sublimes a todo instante.

Não demorou nada e os cursos nesse formato foram agendados em várias cidades, contando com a participação de novos professores que "compraram a ideia" e começaram a ministrar o curso de Evolução Espiritual para seus grupos.

Ao passo que os módulos foram ministrados, muitas mudanças positivas aconteceram em todos os frequentadores, além de que não só os alunos aprenderam muito, mas os professores também. A consciência da espiritualidade, dos nossos papéis, das nossas possibilidades, da nossa missão, foi serenamente aflorada, foi quando começamos a perceber a magnitude desse projeto e os objetivos dos Planos Superiores.

No decorrer do nosso dedicado trabalho para a construção dos módulos, de forma natural, sentimos em nossos corações que esse conteúdo precisava tornar-se um livro, para que pudesse ser oferecido, de forma mais acessível, a todos os interessados. E assim o fizemos!

Com a ajuda de todos, das sincronicidades do universo, dos amigos e das "flechas dos anjos", esse objetivo foi alcançado.

Fizemos um intenso esforço na tentativa de traduzir as vontades superiores, e aqui estamos!

Esperamos que esse trabalho o ajude na sua evolução espiritual, diga-se de passagem, que é o grande projeto das dimensões superiores para cada um de nós, ao qual todos temos direito, no aqui, no agora e na prática!

Os módulos

Os módulos deste livro foram selecionados de acordo com os sinais do universo, que conversa o tempo todo conosco. Quando nos sensibilizamos a essa conversação maravilhosa, a vida fica melhor de se viver, porque todos os nossos atos geram consequências, sejam positivas ou negativas, e o universo sempre nos responde.

Os temas deste livro foram escolhidos com foco na proposta de desenvolver noção de conjunto e possibilitar uma evolução espiritual coerente à nossa realidade planetária atual e aos nossos níveis de consciência.

Boa leitura!

Introdução
Como anda sua evolução espiritual?

Essa com certeza não é uma pergunta que ouvimos com facilidade! Encontramos as pessoas pelas ruas, convivemos em casa, no trabalho, nas rotinas do dia a dia, sempre em contato direto com muita gente. Mesmo assim, não é uma pergunta comum de se ouvir. Os diálogos entre as pessoas se desenvolvem com grande facilidade, em todos os lugares, a todo momento. Ainda assim, é pouco provável que alguém lhe pergunte: "Como anda a sua evolução espiritual?".

O mais frequente são perguntas relacionadas a questões como saúde, finanças, amigos, familiares, até mesmo um singelo: "Como vai você?".

Este texto tem o objetivo de estimular uma reflexão mais profunda em relação ao sentido da vida, ao motivo da nossa existência ou, ainda, a real finalidade de nossa encarnação: a evolução! Assim sendo, não temos o costume de perguntar aos outros, tampouco somos questionados a respeito desse tema.

E por que esse não é um assunto que chama a atenção? Por que a maioria de nós só reflete sobre a vida em momentos de dificuldades? Ou quando enfermos? Ou no leito de morte?

Se todos nós temos uma missão neste planeta, por que não temos o costume de refletir sobre isso? Por que deixamos de lado? Por que fazemos de conta que não é importante?

É isso que se chama ilusão?

Se realmente temos uma missão evolutiva nesta existência, logo, nossa mais importante tarefa no período da vida seria fazer de tudo para que essa missão fosse realizada com êxito. Não seria essa nossa mais importante meta?

Então por que na prática não acontece?

- Porque a maioria de nós seres humanos não somos espiritualizados, que é o mesmo que dizer que não temos consciência das leis naturais que regem a humanidade em todo o seu contexto.

- Porque não temos a perspectiva da eternidade.

- Porque ainda estamos presos à ilusão da matéria, nos separando da Fonte, criando o ego negativo, que é o causador de toda dor e sofrimento.

- Porque fomos e ainda somos desestimulados a crer no plano espiritual, e o pior: aceitamos essa realidade passivamente.

- Porque estamos fascinados com o que apenas os olhos físicos podem ver.

- Porque muitos de nós equivocadamente entendemos que a evolução espiritual só se dá através das religiões, e como essas já não conseguem mais responder aos anseios da humanidade (em alguns casos, não têm mais credibilidade), alguns desistem dessa busca.

- Porque nos dias atuais a educação moderna não nos ensina mais a pensar, preferencialmente nos oferece os pensamentos prontos, e, novamente, aceitamos.

- Porque, mesmo com tantas dificuldades e conflitos, ainda assim estamos acomodados em nossas "zonas de conforto". Porque em muitos casos temos preguiça de mudar, de começar. É mais fácil deixar como está.

- Por essas e por outras causas, a humanidade, em sua maioria, de maneira ilusória, tem acreditado que a missão de cada ser neste mundo é progredir principalmente no aspecto material, no atual sistema de capitalismo desenfreado, que se mostra uma das causas responsáveis pela baixa imunidade do planeta.

É claro que esses são apenas alguns dos diversos motivos que nos deixam ainda cegos para as verdades universais, distantes de assimilarmos a sabedoria divina e habilidade para seguir evoluindo. A história da humanidade mostra claramente uma lei inquestionável: a evolução constante. Não há como barrar essa natureza de Deus, que nos faz concluir que temos que acompanhar esse fluxo, e evoluir de qualquer jeito! Como já sabemos: pelo amor ou pela dor.

Buscar a evolução espiritual é ansiar definitivamente por interromper essa pedagogia universal do ensino pelo sofrimento. Já chega! Está mais do que na hora de tornarmo-nos conscientes de nós mesmos e de nossos papéis. Esse movimento se chama: Evolução Espiritual.

Estamos falando de uma evolução espiritual acessível para todos os seres, em todos os lugares do mundo. Alertando para a necessidade de compreendermos o motivo real de nossas existências, das situações da vida e das transformações necessárias a qual todos somos submetidos, com o mesmo propósito evolutivo.

Chegou o momento, o século XXI, a Nova Era, a Transição Planetária, a Era Digital, e tantos outros movimentos do universo. Tudo manifestando fortes indícios de que nós já podemos dar um salto em busca de um novo patamar de consciência e felicidade.

Jamais em toda a história da humanidade conseguimos reunir tantas condições favoráveis para que o mundo pudesse dar esse salto evolutivo nunca antes imaginado. Com liberdade e consciência. Mas para essa jornada começar a acontecer dentro de você, para que as transformações positivas se iniciem em sua alma, precisamos lhe perguntar algo. Além disso, queremos convidar você a responder essa pergunta fazendo uma profunda e dedicada reflexão sobre:

Como anda a sua evolução espiritual? Responda essa pergunta do fundo da sua alma, reflita, medite e entre nessa viagem chamada Evolução Espiritual!

Capítulo 1
A busca espiritual no século XXI e o universalismo
A história da formação das estruturas religiosas

*"A melhor religião
é aquela que te faz melhor, mais compassivo,
mais sensível, mais desapegado, mais
amoroso, mais humanitário, mais
responsável... A religião que conseguir fazer
isso de ti é a melhor religião..."*

Sua Santidade, o Dalai Lama

Desde os primórdios o homem percebeu que existia uma causa maior, um Ser Supremo, uma inteligência superior que "comandava" e regia as leis do universo. De acordo com as observações e percepções de todos os povos que já viveram neste planeta, Deus, hoje assim chamado, sempre existiu, sempre se fez presente, interagindo o tempo todo conosco.

As culturas foram se estruturando, a evolução do homem foi acontecendo, e de, acordo com a modificação constante dos níveis de consciência dessa humanidade, as inúmeras formas de se relacionar e entender Deus também foram se ajustando.

À medida que escrituras e avatares começaram a surgir, verdadeiros procedimentos para conceber a relação com Deus foram se apresentando, afinal, a humanidade precisava de respostas, precisava de algo para se guiar (o que era uma consequência do nível de consciência baixo da época), porque cada indivíduo precisava de instruções exteriores ou modelos de conduta moral e religiosa.

Assim, as diferentes religiões foram se edificando no mundo todo, com marcas registradas também do regionalismo que lhes era característico. Os elementos da natureza local também sempre foram estímulos para que essa evolução acontecesse. Como cada região sempre teve suas particularidades quanto ao clima, cor de pele, aparência física, entre outros aspectos, essas diferenças foram incorporadas de forma marcante nas religiões que se constituíam.

À medida que o homem comum (passível de erro e naturalmente imperfeito) foi vislumbrando essa nova forma de se referir a Deus, ele foi moldando e impregnando com seus dogmas e paradigmas essas estruturas religiosas, dando forma a modelos rígidos e cartilhas retas, que comumente exigiam do devoto que seguisse um pensamento pronto e o acatasse sem questionar.

Quando a necessidade de controle e poder (característico no homem ignorante de sua verdadeira essência e iludido com o plano material) foi aparecendo, as religiões foram muito utilizadas para manipulação de interesses. A consequência foi óbvia: se instalaram na Terra grandes atrasos evolutivos para a nossa consciência espiritual.

Já em outras áreas do globo terrestre, as religiões traziam calma, conforto e independência aos povos. Eram utilizadas de maneira sábia, sem corrupções dos egos humanos. Isso gerava irritação a todos aqueles que queriam ser verdadeiros deuses encarnados, pois enfraqueciam suas autoridades. Resultado: foram combatidas, reprimidas e atacadas.

Sob influências de situações como essas, todas as religiões do mundo foram avançando, procurando multiplicar os ensinamentos de Grandes Mestres que aqui estiveram. No entanto, foram passadas de geração para geração através da interpretação pessoal dos homens comuns, o que gerou e gera profundas confusões a todas as mentes pobres de discernimento.

O futuro das religiões

"Só existe uma religião, a religião do amor; uma única casta, a casta da humanidade; uma única linguagem, a linguagem do coração."
Sathya Sai Baba

As religiões foram muito importantes para toda a humanidade, porque precisávamos de receitas ou de fórmulas, em função de nossos níveis de consciência. Mas o homem vem evoluindo e sua forma de ver Deus também.

Nos dias de hoje, percebemos que para o indivíduo moderno as religiões não conseguem mais explicar com esclarecimento, sensatez e sobriedade questões como, por exemplo: De onde viemos? Para onde vamos? Quem somos? Qual é a nossa missão? Por que sou brasileiro e não jamaicano? Por que sou filho desse pai? Por que sou filho daquela mãe? Por que as pessoas morrem? O que é a morte? O que é o espírito? Como posso transformar a minha realidade de vida? Por que tenho essa realidade de vida? Por que fico doente? E todas essas são algumas das poucas perguntas que não podem ser respondidas de forma coesa pela maioria das religiões do mundo.

Mas essa não é a única limitação. Muitas pessoas não suportam falar de Deus porque associam esse termo às insanidades ocorrentes no planeta, em que pessoas comuns se mutilam, fazem guerra, tudo para defender seus pontos de vista religiosos.

Chega de tanta ignorância e alienação! O homem precisa sair dessa hipnose insana em que vive quando o assunto é a sua essência divina. Temos que aprender a perceber que somos de natureza espiritual, entendendo as implicações que isso acarreta.

Não foram os Grandes Mestres que criaram as religiões, foram os homens comuns! Suas ideias e lições amorosas sempre foram voltadas a práticas de um estilo de vida orientado à evolução do espírito, sempre de forma leve e bondosa, respeitando, perdoando e amando.

Não existe um Deus que castiga, ou um Demônio que investe nas almas pecadoras, mas um universo que responde energeticamente a tudo que fazemos.

As religiões foram realmente importantes até os tempos mais recentes na história evolutiva da humanidade, só que precisam encerrar seus ciclos, que, diga-se de passagem, são dignos de aplausos. Só que, agora, não mais comportam as necessidades e os anseios que transbordam do coração das pessoas.

Se as religiões tradicionais continuarem assim como estão nos dias de hoje, acabarão por escravizar, tolher e atrapalhar a evolução de seus fiéis, que por sua vez não devem ser fiéis às linhas religiosas, mas a um estilo angelical de vida. A conduta moral não deve acompanhar apenas escrituras, mas principalmente princípios de bondade, equilíbrio e amor ao próximo como a si mesmo.

Não existem fórmulas ou métodos perfeitos, não somos capazes de expressar em palavras faladas ou escritas a Divindade Universal. Qualquer tentativa, mesmo que bem-intencionada e bem-elaborada, ainda que crivada de muita sabedoria, mesmo assim seria um modelo rústico diante da grandeza da mente divina e do Grande Espírito que rege este universo incrível.

E por que falar de tudo isso?

Simplesmente porque a maioria das pessoas estão distantes de Deus. Um distanciamento que ocorre por ilimitadas causas. Falta de crença, ignorância espiritual, alienação, contrariedade, inquietação, conflitos, preguiça e tantos e tantos motivos. O ser humano precisa de um estilo que se adapte ao jeito moderno e agitado de viver, que se ajuste e essa loucura toda que nós mesmos criamos. Ou seja, religião nenhuma, com suas estruturas dogmáticas e rituais rígidos, consegue acompanhar essa necessidade. O que reforça ainda mais as limitações das religiões e a necessidade de que encerrem seus ciclos e saltem para uma nova concepção.

É importante evidenciar que para muitas pessoas que têm preguiça de pensar, (ou até mesmo medo de buscar um conhecimento que gere uma reforma intensa), que precisam buscar no mundo exterior os ensinamentos e a conduta espiritual elevada, as religiões se mostram ainda importantes, porque são necessárias para esses níveis de consciência ainda existentes. Nesses casos, sem o amparo das estruturas religiosas tradicionais, o caos seria ainda maior, comprovando que muitas pessoas ainda não estão prontas para esse novo conceito evolutivo.

Na sua maioria, as pessoas não conseguem perceber Deus ou o Espiritual em suas vidas. Não podem compreender onde essa consciência seria necessária, mas a importância de caráter emergente se mostra quando assistimos ao sofrimento diário das pessoas em seus conflitos e emoções atrapalhadas. Se o sofrimento ocorre demasiadamente, algo está errado. Definitivamente! E se a compreensão da natureza e a importância da vida lhe é algo remoto, o alerta é ainda maior.

As dores da alma estão borbulhando na crosta terrestre, e a natureza já dá sinais claros de que não anda nada contente... Mas de que adianta falar tanto disso? Muitas pessoas concordam com tudo que foi citado acima, acatam o pensamento de que nossa essência é divina e que precisamos nos conectar a ela. Mas quando vão buscar esse Deus, essa compreensão, a confusão é grande. Isso porque nossa educação sempre foi de cultuar um Deus que se mostra distante. Isso tudo simplesmente porque fomos ensinados ou conduzidos no passado a buscar um caminho religioso, que é muito diferente de buscar espiritualidade.

Um homem religioso é aquele que acata e segue os ensinamentos de uma determinada religião. Já um ser espiritualizado é aquele que busca um estilo de vida fundamentado em máximas de vida, como amor, perdão, respeito, independente de rótulos ou estruturas. A espiritualidade é um estado de consciência; assim como céu e inferno também são, dependendo muito mais da conduta de cada um do que de qualquer outra coisa. A espiritualidade é a verdade do espírito, que pode até ser aprofundada no aprendizado religioso, mas desde que não seja apenas por uma via ou receita. Precisa ser leve, universal, senão trancará a evolução do homem, inevitavelmente.

Mas, como sabemos, embora você possa concordar com tudo que foi dito, acatar integralmente, ainda assim existe uma lacuna muito grande, quando o assunto é colocar essa espiritualidade na prática, que quer dizer viver a vida com a consciência espiritual. Sem punições, dogmatismos ou ritualísticas incompatíveis com a realidade terrestre atual, o que ainda não está impregnado em nosso nível de consciência.

Por isso a importância da busca espiritual livre e simples, que torne essa caminhada algo igualmente simples, principalmente que não se materialize no formato obsoleto de uma linhagem religiosa, mas que possa ajudar a qualquer um no entendimento de que quanto maior for o nosso nível de consciência espiritual, maiores também serão as nossas possibilidades de desenvolver felicidade real, duradoura. Menor também serão os sofrimentos, os conflitos e as doenças da alma. E, principalmente, que tudo isso possa, sim, ser feito na realidade do nosso dia a dia, sem dogmas.

Que possamos entender de forma gradual, tranquila, que o conhecimento e a boa utilização de algumas naturezas do universo podem ser grandes aliadas na nossa caminhada por "aqui". A busca espiritual não terá sentido se não melhorar a nossa história de vida, não nos fizer pessoas melhores ou não nos trouxer benefícios coletivos. Medite sobre isso e mergulhe nessa experiência!

O movimento da Nova Era

Na época atual, é comum ouvirmos a expressão "Nova Era". Palavras como paradigma holístico, geração índigo, criança cristal, física quântica, medicina integrativa, chacras ou terapias alternativas já fazem parte do nosso vocabulário.

E o que a Nova Era tem de novo?

Na verdade, nada.

A Nova Era se trata do conhecimento antigo traduzido para uma linguagem contemporânea.

As civilizações orientais mais antigas já citavam a medicina holística em 9000 a.C., portanto não há nada de novo e sim um agrupamento do passado com as informações da era tecnológica.

Hoje, num mundo mais livre, menos reprimido graças a uma época em que a liberdade é real e não vigiada – ao menos em países como o Brasil –, podemos falar de qualquer assunto sem repressão. Podemos expressar nossa opinião de forma livre, sem temer a morte através de uma fogueira ou guilhotina. O medo foi companheiro da humanidade durante milênios, marcado em nossas células a ferro e fogo, perdurando até os dias de hoje. Princípios como a nossa existência cíclica (reencarnação), por exemplo, caracterizam as "eras" da humanidade. Todos nós, dos ancestrais primatas ao *homo sapiens*, vivenciamos eras distintas, experimentamos vidas e sensações diferentes e, com isso, aprendemos, evoluímos, crescemos.

Desde a era primitiva, do "aprender a andar ereto" até a nossa atual era inteligente e digital, o homem sempre se defrontou com os mistérios da criação do universo, com o "quem sou", "de onde vim", "para onde vou". E nos momentos de transição entre as eras sempre surgem seres especiais que são formadores de opinião para introduzir novos conceitos ou reafirmar conceitos antigos que estão esquecidos, no intuito de ajudar no esclarecimento das principais dúvidas da humanidade.

Podemos chamar esses seres especiais de Grandes Mestres da Humanidade, porque são capazes de abandonar o ego simplesmente por amor. Porque têm senso de unidade, de que todos formamos uma única teia, uma rede de energia que nos interliga a cada ser que vive neste planeta. Porque já nascem sabendo que em suas vidas existe uma missão específica e, humildemente, deixam suas mensagens, muitas vezes em forma de parábolas, como o Mestre Jesus, em grandes livros como o Mestre Yogananda, ou em uma mensagem gravada em nossos corações, como a querida Madre Teresa. Seres que vêm a trabalho, a serviço do bem e da obra espiritual.

Entender a Nova Era é abandonar conceitos de dualismo, de separação, e compreendermos que, assim como um conjunto de células trabalha em nosso corpo com harmonia e funções determinadas, nós também somos células com trabalhos específicos dentro de um grande organismo vivo: o planeta Terra. Portanto, fazemos parte de um corpo maior, e esse, por sua vez, também faz parte de algo maior chamado galáxia e, mais adiante, o Universo, que também compõe algo mais gigante ainda.

Essa Nova Era que começa a nascer compreende o ser humano como um ser sutil, composto por pontos energéticos que apresentam variações e ondas vibratórias conforme seus pensamentos, sentimentos e emoções. E realmente estamos acompanhando uma era onde os seres humanos vivenciam, a cada dia, os confrontos com sua alma, seja em frente ao espelho ou numa avenida engarrafada com buzinas ensurdecedoras. Nesses momentos, a um passo da loucura e do desespero, começam a aparecer os questionamentos que se deparam com nossa natureza essencial. Com isso, algumas perguntas tornam-se bem frequentes:

O que estou fazendo aqui, no meio deste trânsito?

É natural um nó de gravata em meu pescoço, apertando-me e me sufocando o dia inteiro?

É natural um salto tão alto machucando meus pés?

É natural respirar de forma ofegante, sem parar, uma vida inteira?

Se tenho um sistema imunológico autossuficiente, é natural tomar tantas medicações?

E são tantas outras perguntas, que poderia existir um livro inteiro somente assim...

O fascínio pela era digital e tecnológica e pelas máquinas está dando lugar para uma reaproximação e encantamento com tudo aquilo que é natural, ou que é criado pelo universo. O ser humano está sentindo "necessidade de mato". Cada vez mais. Uma necessidade natural de reaproximação com sua verdadeira família, com sua verdadeira morada e sua natureza.

Caro leitor, para apurar se sua percepção está próxima do natural ou não, vamos fazer uma pequena brincadeira! Vamos falar algumas palavras bem no seu ouvido. Você vai lendo e calmamente imaginando e sentindo o que elas despertam em seu coração, que tipo de emoção lhe vem à mente:

Opção 1: Buzina, trânsito, fila de banco, escritório, fast-food, centro da cidade, rodoviária, gravata, salto alto, stress, cafezinho, ônibus, caminhão, camelô, farmácia, raiva, mágoa, irritação, nervosismo, stress, dor.

OK. Se você sobreviveu a tudo isso, podemos continuar.

Opção 2: Cachoeira, flor, cristal, amarelo, sol, suco natural, cachorro, alma, oração, bebê sorrindo, borboleta voando, cabelo ao vento, mar, montanha, som da água, beija-flor, abraço, risada, amor, confiança, respeito, humildade, fé.

O que lhe pareceu mais natural? Se a segunda opção for mais frequente em sua vida, parabéns! Você começa a tomar consciência de quem realmente é. Um ser humano energético que dispõe internamente de todos os recursos de cura e que não precisa buscar equilíbrio externamente. Se a primeira opção se apresenta mais frequente em sua vida, o botão de alerta precisa ser acionado! É hora de fazer sua reforma íntima, antes que a doença se manifeste. Muitas vezes a palavra "reforma" nos assusta. O que lembramos quando falamos na reforma de uma casa, por exemplo? Trabalho, pó, sujeira, cansaço. Talvez, para transformar-se, você passe por tudo isso, porém, depois da reforma, com tudo limpo e em seus devidos lugares, a sensação de paz e satisfação é indescritível, não é mesmo?

Para uma boa reforma, precisamos adentrar em uma Nova Era, que nada mais é do que prestar atenção em si mesmo, pois a todo instante nosso corpo sinaliza se estamos vivendo conforme nossa natureza ou não. O ser humano só está presente e sobrevive até hoje aqui no planeta Terra pela sua incrível capacidade de adaptação às situações mais adversas. Porém, é preciso equilibrar-se. Precisamos de ar puro, de sol, de natureza. É natural! É inerente... Não há como dissociar o ser humano da natureza, pois dela fazemos parte. O acúmulo de dias, meses, anos em um ambiente tenso, desequilibrado, competitivo e barulhento destrói qualquer saúde. E quando você precisar de algo externo, como várias caixas de medicação alopática, cuidado: é um alerta do não se conhecer!!! Não existe aqui, de forma alguma, a intenção de firmar a extinção da alopatia... Isso é até engraçado e não falamos disso... Nunca! Precisamos das medicações alopáticas tanto quanto das medicações vibracionais, o propósito é justamente a integração das duas verdades, com equilíbrio e consciência!

Precisamos muito uns dos outros, pois cada um se destaca onde tem maior habilidade, de acordo com as características e experiências de seu espírito. Todas as profissões são louváveis e exigem seres humanos competentes e dedicados, como se fosse um verdadeiro sacerdócio. Porém, é necessário dosar o trabalho e manter o equilíbrio. Uma célebre frase do Dalai Lama diz que os homens gastam toda a saúde para ganhar dinheiro e depois todo o dinheiro para recuperar a saúde. Parece incoerente e ilusório. E realmente é!

De onde veio toda essa fome pelo stress e pelo trabalho? Você já parou para pensar nisso? Por que trabalhar tanto?

Muitas pessoas afirmam que gostam de trabalhar para se distrair. Mas distrair-se de quê? Provavelmente da evolução espiritual, pois quando ficamos sozinhos e quietos isso nos incomoda. Nesses momentos somos obrigados a olhar para dentro de nós mesmos. E desse caminho surge uma realidade permeada pelos mais diversos conflitos. Começamos a perceber nossas inferioridades, medos, angústias e, principalmente, nossa covardia em assumir quem realmente somos: seres divinos.

Por todos esses motivos, precisamos nos distrair... com um bom carnaval, com futebol, reality-shows, uma cervejinha, uma ilusãozinha, um cigarrinho. Depois, uma doençazinha. Quem sabe uma depressãozinha? E, mais tarde, o fim da vidinha vazia e cheinha de ilusões.

Concentrar-nos em nós mesmos e nos reavaliar constantemente deveriam ser práticas diárias. Essa é a felicidade real, um exame constante da nossa missão de alma: a maior característica da Nova Era.

É necessário nos libertarmos dos conceitos que estão enraizados em nossas mentes, como o de que somos máquinas ou robôs que precisam produzir para cada vez mais acumular riquezas materiais. Os bens materiais existem para que tenhamos conforto, afinal, vivemos aqui, em um planeta material, mas jamais devemos nos tornar escravos do sistema.

Não somos máquinas. Somos partículas de Deus e, como Ele, devemos contemplar a beleza do natural...

Não precisamos trabalhar até a exaustão, cumprindo uma rotina estressante, distraindo-nos na mesmice automática e esquecendo de quem realmente somos: uma alma crística.

Então fica aqui a dica de organizar a rotina de maneira que a cada dia exista um tempo de oração, de interiorização, de sentir-se... perceber-se... alongar-se... e alinhar-se com a fonte cósmica de energia!

E se isso é tão positivo, por que não o fazemos todos os dias?

Ah, porque precisamos de um carro melhor. Uma casa melhor. Uma roupa melhor... De mais dinheiro... E isso nunca acaba. É um vício tão terrível quanto o das drogas ou do álcool! E por que queremos sempre mais e mais? Todos os prazeres e satisfações provenientes das coisas materiais são efêmeros, durando muito pouco tempo: são descartáveis e, assim que conseguimos o que queremos, acabou a graça... Viciamo-nos na matéria e nos desejos materiais, do querer cada vez mais!

Será que em um único mês de férias conseguimos compensar o desgaste de um ano inteiro de stress? Ou será mais viável construir pequenas doses diárias de prazeres que transpõem o tempo e que são verdadeiros antídotos para aniquilar a preocupação da nossa vida?

Normalmente, o que nos traz preocupação, angústia e ansiedade são situações onde nada podemos fazer. Então, as preocupações só nos trazem a doença.

Tudo o que começa de forma natural deve ser resolvido da mesma forma. A sabedoria budista refere-se aos pensamentos nocivos como "venenos da mente" e aos sentimentos nobres como "antídotos". E são esses antídotos que os Grandes Mestres da Humanidade sempre nos trouxeram... São esses os presentes que recebemos deles e que a grande maioria de nós, seres humanos, não soubemos aproveitar...

Esse movimento teve a iniciativa a partir do momento em que almas inquietas começaram a reencarnar no nosso planeta. Essa busca constante por respostas, e principalmente por uma ligação direta com Deus, sempre proporcionou evolução. Um crescimento que quase nenhuma estrutura religiosa do mundo conseguiu, através de seus dogmas engessados, explicar na totalidade, o que reforça ainda mais o entendimento de que nenhuma religião pode responder a todos os anseios dessas almas irriquietas. E, principalmente, traz à tona algo que os Grandes Mestres da humanidade sempre falaram, o melhor caminho é o caminho do coração, e a melhor religião é a do amor universal. Mais do que isso, o fato nos mostra que são os corações sedentos por respostas os grandes responsáveis por esse momento tão abençoado para todos nós.

Universalismo

"Nunca discuta sobre religião. Todas as discussões ou desavenças relacionadas com religião simplesmente mostram que a espiritualidade está ausente. Os debates religiosos se dão sempre sobre a superfície, nunca sobre a essência. As discussões só começam quando a pureza, quando a espiritualidade desaparece, deixando a alma seca." Swami Vivekananda

Há alguns anos a questão da espiritualidade era tratada de forma religiosa. Tudo o que se referia a meditação, oração ou introspecção era rotulado ou classificado dentro de algum segmento religioso, ou de crenças espirituais. Até as questões da bioenergética, como os chacras e a energia do campo áurico humano, estavam vinculadas à cultura religiosa dos povos, tanto que a aura humana, hoje já desvendada pela ciência através de equipamentos ultramodernos, antigamente estava atrelada à sabedoria milenar de algumas culturas.

Muitos nomes foram dados ao longo dos séculos para a energia do corpo humano. Os russos a chamavam de Bioenergia; os hindus, de Prana; os chineses, de Chi; os egípcios, de Ka; os japoneses, de Ki; os gregos, de Pneuma; os judeus, de Nefesh; os kahunas da Polinésia, de Mana; os alquimistas, de Fluído da Vida, e os cristãos, de Luz ou Espírito Santo.

Na Idade Média, as pinturas renascentistas traziam imagens de santos com uma auréola dourada. Naquela época, tanto os pintores como os sábios religiosos traduziam a luz espiritual somente em obras com santos e figuras sacras. Hoje sabemos, através de comprovações científicas, que todos nós possuímos essa energia internamente como uma resultante de nosso metabolismo celular.

Talvez em toda a história da humanidade nunca houve tanta liberdade para optar entre questões espirituais. Há muita informação disponibilizada na internet e nas livrarias, tanto que a espiritualidade e a ciência vêm convergindo para um mesmo ponto: a descoberta de muitos segredos, dos mistérios filosóficos e a união da ciência e da espiritualidade com o objetivo de tornar o ser humano integral em corpo, emoção, mente e espírito.

O surgimento da terapia holística e da medicina integrativa vem para realizar um ser humano completo e feliz em todos os sentidos, equilibrando-se consigo mesmo, com o ambiente e com a comunidade onde está presente.

As investigações científicas acerca da espiritualidade têm nos mostrado que os povos mais antigos, mesmo sem os esclarecimentos tecnológicos de hoje, já haviam mapeado todo o sistema de anatomia sutil do corpo humano. Na Índia, a medicina ayurvédica já trabalhava com anatomia sutil há 9.000 anos; a medicina tibetana já conhecia esse sistema antes da Índia. O Oriente é muito rico e sábio cientificamente, desvendando há muito tempo e com a simplicidade de Deus questões que até hoje para nós, ocidentais, são um grande mistério.

Em muitos momentos questionamos por que o Oriente está tão à frente do Ocidente nessas questões. Diriamos que a diferença que existe entre o Oriente e o Ocidente é a mesma diferença que existe entre o coração (Oriente) e o cérebro (Ocidente).

O coração e o cérebro vivem com duas polaridades opostas. Como crianças antagonistas e hostis que preferem brigar a encontrar uma forma de sintonia e entendimento.

O coração é sábio, amoroso, expansivo, intuitivo, conectado com a Fonte Divina e é o nosso primeiro elo com a energia criadora do universo: o amor. Em contrapartida, acumula mágoas, tristezas e frustrações, principalmente por perder os limites entre o amor divino e as situações possessivas que nos conduzem ao sofrimento. O coração pode ser comparado ao Oriente porque, historicamente, os povos orientais demonstram um grande desequilíbrio entre o amor divino, a adoração religiosa e o radicalismo, que leva à fé cega, como, por exemplo, os atentados no Oriente Médio, onde milhares de pessoas já foram dizimadas em nome de Alá. Para o coração prevalece o espiritual...

Se existe um grande comandante em nosso corpo, é o cérebro. Por ser lógico e racional, o cérebro se torna a maior conquista do ser humano. Nossa evolução até a materialização do raciocínio e das emoções é o que nos faz diferentes de todos os outros seres deste planeta.

Em contrapartida, é através do cérebro que são processados nossos pensamentos: o combustível de toda a realidade material. O passo anterior a tudo o que se materializa é o processamento na mente de alguém. A própria materialização do universo e do Planeta Terra é fruto de uma mente Superior. A mente lógica e racional torna-se indispensável ao ser humano, mas, quando em desequilíbrio, provoca um distanciamento do coração e do espírito. A mente pode ser comparada ao Ocidente porque o limite de utilização dos recursos naturais e destruição da natureza foi ultrapassado há muito tempo, estabelecendo-se uma sociedade orientada para o consumo desenfreado, para a crença na matéria, esquecendo-se completamente do espírito.

Para a mente prevalece o material, tudo aquilo que é físico. E é justamente aí que o desentendimento se estabelece: a falta de equilíbrio na relação mente e coração, como uma convivência turbulenta entre vizinhos hostis. Nossa mente consciente vive na terceira dimensão e nos dá uma noção contábil de dados e fatos de realidade. O coração vive numa dimensão espiritual, onde o real não pode ser tocado.

E o que é realidade? É somente o que pode ser visto?

O vento é real e não pode ser visto. Porém, em desequilíbrio, pode destruir cidades inteiras...

Nossa mente e nosso coração desequilibrados criam a destruição e o caos! A mente é yin. O coração é yang.

Essa separação e desequilíbrio se deram quando a humanidade, por força de situações cármicas e equivocadas, decidiu que a energia masculina governasse o mundo. Não que a energia feminina deva prevalecer, mas é necessário que aconteça o equilíbrio entre as duas polaridades. Não podemos defender somente o coração ou a mente, mas equilibrá-los. O desrespeito para com o papel da energia yin há milhares de anos fez com que acontecesse uma aproximação com a racionalidade científica e um distanciamento com o mundo espiritual.

A supressão da energia yin se deu pela fragilidade do ser feminino que, ao longo dos séculos, sucumbiu à energia masculina, desequilibrando a essência humana. Então, o mundo se tornou científico, lógico, reto, duro, brutal, hostil, bélico, mecanicista e estressante...

A magia da energia yin foi extinta e a época da "Santa Inquisição", que dizimou milhares de inocentes, dispensa maiores comentários.

A discriminação feminina presente em algumas culturas perdura até os dias de hoje. Isso também poderia ter acontecido com a energia masculina, o que seria tão prejudicial quanto os tempos atuais.

Caro leitor, não estamos defendendo o feminismo, longe disso. O que defendemos aqui é o equilíbrio entre as forças, como se as duas polaridades estivessem de mãos dadas, lado a lado. Mas precisamos relatar o que de fato aconteceu nos últimos séculos para que possamos compreender o momento atual. A energia feminina foi suprimida a tal ponto, que necessitamos de uma intervenção divina.

Na época em que a bomba atômica é descoberta, chegamos ao nosso limite de ignorância espiritual. Os Grandes Mestres, repletos de compaixão, interferem no plano cármico do planeta para restabelecer o equilíbrio das forças, trazendo de volta a energia feminina, que hoje já se encontra mais presente, inclusive nos seres masculinos, trazendo-lhes mais sensibilidade e sentimentos compassivos, que são a base desta Nova Era espiritual, que vem se abrindo nos últimos anos.

Neste novo Plano Divino para a Terra está prevista a encarnação em massa de espíritos com maior vivência ocidental no Oriente e vice-versa, para que uns possam aprender com os outros. Hoje é muito normal que alguém do Oriente se sinta afinizado pelos assuntos do Ocidente!

Com a abertura dos portais de luz, principalmente de 1992 em diante, as medicinas orientais, tão sábias, preventivas e equilibradoras, que são chamadas de alternativas, têm ocupado cada vez mais espaço na mente e no coração das pessoas. O Ocidente ainda está engatinhando nesses conceitos, pois aqui os tratamentos são feitos com base na cura da doença e não no equilíbrio e felicidade do doente, prevalecendo uma atenção extrema ao físico, que é apenas o último estágio da doença, como se fosse a várzea de um rio que vai acumulando poluição e dejetos.

Na Antiguidade, a medicina, a política e a ciência sempre estiveram interligadas. Porém, quando o ser humano se distanciou de Deus, de sua essência natural, que é espiritual, e permitiu que o ego negativo prevalecesse, houve uma época de trevas e de separação.

As Cruzadas foram uma das maiores eras de distanciamento da espiritualidade. Uma visão totalmente distorcida impeliu muitos homens cegos de poder e sedentos de ira a matarem seus irmãos em nome de Deus, tudo isso por discordância religiosa, por acreditar que uma religião era a certa e outra era a errada.

Então houve a maior tragédia de todas: o corpo foi separado do espírito, o conhecimento da sabedoria, a ciência da espiritualidade, a justiça da cooperação, a firmeza separou-se da solidariedade e o amor distanciou-se do parjna[1], tornando o ser humano individual e distante de Deus.

E com isso, nasceram ainda mais religiões e grupos divergentes, criados pelo ego humano para separar, para criar desunião entre os povos, para trazer a guerra, a morte e o desrespeito.

Não há necessidade de intermediários entre nós e o Todo, Deus, o Grande Espírito. Não precisamos de crença religiosa quando existe um coração pulsante no peito! O chacra cardíaco, em sânscrito, é chamado de Anahata, que possui uma das traduções como "Câmara Secreta do Coração". Nosso coração é a maior ponte de conexão com Deus, que é a única chave de acesso da qual necessitamos.

Isso é universalismo.

É quando cada ser humano se vê como único espiritualmente e se reconhece com o direito e a liberdade de criar sua própria forma

---

[1]Parjna – sabedoria para amar. Quem exerce o parja jamais confunde o amor com apegos e paixões obsessivas. O parjna é o amor compassivo, que compreende e respeita a liberdade individual.

de conectar-se à Fonte Maior, através dos seus sentidos: com a visão contemplando a natureza de Deus, seja na beleza de uma flor ou de uma tempestade. Com a audição, escutando o barulho do vento. Com o paladar, sentindo a leveza da água. Com o olfato, sentindo o cheiro da primavera, e com o tato, sentindo o calor do sol... e, através da intuição, desenvolvendo o sexto sentido e a plenitude do amor e da compaixão.

Ser universalista é libertar-se dos grilhões que nos aprisionam e que são criados por nossa própria consciência; congestionada de tantos dogmas e regras impostas por sistemas de crenças que hoje já não explicam sequer as coisas mais simples, porque se encontram parados.

Ultrapassados; empoeirados... É necessário mudar. Os novos tempos exigem mudanças radicais de comportamento, exigem evolução consciencial.

Ser universalista é sentir-se bem, sem culpas religiosas ou pecados originais. Como alguém pode ser feliz sabendo que já nasceu "pecador", num estado culposo e irreversível? Que só o fato de existir, já o faz se sentir culpado. Talvez você, amigo leitor, não se sinta assim porque está desperto.

Mas a realidade da maioria dos templos religiosos se caracteriza pelas massas de fiéis que carregam uma culpa hereditária e inconsciente, e isso os leva a crer em palavras como castigo e punição, até que se desencadeia o mal do século: depressão e falta de esperança!

Já o ser universalista se sente em união com cada estrela, com cada parte do cosmo, com cada inseto e ser humano, neste ou em outros planos. É universal pela certeza de ser imortal. É um estado de espírito. E, por isso, esse ser humano universalista ama Jesus, Krishna, Buda, Alá e todas as criaturas do universo. Consegue enxergar a sabedoria do Todo (Deus) manifestando-se em cada um deles. Vê o Holos. Sabe que não foram os Grandes Mestres que criaram as regras religiosas, como se a vida fosse um jogo de comportamentos arquetípicos. Cada ser é único e deve desenvolver seus próprios métodos para ser feliz...

Os dogmas são falhos e não dão explicações convincentes porque são criados por nós, seres humanos, e guiados muitas vezes pela ignorância. Todos os Grandes Mestres que aqui na Terra estiveram traziam uma proposta de amor, sem separação ou religiões.

Mas algumas pessoas que detinham as principais informações acerca das leis universais distorceram as escrituras, deixando prevalecer seus interesses pessoais. Tanto que, até hoje, com tantas comprovações que poderiam modificar a vida humana para melhor, sempre se dá um jeito de "abafar" ou "esconder" os fatos, por medo da queda de estruturas milenares que são sustentadas por mentiras. Mas as máscaras estão caindo, e as estruturas se abalando. E, não vai demorar muito, pela própria vontade dos Mestres e dos seres humanos, a verdade prevalecerá. Então, os que despertarem para o universalismo darão seu salto quântico, transformando a Terra em um ambiente de luz e amorosidade, eliminando sentimentos negativos, cultivando a sabedoria, o diálogo, estendendo a mão aos irmãos e cooperando para o desenvolvimento espiritual através da compaixão.

O ser humano universal sempre entende seu irmão que ainda não despertou, como a perspectiva do avô que observa seu neto. Hoje ele é avô, maduro e experiente, mas nunca esquece que um dia foi criança e por isso não exige que o neto entenda ou sinta o que é tornar-se avô. O ser humano universal compreende que a criança precisa experienciar e viver a transformação. Cada ser tem um tempo para se transformar. Ajudar um irmão sendo compassivo, compreensivo, dar dicas e muito amor é muito diferente de interferir em seu livre-arbítrio, ou forçá-lo a mudar. Isso é fanatismo, nada saudável, e gera carma[2] negativo, por interferir no processo evolutivo alheio, além de interromper uma fase importante de autodescoberta.

---

[2] Carma – traduzindo do idioma sânscrito (Índia), significa ação. Lei da causa e efeito. O carma, muitas vezes, é confundido com "o mal" ou "acertos de contas" de vidas passadas, esse é um conceito ocidental e errôneo. Carma nada mais é do que o resultado decorrente de uma ação. Qualquer ação gera um resultado cármico que pode ser positivo ou negativo.

Ser universal é, antes de tudo, respeitar os processos evolutivos e o momento de cada um, eliminando a ignorância para que a sabedoria aflore!

Resumo: A busca espiritual no século XXI mostra que:

- Não existe religião superior à verdade. A busca espiritual precisa se aperfeiçoar sempre. A ignorância é o mal da humanidade. As verdades são relativas;

- Nossa consciência é imortal, seu corpo físico até pode vir a óbito, mas sua consciência é energia, e energia nunca se perde;

- Essa busca é acessível a qualquer pessoa. Não requer grau iniciático ou que você seja membro de qualquer grupo específico, ou adepto de uma ou outra filosofia, ou fraternidade, tampouco que seja integrante de uma sociedade secreta. É um caminho para qualquer um que queira se abrir para o movimento evolutivo e incessante do universo;

- No universo tudo é cíclico, entenda isso e você será mais feliz. Existe tempo para tudo, o momento certo de cada coisa. Mas tudo vai e vem, nasce e morre, levanta e cai, clareia e escurece, esquenta e esfria. Conviver bem com esses movimentos naturais torna a pessoa mais sábia e feliz;

- Para toda ação existe uma reação, por isso você não é vítima de nada; tudo que você está colhendo em sua vida hoje é resultado do que plantou no passado. "A cada um será dado conforme suas obras";

- O pensamento é quem cria ou transforma a sua realidade. Os pensamentos são os geradores dos estados de espírito; se você souber moldá-los positivamente, construirá um futuro positivo;

- Você cocria o futuro o tempo todo; sua forma de reagir à vida e aos seus acontecimentos podem alterá-lo a todo instante;

- Não existem gurus, você é o maior mestre da sua existência e responsável por sua evolução. As pessoas mais sábias que existem ao nosso redor podem nos ajudar a compreender melhor os nossos papéis, no entanto jamais executá-los por nós;

- Todos nós temos a capacidade de influenciar o psiquismo de qualquer lugar e qualquer pessoa. Quando irradiamos uma intenção positiva, conscientemente podemos influenciar multidões a agirem da mesma forma. Agindo assim, passamos a ser colaboradores de Deus no processo evolutivo, e isso é se tornar um ótimo exemplo para a humanidade;

- Todo pensamento, emoção e sentimento gera uma energia. A questão da polaridade ser positiva ou negativa é uma escolha de cada um;

- A busca diária e consciente por um estado de espírito elevado é um dos pontos mais importantes desse processo, requer disciplina e dedicação, mas podem ser conquistadas de muitas formas diferentes e assimiladas de forma natural, sem complicações;

- Desenvolver a espiritualidade é assumir e cumprir compromissos com a nossa própria essência. Se você não encontrar tempo voltado para sua evolução, inegavelmente vai se tornar solo fértil para desequilíbrios de qualquer ordem por simples negligência consciencial;

- Somos Deus em essência, feitos à Sua imagem e semelhança. Quer dizer que temos a capacidade de vibrar, gerar e emanar as mesmas bênçãos que Ele possui, seja quem Ele for;

- Não precisamos de religião para nos espiritualizarmos. A consciência do coração é o nosso maior guia. Na verdade, o que mais importa é viver de acordo com os princípios divinos de amor, amor e amor;

- O respeito ao nível evolutivo de cada um é tão importante quanto a busca constante. As religiões mais antigas e de certa forma obsoletas ainda podem ser muito úteis às pessoas que não estão prontas para experimentar a busca da espiritualidade universalista; amar o próximo como a si mesmo significa também esse respeito;

- A busca pelo desenvolvimento da espiritualidade nunca termina. Pelo amor ou pela dor, um dia, em algum momento, você vai se render à necessidade de buscá-la, por isso comece o quanto antes, isso facilita as coisas e torna a vida mais prazerosa;

-As verdades do universo sempre vão se manifestar em nossa existência; podemos até tentar atrasar esse acontecimento mergulhando nas ilusões, mas jamais poderemos evitar que as verdades universais se manifestem. Algumas verdades são relativas, mas as verdades de Deus são absolutas;

- Orai e vigiai é um dos instrumentos mais importantes nessa busca. Manifesta a necessidade que temos de cuidar com atenção de todas as coisas que produzimos em nossos pensamentos, tendo a consciência de qual tipo de energia estamos gerando para o universo e para nós mesmos, que por consequência poderá aproximar acontecimentos na mesma frequência. Somos eternos responsáveis. "Não faça para o seu próximo aquilo que não quer que lhe façam";

- As respostas aos nossos anseios estão dentro de nós mesmos. Precisamos aprender a buscar no nosso interior, evitando a busca desenfreada e iludida por soluções e respostas no mundo externo;

- O livre-arbítrio é uma ferramenta que deve ser utilizada com sabedoria. A liberdade existe, a reação também, pense sempre que todos os atos geram consequências. Atos positivos, consequências também positivas. O inverso obedece à mesma lei;

- O universo se comunica o tempo todo conosco, através de sinais, coincidências e flechas dos anjos. É preciso melhorar a recepção desse sinal cósmico. Aprenda definitivamente a aproveitar todas as dicas que surgem sutilmente através das pessoas, situações e acontecimentos, que soam como coincidências. Essas não existem. O que há é uma energia de sincronicidade que faz as coisas parecerem meras coincidências, aprenda a aproveitá-las sempre;

- Você tem uma missão a ser realizada nessa existência, e precisa se alinhar a ela. Não dá para achar que o nosso propósito aqui na Terra é apenas trabalhar, sobreviver e pagar as contas. Temos que evoluir e isso significa muito mais do que defender os interesses do mundo material;

- A solução dos seus problemas não está em outra pessoa. As pessoas ao seu redor podem ser gatilhos de sua evolução, bem como podem ser amparadores nessa jornada, jamais salvadores, tampouco culpados por nada;

- Milagre é a sua capacidade de transformar problemas e oportunidades de evolução em crescimento espiritual;

- Definitivamente, entenda que para o nosso planeta sair desse caos, ele precisa de muito esforço de nossa parte;

- A gratidão e a meditação são exercícios diários para manter qualquer pessoa em contato direto com os Planos Superiores e os melhores níveis de vibração. Se você não aprender a ser grato pelo que tem, jamais vai conseguir conquistar sucesso, paz e saúde;

- Aprenda a se alimentar das coisas simples da vida, compreenda a essência da sua existência e livre-se da miopia consciencial e do egoísmo. O apego e o materialismo excessivos escravizam, pois tornam as pessoas dependentes umas das outras e de coisas materiais;

- Não há problema algum em ganhar dinheiro, quando de forma idônea e ética. É melhor você ter bastante dinheiro, ser feliz, inclusive utilizá-lo com sabedoria para ajudar mais pessoas a evoluírem, do que rejeitar isso tudo por medo. O dinheiro é uma energia muito importante da terceira dimensão, que pode contribuir muito nessa busca evolutiva. Votos de pobreza na maioria dos casos, no que tange à realidade atual, só piora as coisas; seja sensato, não se autopenalize, dinheiro não é sujo e ser rico não é pecado, desde que você torne a riqueza também um estado de espírito;

- Seu corpo físico não é tudo! Somos constituídos de uma essência transcendental a essa casca densa. Não deixe de cuidar com carinho e atenção do seu corpo, mas ele é apenas um dos pés de uma cadeira. Não se iluda com as aparências;

- Nossa meta maior aqui na Terra é a evolução constante, que implica purificação das características de inferioridades da nossa personalidade e na harmonização dos conflitos com outras pessoas;

- O fato de você não querer evoluir ou não querer se espiritualizar não interrompe o movimento evolutivo do universo. Precisamos ficar atentos, porque muitas vezes nossas decisões e formas de agir são contrárias a esse movimento. Quando isso acontece, é comum o caos se instalar na vida da pessoa;

- Não confunda consciência espiritual com nível cultural, condições financeiras ou hierarquia social. Quantos não sabem nem ler, mas são "doutores" na arte de compreender Deus. É preciso engolir a arrogância, sejamos humildes, é mais sensato e saudável, pois combina mais com nossa ignorância natural, a qual precisamos vencer.

PERGUNTAS E RESPOSTAS SOBRE O TEMA

1. O que é o universalismo?

É uma forma de desenvolver a consciência sem dogmas ou paradigmas, que procura unir a sabedoria do Oriente à do Ocidente, a ciência e a espiritualidade, aproveitando tudo que é de bom, sem preconceitos e determinismos.

É o mesmo que dizer que a melhor religião é a do coração e a melhor filosofia é a de fazer o bem, com simplicidade, leveza e amorosidade. O universalismo busca mostrar para as pessoas que não precisamos apenas de religiosidade, precisamos de espiritualidade, o que se refere ao estado de espírito, ao nível de consciência, que é do que realmente necessitamos. Ser religioso não garante uma consciência espiritualizada.

2. Qual é o melhor caminho para a busca da espiritualidade?

Não existe um melhor caminho, assim como não existe uma melhor doutrina ou religião. Há milhares de caminhos que podem nos ajudar a desenvolver essa consciência. O fundamental é que a pessoa aprenda a assumir e cumprir compromissos com ela mesma, sendo indispensável que ela se dedique muito, aprenda a olhar para dentro, aprenda a se guiar pelo coração, pela intuição.

O melhor caminho é uma escolha pessoal, mas é sensato dizer que sempre deve ser acompanhado de muito discernimento e humildade, para exterminar qualquer forma de absolutismo ou determinismo. Também é importante frisar que, se não houver dedicação e aprofundamento, a busca fica complicada.

A prática de leituras edificantes, o desenvolvimento do hábito da boa e velha oração, as meditações, a participação em palestras, a realização de vivências e cursos sobre a temática da espiritualidade, o contato com a natureza também são bons caminhos para se desenvolver.

3. Se existem tantos caminhos adequados para buscar Deus, por que há tanta briga por defender qual é a melhor religião?

Porque existe muita ignorância, disputa de poder, necessidade de controle, ego, vaidade e um distanciamento muito grande da verdadeira Fonte Divina. Essa forma de estimular a espiritualidade está verdadeiramente fora de moda, haja vista a evidente evasão de fiéis em muitas religiões pelo mundo.

As religiões podem ser instrumentos auxiliares para ajudar as pessoas a buscarem espiritualidade, no entanto não são indispensáveis e não detêm a verdade integral sobre nada. O que evidenciamos não é a luta entre o bem e o mal, no entanto a batalha acirrada entre a sabedoria e a ignorância.

4. O que significa dizer que a melhor religião é a do amor e que a melhor filosofia é de fazer o bem?

Significa que para desenvolver a espiritualidade não precisamos ser de uma religião ou outra. Não é necessária essa escolha. A melhor forma de buscar a evolução espiritual acontece pelo discernimento do coração, humildade, simplicidade e leveza.

5. Se existem várias formas de buscar a espiritualidade, e essas independem de religiões, então qual o papel das religiões nesse contexto?

As religiões são importantíssimas para muitas camadas da população em todo o mundo. Algumas pessoas estão tão distantes de suas essências que não sabem nem por onde começar essa caminhada, não estão prontas para desfrutar dessa liberdade presente no século XXI.

Muitos indivíduos em seus determinados estágios evolutivos, sem uma regra ou método, jamais conseguiriam vislumbrar qualquer forma de espiritualidade. Outro fato importante é que muitas religiões são sérias e bem-intencionadas, apresentando maneiras saudáveis de estreitar essa conexão do Eu do ego com o Eu divino, portanto, se usadas com sabedoria, podem ser muito úteis.

O que chamamos a atenção é que vivemos em um período especial, porque jamais existiram tantas possibilidades e tanta liberdade nessa busca. Por consequência, quem souber utilizar com harmonia essa dádiva divina na atualidade, dificilmente irá se prender a qualquer religião. Isso porque não é saudável para a evolução espiritual de qualquer pessoa adotar apenas uma via de acesso a Deus.

6. Quais as vantagens na busca pela espiritualidade no século XXI em relação a outros momentos da história da humanidade?

Nunca em toda a história da humanidade existiu um momento tão propício para se espiritualizar e crescer consciencialmente. Liberdade, abertura, acesso, disponibilidade, tecnologia de ponta, informação em tempo real etc. A ciência, aliada à espiritualidade, já dá sinais de ser a grande força evolutiva para este século. Isso tudo utilizado com sabedoria pelo homem se configura em um momento especial sem precedentes na história da humanidade.

Na prática:
Ações concretas para utilizar esse conhecimento

- Você pode ter sua religião, crença ou filosofia espiritual de sua preferência, e nem por isso deve ignorar outras fontes de aprendizado ou de cultura espiritual. Abra-se para receber conhecimento. Não seja determinista achando que somente essa ou aquela religião estão certas, isso é arrogância que distancia o homem da verdadeira Fonte Divina.

- Nenhum conhecimento espiritual adquirido terá efeito se você não colocar na prática. Procure aplicar seus valores espirituais nas simples coisas da vida, na família, no trabalho, com os amigos.

- Jamais sinta vergonha de se mostrar consciente das verdades espirituais. Respeite o nível de consciência de cada pessoa, contudo você não deve se diminuir ou se anular só porque alguns leigos satirizam a sua busca espiritual. Respeito e verdade sempre funcionam.

- Aprenda a decidir por você mesmo, a encontrar respostas no seu coração ou no seu Eu Superior.

- Jamais desista da sua busca espiritual. Isso seria o mesmo que desistir de viver, de evoluir, vai contra a natureza do ser humano. Ilusoriamente, até podemos achar que não precisamos ou não devemos, contudo essa atitude não cessa o fluxo evolutivo do universo. Você pode desistir de várias coisas na sua vida, mas jamais desista da sua evolução.

Capítulo 2

Vidas passadas, carma e reencarnação

*"Nascer, morrer, renascer ainda
e progredir sem cessar, tal é a lei."*

Allan Kardec

A ALMA IMORTAL

Para entender essa natureza da reencarnação na existência humana, precisamos compreender que inegavelmente o mundo, o universo, caminha sempre para frente, assim como a correnteza do rio, que flui sempre para um único sentido.

Nossa causa maior é a evolução. Pense que, mesmo com tantos problemas e conflitos, esse progresso se dá na humanidade, dia após dia, ano após ano. É algo incontestável, basta olharmos para a história da vida no planeta e constatarmos, através de inúmeras formas, que a evolução nunca parou, independente da vontade dos homens.

Essa evolução necessária para a humanidade, ou seja, o desenvolvimento desejável para a alma, seria impossível que se processasse no tempo limitado de uma só existência. Em uma só vida seria possível corrigir todas as nossas falhas de caráter? Em uma só experiência será que poderíamos dizimar de vez o medo de nossas almas? Ou a raiva? Em uma só encarnação seria possível compreender a miséria ou a riqueza? A alegria ou a tristeza?

Por que algumas pessoas têm histórias de vida cheias de conflitos, acontecimentos traumáticos e verdadeiras desgraças, enquanto que outras experimentam a riqueza material desde o berço, o acesso à cultura e condições privilegiadas?

Deus seria tão injusto assim, a ponto de cometer tais diferenças?

Se em uma vida a pessoa comete graves equívocos, não teria mais a oportunidade de consertar seus erros no futuro?

Aquele que mata, rouba e destrói, sai imune da vida, após a morte, mesmo cometendo tantas atrocidades?

É possível roubar, destratar, enganar, agredir, que, quando a morte vem, simplesmente tudo acaba?

A visão equivocada das linhagens religiosas tradicionais do Ocidente entendem a morte como o fim de nossas vidas, a perda irreversível de alguém. A cultura do feriado de finados, de ir ao cemitério levar flores aos entes queridos, é uma percepção distorcida, baseada na crença de que o cemitério hospeda o morto em seu descanso eterno ou que o local de seu enterro seja o portal de comunicação com ele. Essa é apenas uma amostragem que revela o nível de consciência que a maioria das pessoas tem, algo alarmante.

Pare para pensar: qual é a importância do cemitério?

Pense bem, de forma profunda e até de certa forma técnica.

O corpo físico, desligado de sua fonte de energia, morre. Assim como um motor para de funcionar quando falta gasolina. Não somos o carro, ele é apenas um veículo que nos transporta de um lugar para o outro. Só entramos dentro dele, para transitar por vários espaços e direções. Quando alguém troca de carro, com o passar do tempo, não fica tentando visitar o carro antigo, isso porque a pessoa não é o carro, mas apenas o utiliza e o troca de acordo com as circunstâncias e experiências.

O cemitério tem como objetivo ajudar a depuração biológica da matéria orgânica que constitui o organismo físico, depois que o corpo espiritual o abandona no final de cada vida. O cemitério possui funções parecidas ao do aterro municipal, onde os resíduos domésticos são depurados. Você vai ao aterro municipal visitar uma embalagem usada, uma garrafa vazia ou o talo de um vegetal desprezado no dia a dia do seu lar?

Respeitosamente falando, ou seja, reconhecendo o importante papel ecológico e social do cemitério, sua função é apenas essa: depuração de resíduos. Esse ambiente não hospeda a alma dos corpos que ali se decompõem em um ciclo natural, mesmo porque, se assim fosse, os cemitérios seriam penitenciárias das almas humanas, e, honestamente, não há sentido nessa visão.

Por isso, não gaste dinheiro com flores para levar ao túmulo de ninguém. Se comprar flores, dê para seu cônjuge, decore sua casa, tem mais sentido, é mais sensato. Não gaste seu precioso tempo com visitas ao cemitério, ainda mais levando flores. Reserve o mesmo tempo para fazer orações sinceras, desapegadas e amorosas para os desencarnados, porque eles continuam sendo consciências, continuam sendo espírito em evolução, como todos nós. A prática da oração é a forma mais sensata de expressar o amor ao desencarnado, porque, se não for assim, é porque não é amor verdadeiro, e sim apego disfarçado em um sentimento de saudade e dor, que tem como pano de fundo o egoísmo, por só pensarmos na nossa dor, e jamais na necessidade evolutiva que cada alma tem. Não importa a distância nem a dimensão em que as almas estejam, quando nos concentramos em uma vontade amorosa e sincera de emanar bênçãos, essas vibrações seguramente são recebidas, onde quer que esses espíritos estejam, porque o limite da dimensão física não impede essa comunicação. Mesmo porque, se tivermos paciência e um pouco de dedicação, poderemos nos encontrar com eles nas contínuas projeções astrais[3] durante o sono.

Precisamos compreender que a alma é imortal, que a vida é uma escola, que cada existência é um estágio, assim como cada ano no ensino tradicional também é. Tudo é cíclico. Voltamos para a dimensão física, vida após vida, sempre com o objetivo da purificação da personalidade inferior. Mas como a cultura ocidental impregnada na nossa consciência, caracterizada pela influência do equivocado dogma não reencarnacionista, das religiões ocidentais, é de que a morte é uma desgraça, somos estimulados a sofrer por antecipação. Isso pela percepção que temos de que a morte é uma "perda".

E assim caminha grande parte da humanidade, iludida, equivocada da real função da morte, ou, melhor, da saída final da consciência do corpo físico.

Precisamos observar mais a natureza, aprender com os ciclos da vida, e compreender definitivamente que a nossa alma é imortal.

Entendendo a reencarnação

Se vivêssemos apenas uma vida, no tempo de uma existência apenas, como poderíamos evoluir? Será mesmo que em apenas uma

---

[3] Projeções Astrais: Quando a alma deixa o corpo e sai para viajar pelo universo, principalmente durante o sono, obtendo experiências extra-físicas.

passagem aqui pela Terra aprenderíamos a amar e perdoar? Podemos ir para o "paraíso" cheio de emoções mal resolvidas?

Se no universo, semelhante atrai semelhante, como poderemos ir para o "Céu" ainda com mágoas, medos, tristezas e egoísmos? Seríamos compatíveis com o divino?

Está na cara que a máxima do sublime Mestre que diz: "A cada um será dado conforme suas obras" refere-se também a essa lei universal, que na atualidade é amplamente estudada e mais conhecida como lei da atração. E, diga-se de passagem, como essa lei é justa, correta e digna.

Conhecemos muitas pessoas que já estão conscientes de que somos hoje o resultado de tudo que já vivemos em experiências passadas, ou seja, a somatória das diversas experiências de vidas passadas. Pois bem, essas pessoas são conscientes dessa natureza do universo, compreendem teoricamente a roda do carma, aceitam as tantas questões envolvidas, mas se confundem quando acreditam que essa experiência terrena atual trata-se de sua última passagem no plano físico. Confiam nisso, porque acham que não precisarão "voltar" mais.

É bom que se entenda que a Terra é uma escola. Aqui aprendemos inúmeras coisas, sendo que as principais são as relacionadas às emoções inferiores. Vamos evoluindo à medida que aprendemos a dominar nossa personalidade inferior, tão cheia de medos, ansiedades, inseguranças e limitações em geral. E para que essa personalidade congênita se revele, precisamos experimentar das situações terrenas, que tanto nos testam quanto à angelitude de nossas virtudes.

Perguntamos: Existe ódio, mágoa, raiva, insegurança, dúvida, mágoa, medo, pessimismo e tristeza no céu (ou paraíso ou astral superior, ou o nome que se queira dar.)? Acredita que sim? Pois acreditamos que não...

Portanto, só transcendem a necessidade de voltar ao samsara[4] as pessoas que eliminarem por completo esses aspectos inferiores citados.

---

[4] Samsara: Roda de encarnações, o ciclo reencarnatório dos budistas.

Você ainda tem mágoa, raiva e tristeza? Achamos normal que tenha.... Então, você pode até ir para "lá", mas provavelmente, deverá voltar para a escola (Terra), porque esse ambiente tem muito mais afinidade com as suas limitações do que o "Paraíso".

Por isso, novamente perguntamos: Uma só existência seria possível para evoluirmos a um nível no qual as inferioridades não existiriam mais?

Cremos que seja impossível, exceto no caso de alguns avatares[5] divinos, que já vieram teo realizados[6]. Mas, por via das dúvidas, caso você que está lendo esse texto considere que já alcançou esse nível, ou seja, já transcendeu a essas limitações, pedimos a gentileza de entrar em contato, para podermos conversar.

Queremos muito mesmo conhecer a pessoa que vive na Terra, mas não padece das toxinas originárias do ego negativo. Se você é puro, completamente angelical, humildemente lhe pedimos, por favor, entre em contato, queremos muito conhecê-lo(a)!

Infelizmente, em função do nível de evolução em que estamos no presente momento da humanidade, acreditamos que nos encontraremos muito no presente e no futuro dessa e das próximas vidas. Isso porque as futuras vidas virão para desempenhar em nós todos o papel da educação espiritual.

Essa constatação traz o entendimento de que nossa alma é como um cristal bruto, que vai sendo lapidado e polido, vida após vida, até chegar o dia em que seu brilho e beleza serão reluzentes e naturalmente virão à tona.

Muitos seres despertos estão caminhando a passos largos nessa busca por iluminação. Já muitos outros (a maioria das pessoas) estão completamente alienados dessa necessidade.

---

[5] Avatares: Emissário celeste, representante de Deus na Terra. Jesus, Buda, Krishna, Rama.

[6] Teo realizados: Seres que atingiram o grau da ascensão, cumprindo a missão de sua alma.

O fato que preocupa é que muitos não estão somente estagnados nessa busca por "lapidação e polimento", como estão também se sujando cada vez mais, permitindo que uma crosta densa se precipite mais e mais, piorando as coisas. Tudo isso pela alienação e pelos equívocos do ego inferior.

O termo e a natureza da reencarnação não pertencem a essa ou àquela religião, filosofia ou doutrina religiosa, faz parte da essência da natureza. O que houve foi que algumas religiões compreenderam esses mecanismos naturais e os adotaram em suas doutrinas.

Mas por que as religiões surgiram?

Surgiram pela necessidade que a humanidade sempre teve de conhecer Deus e Suas leis; e as estruturas religiosas criaram um método para a busca desse conhecimento. Só que as religiões foram criadas pelos homens comuns, que, todos sabemos, nunca estiveram livres do ego, da vaidade e da ignorância. Não alcançaram a iluminação, tampouco calibraram seus discernimentos acerca das verdades do Universo. Portanto, sempre foram passíveis de erros, assim como qualquer um de nós. Esses erros sempre geraram consequências capazes de influenciar e comprometer o entendimento dos fiéis, também despreparados na arte de se conectar com Deus através da religião interior, ou seja, pelo canal do coração.

Tanto essa afirmação é real, que a própria Bíblia, uma bússola para diversas religiões, principalmente ocidentais, foi alterada em 553 d.C., após as determinações do Concílio de Constantinopla[7]. Desde então, a reencarnação e suas referências foram retiradas do livro sagrado. Por consequência desse ato, tudo que derivou dos ensinamentos bíblicos, como a medicina ocidental, a filosofia, a sociologia, a política, entre outras frentes de estudo, assumiram postura não reencarnacionista, e tudo isso pela necessidade de manipulação e controle do poder.

---

[7] Concílio de Constantinopla: Reunião com bispos e cânones não reencarnacionistas, convocada pelo imperador Justiniano IV e pela rainha Theodora para retirar da Bíblia todas as passagens que se referiam à reencarnação.

Acredita-se que é chegado o momento em que o próprio avanço do nosso nível de consciência e o aumento de nossa capacidade de observação aos próprios ciclos naturais não nos permitem mais deixarmos passar despercebido que a personalidade não é construída na infância, como preconizam os descrentes da natureza reencarnacionista. Se assim fosse, os filhos de um mesmo pai e mãe não apresentariam personalidades tão definidas e muitas vezes tão diferentes, mesmo tendo sido criados sob as mesmas regras, semelhantes cuidados e educação. Ou seja, se a infância fosse a grande responsável pela formação da personalidade, todos os filhos que fossem criados de maneiras parecidas apresentariam comportamentos e personalidades também similares, e como sabemos isso não ocorre. Essa constatação mostra uma das grandes evidências para todos que constatam a reencarnação no dia a dia: a personalidade congênita. Nossa consciência é sempre a resultante do conjunto de experiências de vidas passadas, o que forma a personalidade da alma imortal ou personalidade congênita.

As almas buscadoras da consciência espiritual não mais acreditam na existência de um Deus que castiga, que faz da vida de uns histórias de sucessos e alegrias, enquanto a de outros experiências de dor e sofrimento. A compreensão dos ciclos reencarnatórios explica de forma simples que sempre colhemos o que plantamos, seja para o bem ou para o mal, inegavelmente.

"Genialidade é experiência. Alguns pensam que é uma dádiva ou um talento, mas é o fruto da longa experiência de muitas vidas." Henry F.

A PERSONALIDADE DA ALMA IMORTAL

A compreensão da personalidade congênita, que é a personalidade da alma imortal, mostra a chave para a cura de doenças até hoje consideradas impossíveis pela medicina alopática.

No momento em que o ser humano reconhece que a infância não é o começo e a morte não é o fim, as condições limitantes de uma só existência desaparecem e o campo de atuação terapêutica adentra na amplitude da alma eterna. Nesse momento, o corpo físico mostra que, embora tenha sua importância velada, não é ele quem carrega a chave da cura das doenças conhecidas como crônicas. Simplesmente pelo fato de que o corpo físico é o veículo que cada ser humano tem em uma existência física, portanto perecível, que tem seu prazo de validade expirado no final de cada vida. Mas e a alma?

Essa, sim, resiste eternamente: como um disco rígido de um computador registra todas as impressões, acontecimentos que a alma viveu. E como a alma habita o corpo e não o inverso, a morada de nossa consciência não é o físico, é o não físico, ou, melhor, a essência divina que todos temos e chamamos de alma.

A personalidade da alma imortal é notada com nitidez nas crianças, que mesmo sem quase nenhuma experiência de vida (nessa existência) apresentam temperamento bem definido, sem mesmo terem tido o tempo de aprender ou se desenvolver.

Algumas crianças têm facilidade incrível em artes, já outras em tecnologia, sem nunca terem tido acesso ou treinamento. Como isso se explica? Através da personalidade congênita. A criança não é uma criança, é um espírito com corpo de criança, que carrega em sua essência seus traços de personalidade, sejam eles positivos ou negativos.

Isso explica também alguns medos, sentimentos ruins ou padrões de comportamento negativo sem causa aparente, sem que haja uma explicação física sensata.

Nesses casos, a alma imortal está revelando tendências adquiridas em outras existências, de sentimentos como medos, mágoas, tristezas, depressões, entre outras, que se manifestam nessa existência. Portanto, se a terapêutica em um caso desses não tiver abrangência transcendental, como obter cura e bem-estar? Fica difícil...

Essa visão contraria a concepção básica da Psicologia oficial que diz que nossa personalidade se forma a partir de aspectos genéticos, familiares e sociais. Nessa visão a causa de muitos traços de personalidade inferior é encontrada na relação com os pais, os amigos e acontecimentos da vida. Inevitavelmente, há a tendência de encontrarmos culpados para justificar a personalidade negativa de cada um. Trata-se de um erro que atrasa muito nossa evolução.

Uma personalidade vítima, depressiva, medrosa, isolada não é criada na infância e através dos acontecimentos sociais. É apenas revelada na infância e pelos acontecimentos.

A mágoa e o medo não foram criados pelos pais ou quaisquer pessoas, e sim foram revelados, porque já existiam na alma, que nunca morre com a morte do corpo físico.

As características individuais do nosso modo de agir e de reagir são as tendências que já trazemos latentes conosco e que, no confronto com as situações da vida terrena, passam a manifestar-se. São modos de pensar, de sentir e de expressar-se que trazemos em nossos corpos emocional e mental, que nos caracterizam e que já nascem conosco. Nós não formamos uma personalidade, nós a revelamos. Somos um Ser de vários corpos, sendo o físico o único facilmente visível, por isso parece que apenas ele existe, mas além dele temos o corpo emocional, dos sentimentos e emoções, o corpo mental, dos pensamentos, e o corpo espiritual, da alma.

Ao reencarnarmos, aqui chegamos no mesmo nível de sentimentos e de pensa-mentos de quando saímos da última vida terrena e, portanto, cada um de nós, ao passar pelas situações atuais da vida intrauterina e da infância, vai reagir a seu modo. Isso é facilmente observável em famílias com vários filhos, em que cada um tem a sua maneira de ser desde nenê: um é irritado, magoável, agressivo. Um outro é calmo, paciente e carinhoso, já um terceiro é retraído, tímido e triste.

Isso ocorre porque nossa personalidade é congênita e porque tudo é continuação. Continuação das tendências negativas e das positivas. Nossa meta é curar as negativas.

E assim vamos reencarnando, mudando os nossos corpos físicos de acordo com os aprendizados necessários, contudo mantendo os nossos corpos energéticos.

A personalidade congênita, em seus traços negativos, revela exatamente o motivo de reencarnarmos, ou seja, a missão de nossas almas, que é a cura das emoções inferiores. Reconhecendo esses padrões negativos e dando a atenção devida a eles, através de uma abordagem transcendental, estaremos sintonizados com o nosso propósito, caminhando na direção da cura da alma.

Por isso as situações que acontecem na vida de uma pessoa não são as responsáveis por gerar os sentimentos inferiores, porque esses já existiam. A pessoa atrai magneticamente tais situações para que essas inferioridades se revelem, sejam expostas e tratadas. Veja, por outra ótica, quando algo acontece que mostra raiva em determinada pessoa, não foi aquele acontecimento o causador da raiva, ele apenas aflorou um sentimento que já existia. Por isso, quanto mais atraímos coisas que nos fazem mal, indica que o sentimento ruim está em nós, ele não foi criado, foi revelado, aflorado.

Se você começa a mudar sua visão, vai parar de atrair esses acontecimentos, além de parar de culpar, encontrar vilões ou algozes. Esses nunca existiram.

Nós atraímos os acontecimentos que a personalidade congênita precisa para se curar, é uma aproximação natural, é uma lei imortal, uma verdade universal.

A maior barreira que qualquer pessoa que procura a cura para uma doença pode encontrar é atribuir a origem de seus sofrimentos ou dores aos fatos ocorridos na infância ou no decorrer da vida.

A morte de alguém, o abuso sexual, o destrato, a agressão, entre tantas outras atrocidades, nunca foram as reais causadoras da dor de ninguém. Tais situações são traumáticas e dolorosas inquestionavelmente. No entanto revelam-se como agentes naturais que existem para produzir a cura da alma, a elevação da consciência ou reforma íntima. Em outras palavras, são acontecimentos necessários para produzir mudança positiva do carma.

Se a pessoa não entende, culpa os acontecimentos, as pessoas e rotula-se como vítima, afundando-se em um mar de dores e sofrimentos que vai atrasar substancialmente sua evolução espiritual.

Devemos nos libertar das ilusões e assumir firmemente nossa responsabilidade de busca por evolução. Sempre foi e sempre será responsabilidade nossa!

A lei do esquecimento

Essa é uma lei especialmente conduzida para que o uso do livre-arbítrio não seja influenciado por nossas recordações de vidas passadas. Quando reencarnamos na Terra, em uma proposta básica de evolução e harmonização de conflitos com outros espíritos também presentes aqui no plano físico, precisamos ter neutralidade para poder começar tudo de novo, sem nos deixarmos ser influenciados pelas lembranças da alma imortal, ou seja, de outras experiências.

É de suma importância a vigência da lei do esquecimento, pois sem ela em certos casos seria muitas vezes impossível saber que nosso filho de hoje é o ladrão ou estuprador do passado. No nível evolutivo em que nos encontramos, onde a capacidade de amar incondicionalmente ainda não é desenvolvida, essa lei absoluta dos Planos Superiores nos permite reiniciar nosso processo de redenção das atitudes negativas e dos conflitos com outros espíritos, quantas vezes forem necessárias.

Ter plena lembrança de todas as experiências passadas, para nós, seres ainda infantis no que tange ao desenvolvimento da consciência espiritual, poderia aumentar mais nossos conflitos e desvios de conduta.

A lei do esquecimento permite que em nossa família convivam patrões e empregados do passado, muitas vezes como marido e mulher. Assassinos e assassinados de outrora surgem como irmãos, pai e filho, mãe e filha, entre outros graus de parentesco. Dessa forma, o livre-arbítrio pode ser utilizado por qualquer pessoa, com a finalidade de harmonizar seus conflitos e erros do passado e seguir evoluindo nesse fluxo infindável do universo.

A INFLUÊNCIA DAS VIDAS PASSADAS NA EXISTÊNCIA ATUAL

"Se quiser conhecer o seu passado, olhe sua vida presente. Se quiser conhecer o futuro, olhe o presente." Gautama Buda

Pela percepção dessa natureza humana que é a personalidade congênita, podemos ter uma noção de qual influência as vidas passadas refletem na atual existência de qualquer pessoa. Simplesmente somos a continuação de tudo que já ocorreu.

Pense que você começa o ano letivo tradicional de nossas escolas, por exemplo. Ontem você foi à aula, hoje você está na sala de aula e amanhã continuará a frequentar. O que ocorre é o fato simples de que, a cada evolução, você segue sua caminhada em estágios mais elevados, e assim sucessivamente. Mas o conhecimento que adquirimos durante as experiências que vivemos vão sendo acumulados no acervo de nossa alma, fazendo parte de nossa personalidade.

Se você quiser saber qual é a influência das suas vidas passadas na sua existência atual, olhe-se no espelho! Consulte o seu ser interior, avalie as suas emoções, pensamentos e sentimentos. Seus dons, suas vocações e seu nível de consciência foram construídos ao longo das inúmeras vidas que experimentou no plano físico.

Por isso precisamos viver tantas experiências no plano físico, da mesma forma que necessitamos frequentar as aulas na escola. Mas o que uma pessoa era em seu universo de emoções, pensamentos, sentimentos e conhecimentos, não se altera drasticamente de uma aula para outra, é um processo lento. Se você vem sendo um aluno dedicado, prestando atenção nas aulas, estudando, fazendo temas de casa, certamente seu desempenho nas "provas" será bom, consequentemente passar de ano será natural. No entanto, se não vem se dedicando e estudando, as "provas" lhe serão verdadeiros calvários, sendo muito provável que você reprove no final do ano.

O CARMA

A sociedade ocidental faz mau uso desta palavra, que, na sua origem, quer dizer "ação". Portanto, carma é ação, e não punição pelo mal feito. Sendo assim, o carma está baseado na lei cósmica de ação e reação e também na lei do retorno. Estamos ligados aos frutos de nossas ações, que vêm a ser uma expansão de nós mesmos. E assim, inevitavelmente, colhemos o que plantamos.

Quando um ser humano, por sua tomada de consciência e consequente mudança em suas ações, se liberta de compromissos cármicos, leva também a libertação àqueles que estão à sua volta.

O processo de libertação do carma conduz o ser humano ao autoconhecimento e à aceitação do seu ser crístico, levando toda a esfera planetária a elevar seu nível vibracional, produzindo assim um carma luminoso, por uma ação livre de egoísmo, portanto, libertadora.

Desde os tempos imemoriais, a palavra carma sugere algo ruim porque está associada a ajustes de contas, sofrimento e expiação. Isso se deve ao fato de que o homem teme deparar-se consigo mesmo, pois o encontro com sua natureza interna é também um encontro com o seu carma, e com sua possível libertação.

É comum que se confunda a libertação do carma com os tipos de julgamentos do planeta Terra, justamente por ser o referencial que temos: dor e punição. Os seres de luz que atuam na libertação do carma têm a função de nos ajudar na orientação e na busca de nossa libertação espiritual.

À medida que alcançamos níveis mais sutis, vamos ganhando consciência e naturalmente aprendemos melhor como agir. Assim, podemos utilizar diversos meios para nos limparmos de nossos próprios males e inferioridades.

A Libertação do Carma nos leva justamente a ter consciência de nossos atos e de nosso livre-arbítrio, mas, para que possamos nos libertar das terríveis amarras do sofrimento, punição e culpa, é necessário enfrentarmos e superarmos esses que até então foram os nossos limites.

Enquanto o homem mantiver dentro de si uma postura defensiva, criando máscaras para depois ter de sustentá-las, estará sujeito ao julgamento e ao pensamento alheio, e, o que é pior, ao seu próprio julgo. A libertação do carma propõe justamente a queda das máscaras, para que cada um de nós possa ser, corajosa e exatamente, quem realmente é.

Para que se manifeste em nossa vida a poderosa e imaculada força da Presença Divina, é preciso ter a coragem de ousar limpar-se.

O Grande Mestre Sai Baba usa um excelente exemplo para definir o carma. Na Sua infinita sabedoria, ele disse para pensarmos no carma como as hélices de um ventilador: mesmo que o aparelho esteja desligado, ainda por um tempo, pela inércia, as hastes continuarão com seu giro. Desta forma, podemos compreender que não há fuga das consequências do nosso passado; o que existe é a consciência para modificarmos ações futuras. O passado é perfeito e não podemos mudá-lo, mas podemos usá-lo como referência para ações futuras.

Esta história narrada por Sua Eminência Chagdud Tulku Rinpoche resume perfeitamente o que seria o nosso comodismo diante do carma:

"Conta-se muito a história de um homem tibetano que decidiu fazer uma peregrinação com seus amigos até o Palácio Potala, a residência do Dalai-Lama, um lugar muito sagrado. Era uma viagem que marcava uma pessoa por uma vida inteira.

Naquela época as pessoas locomoviam-se a pé ou a cavalo. Demorava-se muito para chegar a qualquer parte, e por esses motivos a maioria das pessoas nunca deixava sua região Natal, do nascimento à morte. A maioria delas nunca havia visto uma casa; moravam em tendas pretas tecidas com fibra de pelo de iaque. Quando o homem e seus amigos finalmente chegaram ao Palácio, ficaram assombrados com a arquitetura, os múltiplos andares, as muitas janelas e a vista espetacular da cidade que se descortinava no interior. O homem tibetano enfiou a cabeça por uma abertura bem estreita que servia de janela para ter uma visão melhor. Ele trancou sua cabeça neste buraco e puxou várias vezes até concluir que estava realmente entalado. Seus amigos foram embora e lá ele ficou, mandando avisar a sua família que tinha morrido e que não havia lugar melhor no mundo para morrer... Um tempo depois, o zelador do Palácio perguntou a ele:

— *O que você está fazendo aí?*

— *Estou morrendo* — ele respondeu.

— *Por que você acha que está morrendo?*

— *Por que minha cabeça está entalada.*

— *E como é que você a pôs aí?*

— *Eu a enfiei fazendo assim.*

— O zelador então respondeu: — *Então, tire-a daí da mesma maneira que colocou!*

— *O homem fez o que o zelador sugeriu e se soltou.*"

O homem tibetano aceitou seu carma e sua morte, nada fazendo para libertar-se. Quantas vezes em nossas vidas aceitamos os fatos e ficamos inertes diante dos mesmos? Sem nenhuma reação ou sem coragem para fazer o que precisa ser feito e mudar o que precisa ser mudado. Quantas vezes nos recusamos a "tirar o pescoço da janela" por medo, preguiça ou comodismo?

De acordo com a história, só poderá haver libertação se houver a consciência dos motivos que nos levaram ao aprisionamento. Como esse homem, se conseguirmos enxergar onde é que estamos presos, poderemos quebrar nossas amarras e ajudar os outros a fazerem o mesmo. Precisamos entender como viemos parar onde estamos.

Durante toda a vida, embora cada um de nós busque e, às vezes, encontre a felicidade, ela sempre é temporária; não conseguimos fazer com que dure. É como se estivéssemos continuamente atirando flechas, mas no alvo errado. Para encontrarmos a felicidade duradoura, precisamos mudar o nosso alvo, encontrando-nos em erradicar o sofrimento nosso e o dos outros, não temporária, mas definitivamente.

A mente é a fonte tanto do nosso sofrimento quanto da nossa felicidade. Pode ser usada de modo positivo, para criar benefícios, ou de modo negativo, para criar malefícios. Embora a natureza fundamental de todos os seres seja uma pureza imortal, que existiu desde sempre, sem começo – o que chamamos natureza búdica ou natureza crística –, nós não reconhecemos essa natureza. Em vez disso, somos controlados pelos caprichos da mente ordinária, que vai para cima e para baixo, para a direita e para a esquerda, produzindo pensamentos bons e ruins, agradáveis e dolorosos. Nesse meio tempo, plantamos uma semente a cada pensamento, palavra e ação. Com a mesma certeza que a semente de uma planta venenosa produz frutos venenosos, ou uma planta medicinal cura, as ações maléficas produzem sofrimento e as ações benéficas, felicidade. As próximas considerações têm como base a obra de Chagdud Tulku Rinpoche.

A RODA DO CARMA

Nossas ações viram causas e, dessas causas, naturalmente vêm os resultados. Tudo o que é colocado em movimento produz um movimento correspondente. É isso o que chamamos de roda do carma. Se você joga uma pedra numa lagoa, formam-se ondulações ou anéis que correm para fora, batem na margem e voltam. O mesmo se passa com o movimento dos pensamentos: ondulações correm para fora, ondulações retornam. Quando os resultados desses pensamentos chegam de volta, sentimo-nos vítimas indefesas: "O que fiz para merecer tudo isso?". O que acontece é que os anéis da lagoa estão voltando para o centro: isso é carma.

No país maravilhoso em que vivemos, nossas experiências atuais de vida são de relativa boa sorte. Muitos são os que experimentam sofrimento muito pior que o nosso: assolados pelas dores implacáveis da guerra, doença, fome, furacões. Falamos que são situações piores porque a mudança não depende delas mesmas e parece não haver saída.

Ao contemplarmos as dificuldades em que essas pessoas se encontram, a compaixão brota em nosso coração. Ganhamos inspiração para não desperdiçarmos nossas circunstâncias bem afortunadas, mas sim usá-las para criar benefícios que estejam além da felicidade provisória, que vem e vai, além dos ciclos infindáveis do sofrimento de nossa existência cíclica. Somente ao revelar por inteiro a verdadeira natureza da mente – ao alcançar a iluminação – podemos encontrar felicidade duradoura e ajudar os outros a fazerem o mesmo. Essa é a meta do caminho espiritual.

Dharma

Quando uma ação é praticada com a intenção de que uma determinada pessoa, bem como todos os demais seres, não só encontrem felicidade temporária como também acordem da existência cíclica e despertem para a verdade, ela produz dharma. O dharma não resulta apenas em felicidade nos reinos superiores, mas em iluminação. Adquirindo a certeza de que o processo cármico é infalível e que atua constantemente em nossa vida, começamos a tomar consciência de que somente através da prática do dharma é que conseguiremos a ascensão. Praticar o dharma consiste em ver o planeta Terra como um todo e você como uma pequena partícula do todo que deve fazer a sua parte, semeando o amor, a fraternidade e a pureza nos pensamentos.

Tipos de Carmas

Várias são as maneiras como o Carma se apresenta em nossas vidas, veja algumas das principais:
- Carma pessoal;
- Carma da relação;
- Carma genético;
- Carma grupal;
- Carma alheio.

Carma pessoal: É a soma de todas as ações que uma pessoa realizou, através de todas as suas existências anteriores, e também das ações que não realizou, que omitiu e deve. São as inferioridades que realmente devemos trabalhar, limpar, purificar.

Carma da relação: É o que se gera a partir da inter-relação entre duas almas, em uma ou mais vidas juntas, envolvendo as ações ou omissões capazes de gerar algum tipo de desequilíbrio para futuras encarnações.

Carma genético: É a grande carga que uma pessoa traz, através de informações gravadas no sistema celular. Está formado por diversos carmas não resolvidos provenientes de antepassados diretos ou indiretos, ainda que não necessariamente os tenhamos provocado, mais que herdamos de nossos ancestrais.

Carma grupal: É relacionado com diversos grupos humanos, podem ser religiosos, políticos etc., no qual as ações ou omissões do grupo originam carma em cada indivíduo que o integra, seja este diretamente responsável ou não, diretamente envolvido nessa ação ou omissão. A energia negativa pode crescer em grande escala quando grupos de pessoas contribuem com a poluição, o preconceito e a perseguição. Quando isso ocorre, retorna em massa, podendo provocar efeitos de grandes proporções, com as guerras ou transformações na Terra previstas pelos profetas para o nosso tempo atual. A maneira como lidamos com os nossos carmas individual e grupal determinará se essas profecias irão se concretizar ou não.

Carma alheio: Consiste em apoderar-se de responsabilidades ou potencialidades de crescimento alheios. Isso cria um desequilíbrio em nosso carma pessoal.

Resumo

- Nossa existência é cíclica.
- A personalidade da alma é imortal (congênita).
- A morte do corpo físico não é o fim.
- A família é o cenário perfeito para que a evolução espiritual se faça.
- Uma só existência não é suficiente para uma alma evoluir.

- Uma existência de conduta moral distorcida e anticrística não passa despercebida pela justiça divina.

- O que você foi em suas vidas passadas não é o que mais importa. O que importa é sua evolução constante.

- Não temos a lembrança constante de nossas vidas passadas, simplesmente pela necessidade que temos de agir sem a recordação dos conflitos passados, ou seja, de forma neutra.

- A morte, em muitos casos, é benfeitora, porque permite barrar o homem alienado de sua real missão, de mergulhar ainda mais na perda de sua angelitude. Em muitos casos, a morte acontece para impedir que seu processo evolutivo seja danificado, a ponto de muitas vezes gerar graves consequências para existências posteriores.

PERGUNTAS E RESPOSTAS SOBRE O TEMA

1. Certa vez, uma pessoa me disse que essa era a sua última vida na Terra, que ela não encarnaria mais, isso é possível?

Nós não temos condições de afirmar com certeza qualquer que seja a resposta, porque não temos ainda um nível de consciência espiritual tal qual os Grandes Mestres como Jesus, Hermes, Ramatis, entre outros. Contudo podemos observar que o motivo principal pelo qual estamos vivendo na Terra é a evolução. Essa evolução se dá principalmente através da cura e do equilíbrio das emoções negativas como raiva, mágoa, estresse, pessimismo, tristeza, medo, insegurança etc. Também temos a meta de nos harmonizarmos com todos os nossos irmãos de caminhada, além de gerar bons exemplos para a humanidade, através de atividades e trabalhos construtivos, edificantes e fraternos.

Se uma pessoa tiver pleno domínio de seus sentimentos, já curou suas tendências negativas de raiva, medo, tristeza entre outras, já se harmonizou com todos os espíritos (irmãos de caminhada) e gera constantemente bons exemplos, ela será forte candidata a se libertar dessa roda de reencarnação. Contudo, se esses traços de inferioridades ainda estiverem marcados em sua personalidade, podemos considerar que se trata de uma ilusão achar que ela não irá mais reencarnar na Terra.

2. Por que para algumas pessoas é tão difícil acreditar em reencarnação?

Porque principalmente aqui no Ocidente fomos educados em um cultura não reencarnacionista em sua maioria. Essa cultura se formou sobre forte influência das escritas sagradas como a Bíblia. Já é um fato conhecido da história que a Bíblia foi alterada, tanto por interesses quanto por erros naturais dos processos de tradução em várias línguas.

Mesmo assim, se lermos a Bíblia com uma visão reencarnacionista, encontraremos inúmeras referências à personalidade da alma imortal, às reencarnaçõese e às vidas passadas.

Quando a sociedade ocidental formou seus valores espirituais, excluiu a reencarnação como uma lei natural. Assim, fomos educados para não acreditar nas existências cíclicas.

Com a liberdade de religião, com a expansão de nossas consciências, mais cedo ou mais tarde, essa verdade natural do universo vai se revelando como inquestionável, tal é a lei. Como o sol que nasce e morre todos os dias, como o ciclo das chuvas, das plantas, dos ventos, nossa existência obedece à mesma lei.

3. Qual é a importância das terapias que lidam com a alma imortal e a personalidade congênita?

Quando uma abordagem terapêutica é feita baseando-se na alma imortal, o campo de atuação torna-se amplo, os limites que marcam o nascimento e a morte são eliminados. Nesse tipo de terapia o foco não é a vida atual apenas, mas a evolução espiritual e o reconhecimento da missão da alma de cada um ou finalidade da existência.

Essa forma de psicoterapia tem a capacidade de inspirar na pessoa uma reflexão sobre o princípio da vida, sobre o motivo pelo qual enfrentou ou enfrenta problemas, o porquê dessa família, o porquê desse chefe, o porquê desse corpo físico, o porquê da cidade que mora, e assim por diante.

Nessa ótica, a infância não é o começo, a morte não é o fim, a família é união de espíritos unidos por laços cármicos e de afinidade, a personalidade é congênita, não existem vítimas, não existem vilões e o foco principal é a evolução espiritual.

4. E as regressões a vidas passadas? Qual a importância?

As regressões devem ser utilizadas com o objetivo de trazer esclarecimento à pessoa. Normalmente, as regressões têm dois objetivos marcantes: o primeiro é ajudar a pessoa a se desligar de fatos traumáticos em que ela ainda esteja sintonizada, com isso eliminando aspectos negativos. Isso porque muitos sentimentos densos que uma pessoa sente podem ter origem em uma vida passada. Através da regressão, a pessoa reconhece, relembra que tudo passou, e com isso remove a ligação que produzia o sentimento denso.

O segundo objetivo marcante é ajudar a pessoa a reconhecer o motivo de sua existência ou missão da sua alma. As regressões elucidam para as pessoas que aquele sentimento vem acontecendo desde muitas existências passadas, mostrando o motivo pelo qual reencarnou, que é para curar essa tendência negativa.

Esses aprendizados extraídos da regressão mostram que se trata de uma eficaz ferramenta para contribuir na evolução espiritual de qualquer pessoa.

5. Do ponto de vista espiritual, é ético fazer regressões?

É importante evidenciar que as regressões devem ser feitas respeitando algumas leis como a do esquecimento. O tipo de regressão utilizado pela ABPR (Associação Brasileira de Psicoterapia Reencarnacionista) por exemplo é conhecido como Regressão Ética, porque não infringe a lei do esquecimento, não estimula o reconhecimento e não se utiliza de hipnose ou indução. A regressão é conduzida pelo plano espiritual e o terapeuta é apenas o facilitador do processo, que não pode interferir na regressão.

Quando uma regressão é realizada sem os devidos cuidados éticos, ela pode ser invasiva, gerando desequilíbrios e consequências futuras. A ABPR é um ótimo exemplo de entidade que preza por esses valores, por isso tem apresentado a regressão terapêutica como um eficiente recurso para ajudar na evolução espiritual e na cura de doenças que tenham origem na alma.

6. É importante saber o que fui em minhas vidas passadas?

Não! O que realmente importa é a nossa evolução espiritual: a cura das emoções negativas, a harmonização de conflitos com terceiros e a criação de bons exemplos para a humanidade

NA PRÁTICA:
AÇÕES CONCRETAS PARA UTILIZAR ESSE CONHECIMENTO

- Compreenda que estamos na Terra para evoluir, por isso a evolução espiritual (equilíbrio das emoções) é o que mais importa;
- A morte não é o fim, a infância não é o começo;
- Você não é dono de ninguém e ninguém é dono de você;
- Você não é responsável pela felicidade de ninguém e ninguém é responsável pela sua felicidade também;
- Não existem vítimas, não existem vilões. Se você não está feliz, se você é deprimido ou doente da alma, não é e nunca foi culpa do seu pai, do seu marido, da sua esposa, do seu chefe ou da sua infância sofrida;
- Você não é o seu corpo. Ele é muito importante e deve ser zelado e respeitado, mas é só o veículo de manifestação da consciência, não é a própria consciência, por isso não morre com a morte do corpo físico.

Capítulo 3

Vida após a morte e a imortalidade da alma

"De que vale ao homem conquistar todos os tesouros da Terra e perder sua alma?"

Jesus Cristo

Morte ou renovação?

Temos um corpo físico e um corpo espiritual. Nosso físico é o veículo de manifestação de uma consciência divina chamada alma ou espírito. Aqui, na dimensão física, encontramos as condições ideais para evoluir, e é por isso que o cenário mais adequado para evolução das almas humanas é o planeta Terra.

Nossa alma sempre retorna para a experiência da matéria se estabelecendo e se desenvolvendo em um corpo físico que lhe serve de veículo. Você não é o seu corpo físico, você é a sua alma, que é a própria consciência. Isso porque o corpo espiritual ou alma traz consigo os registros da personalidade imortal, com todos os traços de condutas, atitudes, temperamentos, inteligências, potenciais ou dons.

No período de uma vida, nossa alma experimenta as mais diferentes situações que nos possibilitam as transformações tão necessárias para evolução dessa consciência, também conhecida como reforma íntima ou evolução espiritual.

A morte é tão importante quanto os ciclos naturais mais conhecidos, como as estações do ano, as fases da lua, os dias da semana ou o ano letivo de uma escola. Os ciclos se encerram para que as transformações ocorram. O ideal seria que esse ciclo evolutivo fosse sempre ascendente. No entanto, muitos de nós ficamos girando sobre o mesmo eixo, não permitindo que a evolução ocorra.

Comenta-se muito que tudo depende do livre-arbítrio, ou seja, que as transformações na vida acontecem de acordo com nossas decisões. Isso é fato! Contudo, há muita ênfase no fato de que muitos de nós escolhemos caminhar por caminhos errados. De fato, há muita ocorrência de decisões mal feitas em nossas vidas, onde escolhas são realizadas sem a menor sintonia com a nossa essência espiritual.

Não existem caminhos errados! Existem caminhos diferentes. Isso porque não há como nadarmos contra a maré. Uma das leis mais importantes da natureza de nosso universo é a lei da evolução constante, o que reitera o fato de que não há como recusar essas transformações.

Resumo: pelo amor ou pela dor iremos evoluir, mais cedo ou mais tarde.

O nascimento no corpo físico, na experiência de uma vida na Terra, será necessário até o momento em que evoluirmos ao ponto de não termos mais o que aprender por "aqui". E a pergunta que não poderemos deixar de fazer é: Qual é a importância da morte? A morte é tão importante quanto um ano letivo na escola.

"Não há sentido em estudar um ano inteiro, se no final do período você não quiser progredir para um outro estágio, em um nível acima."

É isso, simplesmente isso! Rejeitar, brigar, combater a morte como um inimigo cruel, seja seu ou de qualquer um a sua volta, é o mesmo que rejeitar a aprovação no final de um ano letivo de qualquer estrutura de ensino.

Ocorre que a maioria de nós somos "repetentes", e, no final do período de uma existência, acabamos não evoluindo nada. Assim a reprovação acontece, recomeçamos do ponto onde já estivemos, sempre que for preciso.

A evolução para um nível acima ocorre quando a pessoa compreende satisfatoriamente os aprendizados desse estágio ou da vida, tornando-se apta para seguir em diante. Nesse caso a falência do corpo físico é uma bênção.

É a morte que delimita esse início e fim de estágio. Se vamos recomeçar de onde já estivemos, ou se vamos sempre começar de um ponto novo, mais evoluído, tudo depende de nossas escolhas, de nossos níveis de consciência.

A FUNÇÃO DA MORTE NO CONTEXTO DA NOSSA EVOLUÇÃO ESPIRITUAL

Reservando apenas alguns minutos para observar as pessoas e a nós mesmos, conseguiremos identificar com facilidade uma condição latente em todos nós: a dificuldade de mudar nossos pensamentos, nossas crenças e atitudes.

Vamos vivendo as nossas vidas, caminhando em um piloto automático que nos deixa alienados em relação às nossas reais missões aqui na Terra. E todos sabemos: viver assim é muito comum nos dias de hoje.

O tempo vai passando, a idade chega. Com isso fica cada vez mais difícil esculpir a personalidade para níveis mais angelicais e equilibrados. Situações adversas acontecem para proporcionar reforma íntima, reflexão e conexão com Deus, as chamadas flechas dos anjos, que têm esse nome justamente pelo fato de serem consideradas avisos divinos, já que possuem a função de corrigir nossas rotas e ajustar nossa forma de viver, pensar e sentir.

As flechas dos anjos acontecem o tempo todo, em maior ou menor intensidade. Estão presentes no dia a dia de todos nós, assim como o sol, a chuva e o vento. Claro que muitas pessoas entendem os avisos e se modificam intensamente para que suas jornadas sejam condizentes à Vontade Maior, e nesses casos, o bom uso e compreensão das flechas dos anjos passa a ser uma bênção na vida de qualquer um.

O fato mais alarmante é que as flechas dos anjos, na sua grande maioria não são compreendidas, e a pessoa segue errando, mantendo um mesmo padrão de pensamento inadequado, em uma vibração desajustada, produzida por emoções em desequilíbrio, o que nesse caso as leva a pensar que as flechas dos anjos são punições e não sinais do universo.

Tudo vai acontecendo para poder mostrar para a pessoa que seu padrão está desorientado, e mesmo assim ela, por sua condição de ignorante das leis divinas, prefere vitimizar-se e mergulhar mais e mais nos problemas.

As doenças vêm, também os desgostos, as crises financeiras, os conflitos, as dúvidas e as dores da alma. Nada muda, nada! A pessoa não consegue pensar em outra coisa a não ser nas suas dores, doenças e conflitos. Com isso, os objetivos disciplinadores das flechas não são alcançados, não se fazem valer.... Então vem a pergunta que não pode deixar de ser feita: como mudar isso tudo quando chega a esse estágio?

Morrendo! Sim, morrendo... O que seria de nós sem a morte? Sem a morte cairíamos no erro de mergulhar infinitamente nas sintonias inferiores, num fluxo descendente e constante. Que destruição seria, que caos!

Daí a importância da morte do corpo físico. Porque, quando esse fato ocorre, a alma imortal regressa ao plano espiritual, para receber orientação e treinamento necessário (de acordo com cada nível evolutivo) para interromper esse fluxo destrutivo. Para que toda alma tenha a oportunidade de ser orientada e amparada. Na verdade precisamos de um puxão de orelhas e uma dose maciça de realidade e consciência, somente possível nas "mãos" do plano astral, no período entre vidas.

Após a morte, passamos, se necessário, por uma escola de estudos intensivos, que vai nos possibilitar regressar à matéria já com grandes melhorias em relação à conduta da última vida, sempre buscando uma evolução na condição emocional, mental e, por consequência, uma evolução espiritual, de cada alma.

Observe as crianças da Nova Era: estão muito rápidas em seus pensamentos, muito inteligentes, com capacidades inquestionáveis. Vamos olhar a história da humanidade e perceber que sempre foi assim. Embora todas as crianças precisem de educação, amor e principalmente limites, porque ainda não estão adaptadas ao mundo físico, ainda assim, geração após geração elas estão cada vez mais evoluídas, e por quê?

Simplesmente pelo fato de que esses seres jovens de hoje são almas que acabaram de passar pelo treinamento intensivo do período entre vidas, estão com mais experiências. Embora estejam nessa vida com um corpo físico ainda novo, suas almas já estão mais treinadas, e por isso carregam consigo as impressões das vivências passadas e de seus aprendizados, que agora se somam para formar a personalidade da alma imortal, a cada vida mais madura.

O grande problema é que, com o passar dos anos, aquela alma, que antes carregava de forma vibrante a consciência dos ensinamentos do Astral, acaba se contaminando com as criações e atitudes mundanas e materialistas, quando sem perceber vai escurecendo sua alma com emoções negativas, projeções equivocadas e desejos primitivos. De novo, um distanciamento da Fonte ocorre, os pensamentos densos cristalizam-se, as emoções não se purificam e as mudanças param de acontecer. Então vem ela, a Irmã morte, como diria São Francisco de Assis, tão importante quanto o nascer, ela vem para nos lembrar que a evolução não pode parar.

Não importa se a pessoa quer se desenvolver ou não, o movimento evolutivo do universo nunca será sanado. Ou seja, o mau uso do livre-arbítrio de cada um jamais fará com que o universo siga no seu fluxo evolutivo progressivo. Ninguém pode travar esse mecanismo, e a morte é a mensageira de Deus que confirma essa tese.

Agradeça à morte, porque dela nascerá o caminho eterno do espírito imortal, que, iludido com a matéria, desperta para a vida sem fim e para a condição de luz que é e sempre será, que a carne do plano físico e da vida material não pode ofuscar a luminescência.

Agradeça à irmã morte, pela vida que ela nos proporciona, pela capacidade de retificar e purificar nossas almas, alinhando-nos unicamente com nossos propósitos, de que insistimos em nos distanciar, vida após vida.

Para onde vamos quando morremos?

Quando nosso corpo físico morre no final do período de uma vida terrena ou encarnação, nossa alma nasce para o mundo espiritual, sua morada original.

"A cada um será dado conforme suas obras" resume de forma brilhante o que ocorre após nossa morte.

Há uma distorção grande em relação à construção da imagem de um Deus que castiga e pune seus filhos pecadores. Isso porque o livre-arbítrio nos é de direito, é uma verdade incontestável, no entanto, a lei do retorno ou carma mostra, não só pelos olhos da espiritualidade, que toda ação gera consequência. Essa é uma lei natural que nós seres humanos precisamos compreender bem antes de colocar a culpa em Deus, ou ainda temer sua fúria, grande erro!

Deus nos criou por amor, e é por amor que quer que evoluamos. Castigo não existe! Existe consequência aos nossos atos. Sim, sempre há resultados para qualquer atitude, no entanto isso não é castigo... É uma lei natural agindo.

Se você joga um tijolo para cima, em menos de um segundo ele cai. Se você estiver embaixo, ele provavelmente vai bater com força em seu corpo, podendo te machucar. Quanto mais força você coloca para arremessar o tijolo, maior será o impacto na queda. Lembre-se: o tijolo estava parado, foi você quem quis jogá-lo para cima. Aí perguntamos: foi Deus que castigou?

Não! Foram as leis do universo que se manifestaram. E qual a diferença em relação aos nossos atos?

Nenhuma, a não ser pelo de fato que as coisas acontecem em um tempo um pouco diferente, mas a máxima "A cada um será dado conforme suas obras" segue valendo.

Você pode até dizer que essa comparação não tem qualquer relação com nossas vidas, mas tem sim. O grande equívoco humano é não compreender as leis universais que regem a evolução de nossa espécie, e isso nos atrapalha muito, nos rouba tempo, nos aprisiona. Precisamos ir ao encontro dessas verdades que nos libertarão.

Quer saber se vai para o inferno ou umbral quando você desencarnar no final desta existência?

Não precisa chegar até esse dia para saber, pergunte-se agora, avalie-se:

O que eu estou emitindo para o universo? É amor, ódio, alienação ou lixo psíquico?

Como me sinto agora?

Quais as minhas atitudes, padrão moral e ética?

Tenho amor dentro de mim e o expresso aos meus semelhantes e ao mundo à minha volta?

Amo o meu próximo como a mim mesmo?

Faço para o outro somente aquilo que quero que façam para mim?

É isso, o tipo de morada que sua alma imortal vai encontrar após sua passagem no final dessa vida depende muito das respostas das perguntas acima...

Reflita.

É característico da sabedoria universal nos levar para a morada que melhor for adaptada a nosso estado de consciência.

Por exemplo: Se você não compreende o grave erro que é cometer suicídio, ou seja, abreviar a sua experiência terrena, sem que nenhum benefício seja conquistado com isso, é quase lógico que a pessoa será atraída para zonas do plano espiritual em que a dor e o sofrimento serão companheiros de caminhada. Não porque há um Deus que pune. Ao contrário, há uma sabedoria suprema que proporciona ao ignorante das verdades universais a ferramenta pedagógica precisa que o leve a um aprendizado necessário ao seu nível evolutivo. "Não dê pérolas aos porcos" resume muito bem essa questão. Aprenderemos pelo amor ou pela dor, só não temos como trancar a lei máxima de evolução constante, ou seja, temos que aprender, de um jeito ou de outro.

Nesse caso citado, a exposição de um suicida em condições tão adversas, o obriga a que qualquer orgulho, vaidade, materialismo, arrogância, seja dizimada, pela reflexão provocada com profundidade ("na base da força"), o que na vida terrena, lhe foi dado a chance de ter feito por espontânea vontade, pelo caminho da consciência e do amor. Todavia, como a opção pelo amor não surtiu efeito, a dor se faz necessária.

Por quanto tempo?

Até que as leis que regem os acontecimentos se façam...

Até que a vontade de Deus prevaleça...

Até que os níveis de consciência, mesmo que de forma modesta, sejam elevados...

Até que a luz clareie a escuridão...

Até que da lama nasça a Flor de Lótus...

E é assim...

O plano divino, com essa paciência e amor incondicional por todas as criaturas, promove condições para que vida após vida possamos seguir evoluindo.

Ir para o céu ou para o inferno depende exclusivamente de nós mesmos. A todo o momento podemos tomar decisões que nos sintonizem com essas duas frequências opostas. É mais uma vez em que o "Orai e vigiai" torna-se uma das mais importantes ferramentas que temos.

Poderíamos aumentar o conteúdo desse texto trazendo exemplos mais claros das cidades astrais, tanto de luz como de trevas, locais para onde somos literalmente tragados após nosso desencarne, sempre pela nossa sintonia energética. Contudo, o que nos importa é o aprendizado na prática desse importante tema. E para trazer para a prática, para a realidade do dia a dia de sua vida, basta que você olhe para a realidade atual do planeta. O que ocorre por aqui, de alguma forma é a extensão do que acontece nos planos mais sutis. São áreas de guerra e de paz. Não nos referimos apenas aos países em conflito e guerrilha, pense também no caos urbano, no trânsito, na falta de respeito entre os semelhantes.

Não deixe para pensar na morte apenas quando a idade avançar. Pensar na morte com olhar da evolução espiritual não é pessimismo; é consciência!

Quantos de nós já está no inferno, em suas depressões, egoísmos, materialismos, doenças e vícios das mais diferentes espécies.

Quantos de nós já vivem no céu em seus estados de paz, harmonia, paciência, bem querer e plenitude!

São tantos exemplos, olhe à sua volta...

O inferno é ilusão, dor, controle, apego, medo, egoísmo, negligência, fascínio, vaidade, futilidade.

O céu é o amor, a entrega espiritual, a paciência, a tolerância, o respeito, perdão, gratidão.

Onde você está hoje? No céu ou inferno?

Para onde você vai amanhã?

Depende de você!

Acreditamos que seja perfeitamente possível encontrar o céu e que já estamos no caminho certo. Enquanto não tiver certeza, procure sentir-se bem, procure a tranquilidade, os bons amigos, a natureza, dar carinho ao próximo e expressar gratidão a Deus por tudo. É uma ótima forma de existir para a vida.

O QUE É O ESPÍRITO?

Veja uma garrafa de água mineral. Existe a embalagem e o líquido que é água. A garrafa não é o líquido, é apenas o recipiente que armazena o líquido. A essência desse produto é o seu conteúdo, nesse caso é a água, que dificilmente poderia ser transportada se não fosse a embalagem. Pois bem, nosso espírito é como a água. Nosso corpo físico é como o frasco, ou seja, nosso corpo físico é o veículo de manifestação de nosso espírito, que é nossa consciência divina, imortal. Se não fosse a água, não precisaria nem existir uma embalagem.

Precisamos aprender a cuidar com carinho e respeito do corpo, porque ele tem um papel fundamental na existência de qualquer pessoa, contudo não é a nossa própria essência.

O espírito é essa chama divina que habita nossos corpos e faz nossos corações baterem, nossos olhos brilharem. Quando em equilíbrio, estimulam o sorriso, a amizade, o amor e o carinho. Quando em conflito, mostram a face escura e endurecida de nossas personalidades.

O corpo é um grande companheiro de jornada, mas tem seus limites, tem prazo de validade. O espírito é o Eu verdadeiro. O corpo é um amigo, entretanto não é o Verdadeiro Eu. Tornamo-nos o corpo pelo costume de estar com ele no período de uma vida. Na verdade estamos ilusoriamente acreditando que somos o corpo, mas não somos.

O corpo é a casca que tem um propósito, um objetivo: ajudar na nossa missão no período de uma existência.

Cada tipo de corpo ou casca possibilita um tipo de missão. Se alto, se baixo, negro, branco, índio, fraco, forte, cada tipo tem seu objetivo no que tange aos ensinamentos que o espírito precisa ter.

Pense com carinho agora, com amor e respeito ao seu corpo, que é seu amigo, amigo do Eu (que é o espírito, a chama divina que você é em essência). Pois bem, pense com todo respeito do seu coração que seu corpo físico tem um grande papel na sua tarefa de evoluir. Se é um corpo saudável, se é frágil, tudo tem um fundamento, um propósito. Se você começar a visualizar seu corpo com amor e gratidão já será um grande passo para conseguir compreendê-lo e contar com a sua ajuda nessa caminhada evolutiva, porque assim vocês (corpo e espírito) estarão caminhando na mesma direção. O corpo físico manifesta a nossa missão pessoal.

Olhe profundamente para seu corpo (com a ótica do seu espírito) e perceba tudo que ele revela sobre a sua personalidade, sobre seus aprendizados. Isso porque você tem exatamente o corpo que seu espírito necessita. Ame-o, mas nunca se esqueça que ele tem prazo de validade, mas que o espírito é imperecível.

Resumo

- A morte não é o fim, a infância não é o começo.

- Céu e inferno são construídos ou plasmados por nossos estados de consciência O inferno é ilusão, dor, controle, apego, medo, egoísmo, negligência, fascínio, vaidade, futilidade. O céu é o amor, a entrega espiritual, a paciência, a tolerância, o respeito, perdão, gratidão.

- Só nascemos para evoluir! Morremos para poder continuar essa evolução. A morte é uma renovação para a alma.

- Não há nada para fazer no cemitério após o sepultamente do corpo do desencarnado. O corpo não é a alma, é apenas o veículo que transportou a pessoa pelo período de uma vida.

— O suicídio é uma falta grave! Ir contra a própria natureza é uma agressão aguda. Como o corpo físico morre mas a consciência não, o suicida irá aumentar seu sofrimento e não resolverá seus conflitos, porque todo suicida não quer morrer, quer apenas resolver o problema. Com a morte provocada, os problemas só aumentarão e a solução não virá. Consciência espiritual através da conexão constante, da busca das verdades eternas, é o que mais precisamos.

— Não existem caminhos errados! Existem caminhos diferentes. Alguns caminhos nos fazem aprender com consciência (amor), já outros nos fazem aprender pelo sofrimento (dor). Evoluir é necessário e esse é o caminho para todos, entretanto as bases que determinam a forma como a evolução acontecerá depende do nível de consciência de cada um.

PERGUNTAS E RESPOSTAS SOBRE O TEMA

1. Por que nascemos?

Nascemos com um principal propósito: evoluir.

Evoluir nesse contexto significa lapidarmos nossa personalidade, que na prática quer dizer: menos mágoas, menos tristezas, menos dores e doenças, menos limitações, menos pessimismos, menos egoísmo. Nossa missão é, através das experiências que somente a vida terrena pode nos oferecer, nos transformarmos sempre, evoluindo em nossos aprendizados e agregando mais vibrações positivas que devem ser incutidas em nosso espírito, a exemplo do amor.

Quando nascemos, temos a oportunidade de começar de novo a experiência evolutiva terrena, dando continuidade ao processo de evolução contínua na qual somos inseridos desde sempre. A morte não é o fim e a infância não é o começo. O nascimento de um espírito em um corpo novo não o torna novo. Apenas a sua casca é bebê, seu espírito apenas retorna com a chance de amplificar suas qualidades e dizimar suas inferioridades. Como a tarefa de evolução e purificação do espírito mostra-se algo lento, costumamos precisar de muitas reencarnações, ou seja, precisamos nascer de novo por muitas vezes, nascendo e morrendo, de forma cíclica, assim como o sol precisa nascer e se pôr por centenas de vezes até que uma flor desabroche.

Nascemos e morremos para evoluir, até que um dia o amor de nossas almas desabroche por inteiro.

2. Então, o que é a morte?

Resumidamente: *É o portal entre o fim de um ciclo e o início de um outro.*

3. A morte é essencial para a evolução da alma humana?

No atual nível de consciência da humanidade, sem a morte, raramente não ficaríamos girando em círculos, sem sair do lugar no que tange à evolução de nossa consciência.

4. Por que sofremos com a morte?

Em primeiro lugar, inegavelmente a morte nos separa, mesmo que temporariamente, de muitas pessoas que amamos, com quem estamos habituados a conviver, estabelecendo muitas vezes vínculos intensos, seja por amor, apego ou dependência emocional. Ocorre que, quando a morte surge, as separações acontecem de forma abrupta na maioria das vezes. A consequência é o afloramento de sentimentos densos, confusos, em desequilíbrio. Mesmo para pessoas conscientes e evoluídas, a morte é na maioria das vezes um fato doloroso, e, quando o indivíduo não tem qualquer consciência espiritual, aí a situação se agrava...

Em segundo lugar, com maior nível de importância, está a nossa cultura equivocada, baseada nas religiões ocidentais não reencarnacionistas, que consideram a morte como o fim, ou seja, a perda irreversível de alguém. Tudo como consequência pelo fato de que a maioria das pessoas leva um estilo de vida tão distanciado da Fonte, tão pobre de consciência espiritual, que a morte se configura a maior tragédia que pode ocorrer na vida de alguém materialista.

Somos educados para sofrer com a morte. Fomos impregnados em uma doutrina espiritual baseada na cultura do apego.

5. Existe céu e inferno?

Sim, mas são estados de consciência, criados por nós mesmos.

Quando desencarnamos, a nossa sintonia espiritual (ou nossos estados de consciência), resultante de nossos atos, padrão moral, caráter, ética, nos leva, por atração magnética, para dimensões de mesma sintonia. Mais uma vez reiteramos, não existe castigo de Deus, existe consequência aos nossos atos e o tipo de morada que encontramos no além depende dos nossos níveis de sintonia emocional, mental e espiritual.

6. Se a morte é tão importante para nossa evolução, por que ninguém pensa efetivamente que aquele que se foi acabou de concluir um estágio e agora precisa ir para um novo ciclo? Por que ninguém pensa na evolução do outro em vez de ficar pensando em si próprio?

Porque somos apegados, possessivos e egoístas, a ponto de só nos importarmos conosco. Na verdade nosso sofrimento não é decorrente da morte da pessoa. Ele ocorre pelo sentimento de dor que a ausência da pessoa provoca em nós, e isso não é amor verdadeiro. É compreensível a saudade e até um certo sofrimento, mas tanto egoísmo assim é difícil aceitar.

Pensar que a morte é o fim pode quase que ser considerado um distúrbio ocidental. Assim fica difícil falar de amor verdadeiro, se não entendemos e tampouco aceitamos a morte. Saudades e até um certo saudosismo faz parte, afinal, desenvolvemos afinidades, mas o descontrole emocional não se justifica.

A PRÁTICA:
AÇÕES CONCRETAS PARA UTILIZAR ESSE CONHECIMENTO

- Não deixe para pensar na morte apenas quando a idade avançar. Pensar na morte com o olhar da evolução espiritual não é pessimismo, é consciência.

- Cuide muito bem do seu corpo físico, mas com a consciência de que ele não é sua essência divina. Você ou, melhor, o seu Eu, está dentro do seu corpo, assim como a água pode ocupar uma garrafa.

- Tenha consciência de que todos estamos de passagem pela Terra com o propósito de evoluir. Desenvolva a consciência da eternidade da alma e comece a refletir sobre seus apegos, que são ilusões baseadas no medo. Livre-se desses apegos e você será livre e feliz. Embora não seja tarefa fácil, com treino e dedicação acontecem naturalmente.

- Repense toda a sua cultura ou base de crença acerca da morte. Reeduque sua consciência. A morte é importante para o atual nível evolutivo da humanidade.

- Quando alguém morre, precisamos focar nossas orações para essa pessoa, com o coração leve, amoroso e desapegado. A dor e o sofrimento que revelamos quando alguém se vai são influências nocivas à evolução ou libertação do desencarnado. Além de contribuirmos através das preces, precisamos controlar nossas emoções de apego e dor em relação ao desencarnado, para não nos tornarmos obsessores vivos daquele que "se foi", prejudicando muito o seu equilíbrio na dimensão espiritual.

Capítulo 4

A importância da família na Evolução Espiritual

"É fácil amar os que estão longe. Mas nem sempre é fácil amar os que vivem ao nosso lado."

Madre Teresa de Calcutá

Carma e família

Carma é uma expressão que vem do sânscrito e significa ação. Nesse contexto, é uma ação que deve ser tomada para remover ou modificar erros do passado. Na prática, tudo que fazemos gera consequência ou carma. O que realmente importa é se o carma será bom ou ruim. Evitar o carma é impossível, mas é possível agir para que ele seja positivo.

A família é um dos maiores carmas que temos, já que nela foram reunidas em um único grupo espiritual almas afins, principalmente no que tange às necessidades de evolução espiritual. Cada família, ou melhor, cada grupo espiritual que se reúne em uma experiência aqui na Terra, tem um propósito comum entre seus integrantes, no entanto, genericamente, as famílias se formam para aflorar suas afinidades e qualidades, bem como para transmutar seus carmas, e é aí que os conflitos começam, principalmente porque não estamos acostumados a enxergar a família como o celeiro da reforma íntima na Terra.

Há uma percepção por parte do ser humano espiritualizado que diz que a Terra é uma escola, porque aqui nos são oferecidas todas as condições necessárias para que possamos evoluir: experiências e situações transformadoras que têm o papel de educar e domar nossos instintos inferiores e estimular a angelitude de nossas almas, através do desenvolvimento do amor. Para compreendermos bem a importância da família no cenário da missão evolutiva que cada alma encarnada tem nesse planeta, entenda que se a Terra é uma escola então a família é a sala de aula.

"A família é a união de espíritos reunidos por laços cármicos e de afinidade."

A família é o cenário perfeito no qual somos inseridos, porque proporciona inúmeras possibilidades de resgates (transmutação do carma negativo) de uma só vez. Na família se reencontram desafetos de outras vidas, vilões e suas vítimas, assassinos e assassinados, assaltantes e assaltados e tantas outras relações mal resolvidas do passado que são rearranjadas na estrutura da família.

Quanto mais próximos estamos de uma ou mais pessoas, quanto mais perto é esse convívio, podemos notar duas situações mais específicas:

1- Grande afinidade: quando a relação é harmônica, feliz, suave, tranquila e principalmente sem cobranças de comportamento entre as pessoas.

2- Grande carma ou necessidade de resgate: quando a relação é conflitante, conturbada, as emoções positivas oscilam muito com as negativas, o clima é intenso, há grande cobrança de comportamento entre os integrantes do grupo.

Grau de parentesco

Porque nascemos filho, irmão, pai, neto, esposo, esposa, sobrinho, cunhado, primo, sogro, sogra, genro, nora, tio ou tia daquela pessoa específica?

O que determina o grau de parentesco na vida atual?

O que faz com que certa pessoa tenha esse ou aquele grau de parentesco em relação a você?

Pense, reflita um pouco...

São as necessidades de resgates que determinam o grau de parentesco. Como citado anteriormente, a família é a união de espíritos reunidos com o propósito de aflorar as afinidades, bem como eliminar desarmonia e curar os desafetos nas relações. Vale a pena evidenciar que a sabedoria divina é tão bondosa, que não só reúne espíritos conflitantes em um grupo espiritual chamado aqui na Terra de família, havendo também a aproximação de espíritos afinizados por sentimentos positivos.

Acreditamos que, se só houvessem almas conflitantes em uma família, a reforma íntima e a harmonização entre os espíritos em conflito seria muito dificultada. Assim sendo, Deus, em sua infinita demonstração de amor, proporciona que tenhamos estreito contato com as almas de maior sintonia também, favorecendo o sentimento de amor, respeito, entre tantos outros.

Olhe para sua família, faça uma análise criteriosa... Perceba que você não demorará muito para compreender que alguns integrantes são pessoas que recebem seu maior afeto, já outras seu desafeto ou no mínimo a sua indiferença.

Não caia nessa armadilha, já que nessas pessoas identificamos nossas maiores necessidades de resgate ou transmutação do carma. Contudo, o que determina o grau de parentesco, de forma que você possa identificar na prática, é o que esse grau de parentesco pode proporcionar como ferramenta pedagógica para a evolução da alma humana.

É comum haver como proposta de evolução na relação de uma mãe para um filho a necessidade de amar incondicionalmente, a necessidade do desenvolvimento da paciência, da dedicação de tempo, autorrenúncia, entre tantos sentimentos envolvidos que só quem é mãe para saber.

A relação de sogra e genro, por exemplo, tem como característica típica o afloramento do ciúme, da posse, do apego, por isso é tão comum haver conflitos entre sogra e genro.

Em todos os casos, inúmeras situações mostram no mundo todo que famílias podem se harmonizar, com grande naturalidade, desde que em primeiro lugar estejam dispostas a aprender a amar, e principalmente a dizimar as cobranças baseadas nos sentimentos negativos. Essas cobranças de comportamento são as grandes causadoras de conflitos entre as famílias e as principais responsáveis pelo aprisionamento que as almas têm umas com as outras, mostradas por sucessivas encarnações que não conseguem produzir a transmutação do carma das relações, criando na maioria das vezes o aumento desses conflitos, gerando um emaranhado cármico.

Quando o grau de parentesco fica mais distante, em que não há necessidade de convívio diário ou constante, manifesta menor atração cármica entre as almas, ou seja, menor necessidade de resgate.

As mudanças em nossas vidas que indicam a transformação no carma familiar

Muitas vezes, durante uma vida, nota-se certas mudanças que ora aproximam, ora distanciam as relações. Essas situações podem lhe mostrar o afloramento das necessidades de harmonização das relações, bem como podem lhe dar indícios de que essa harmonização já está ocorrendo.

São notadas através das mais diversas mudanças, por exemplo:

Alguma situação acontece e lhe força a ir morar com o seu genro, ou com a sua sogra, o que fará com que as relações sejam mais próximas. Isso provavelmente indica a necessidade de curar conflitos de relação para a transmutação do carma negativo.

Outros exemplos:

Você tem mais de trinta anos, é solteiro ou solteira, por isso mora com os pais, o que faz com que viva uma vida de acordo com as vontades deles. Não que isso seja bom ou ruim, no entanto, na maioria dos casos, as forças que mantêm as pessoas magneticamente próximas indicam necessidade de resgate cármico. Mas se uma novidade aconteceu, você recebeu uma proposta de trabalhar em outra cidade, longe da sua, e decidiu ir morar sozinha(o), tudo indica que as relações estão se harmonizando.

É importante salientar que sempre que essas mudanças acontecem de forma forçada, sem harmonia, com grande carga de tensão emocional, indica, em casos gerais, aumento do carma, por isso não se iluda, quando as mudanças acontecem baseadas na necessidade de fugir de uma relação, o carma ruim está aumentando.

Alguns tipos de famílias

Antes de começar a comentar sobre esse assunto, procure perceber que tipo de família é a sua, quantos irmãos você tem, quantos tios, tias, primos etc.

Tudo que ocorre na nossa família pode significar muita coisa.

Seus pais são separados?

Você é filha do primeiro casamento?

Você não conhece seu pai?

É filho adotivo?

Não tem filhos?

Não conheceu seus avós?

Não mora com seus pais?

Por que sua família é das do tipo italiana, em que todos falam junto, muitos parentes, muita exaltação e sentimentos à flor da pele?

Por que você necessita dessa família como instrumento de sua evolução? Para curar a falta paciência, o stress, a tensão emocional?

Por que sua família é do tipo alemã, com pessoas mais introvertidas, com tendência a serem mais reprimidas?

Por que você necessita dessa família como instrumento de sua evolução? Para curar a baixa estima, a dificuldade de falar e se expressar, a rigidez emocional?

Por que você é um filho único?

Por que você necessita dessa família como instrumento de sua evolução? Para curar o egoísmo, o autoritarismo, a carência?

Por que você é o irmão mais velho entre nove?

Por que você necessita dessa família como instrumento de sua evolução? Para curar a carência, o abandono, a autorrenúncia?

Por que nasceu em uma família rica?

Por que nasceu em uma família pobre?

Pense um pouco sobre isso, reflita!

Não se entristeça, não se vitimize. Nada, absolutamente nada está errado. A vida não nos dá muitas vezes o que achamos melhor ou o que desejamos, mas sempre nos oferece o que necessitamos para evoluir. Reclamar, lamentar, se vitimizar por conta da sua estrutura familiar é um grande erro que mostra que você ainda não sabe absolutamente nada sobre a importância da família na evolução espiritual.

Não estamos aqui cobrando que seu comportamento seja ou paciente, ou sério, ou sorridente, ou mais severo ou qualquer que seja... Estamos apenas recomendando que desperte para o entendimento da importância da família na sua evolução espiritual, pois, se você falhar nessa compreensão, as consequências negativas poderão adentrar aos futuros séculos da nossa existência.

Resumo

- A sua família é o cenário perfeito que lhe foi proporcionado para que seus principais aprendizados cármicos aconteçam;

- Jamais diga que você não pediu para nascer, isso é ilusão. Em muitos casos nós não só pedimos, mas imploramos para nascer. Além disso, escolhemos cuidadosamente os integrantes da família que precisamos para evoluir.

- A família é a união de espíritos unidos por laços cármicos e de afinidade. Há na família tudo de bom e tudo de ruim. A parte positiva deve ser expandida, aproveitada. A parte negativa deve ser reconhecida e curada.

- Quando há o afastamento entre familiares por consequências de crises, brigas, conflitos, indica um aumento do carma. Quando esse afastamento ocorre naturalmente e de forma leve, indica uma transformação positiva do carma.

- Os nossos papéis no cenário familiar alteram-se vida após vida. Nessa vida você foi pai daquela pessoa, na próxima será filho, em outra, cunhado, e assim por diante. O que determina o grau de parentesco é exatamente a necessidade de resgate.

Perguntas e respostas sobre o tema

1. Do ponto de vista evolutivo, defina a família:

A família é a união de espíritos unidos por laços cármicos e também por afinidades. Trata-se do cenário perfeito no qual somos inseridos, porque proporciona inúmeras possibilidades de resgates (transmutação do carma ruim) de uma só vez.

Se a vida é uma escola, a família é a sala de aula!

2. Por que não lembramos dos nossos desafetos de outras vidas?

Graças à lei do esquecimento. A ação do plano espiritual faz com que tenhamos condições de retornar para uma nova chance, uma nova reencarnação, para reparar erros e aumentar acertos, contudo precisamos ter um sentimento de neutralidade que ainda não estamos prontos para ter. Dessa forma, nos são apagadas do consciente as memórias das experiências de vidas passadas, para que possamos aceitar a vida vigente na Terra, ao lado dos desafetos do passado sem que haja recusa. Na condição consciencial atual da humanidade, ainda não estamos prontos para reencarnar com total consciência dos acontecimentos do passado, sem deixar que essa memória nos atrapalhe o livre-arbítrio.

3. Mesmo eu tendo dificuldades sérias com meu pai, tendo sido agredido e humilhado em minha infância, ainda assim considera-se que meus traumas atuais não sejam culpa dele?

Sabemos que é muito difícil para nossa cultura ocidental aceitar fatos como esse. Realmente, as situações adversas em que você foi submetido em sua infância lhe deixaram cicatrizes em sua alma. Contudo, a causa raiz do seu sentimento ou trauma não está na conduta inadequada de seu pai. Não estamos aqui dizendo que ele agiu de forma correta, inocentando seu comportamento, apenas estamos comentando que a família permite um reencontro entre desafetos de outras vidas com a função de resgate e cura dos conflitos.

Não há injustiças no universo, temos essa ótica porque estamos analisando nossas vidas com visão limitada a essa existência. Se analisarmos o caso com a ótica da eternidade, da alma imortal, perceberemos que seus resgates lhes uniram. Além disso, você terá a percepção de que as necessidades de aprendizado que você tem é que lhe proporcionaram tais acontecimentos e que a violência sofrida em sua infância foi um gatilho necessário para aflorar esse sentimento de dor ou injustiça que você sente em sua alma. Sendo assim, restam-lhe duas escolhas: chorar, se vitimizar, considerar seu pai como seu algoz e fomentar essa dor em sua alma ou compreender as leis do universo, aceitar as necessidades de cura reveladas no trauma e se libertar aos poucos dessas ações disciplinadoras da matéria às quais somos impelidos com o propósito de redenção de nossas almas através dos efeitos curativos promovidos pelo afloramento do amor (nossa meta).

4. Qual o maior aprendizado que podemos realizar no convívio com os nossos familiares?

Em primeiro lugar, mesmo que ainda estejamos intolerantes com o comportamento de nossos parentes, precisamos exercitar a consciência e compreender que temos em nossas famílias nossos maiores gatilhos. Assim sendo, atraímos exatamente o que precisamos para que nossas inferioridades aflorem, sejam identificadas e curadas.

Esse comportamento não resolve os problemas, mas ajuda você a compreender o sentido, o motivo pelo qual faz parte dessa família específica. Com essa visão reencarnacionista, aprenderá a respeitar mais o comportamento alheio, bem como compreenderá a importância de cada um no seu processo evolutivo. Sabemos que não é fácil!

Nosso maior aprendizado é ter essa consciência que nos trará forças para que nos harmonizemos em todos os relacionamentos familiares e que no mínimo não "aumentemos a nossa conta".

5. Por essa visão podemos dizer que família é um problema? Afinal é o celeiro de grandes conflitos em função do carma reunido naquele grupo de pessoas, não é isso?

Claro que um ambiente familiar possui muitos conflitos que submergem à medida que as personalidades congênitas negativas dos integrantes se encontram. No entanto, a família não é somente o encontro de carmas negativos, é o encontro de afinidades mútuas também, que fornecem condições para a existência de verdadeiras histórias de amor, respeito, cumplicidade e amizade.

É muito importante que a pessoa encontre as afinidades e se fortaleça com elas para conseguir vencer o difícil desafio de resgatar com os parentes conflitantes.

Na prática:
Ações concretas para utilizar esse conhecimento

- Procure reconhecer quais sentimentos negativos algum ou alguns integrantes de sua família afloram em você. A partir disso, saiba entender que esse familiar é apenas um gatilho que aflora em você tal sentimento e não o real causador. Com essa consciência você vai entender que a culpa não é do seu pai, nem do seu irmão, tampouco do seu marido. Esse parente próximo existe justamente com a finalidade de aflorar o sentimento negativo. Quando você souber se utilizar desses acontecimentos de forma elevada, conseguirá transformar seu carma para melhor.

- Evite as cobranças. Cobranças de comportamentos, de atitudes, exercem controle, são baseadas no ego, no apego, na arrogância, na posse, no ciúme. Esse tipo de cobranças, muitas vezes mascarada com uma "intenção positiva", são os maiores geradores de carmas. Aprenda a "soltar as pessoas". Cada ser tem sua missão, portanto suas necessidades de aprendizados. Nesse caso, o controle e as cobranças estabelecem bloqueios nesse fluxo. Reflita sobre sua família e sobre suas atitudes. Repense a sua forma de agir, deixe as cobranças e o controle de lado, e tudo vai mudar.

- Valorize a família que você tem, não importam os conflitos ou as dificuldades, pois ela está dimensionada perfeitamente de acordo com as suas necessidades de evolução.

- Dê mais atenção aos familiares que você tem maior dificuldade de convívio. Aja com amor, sem excessos, mas dê mais atenção, porque essa falta de afinidade revela grande necessidade de transformação do carma.

Capítulo 5
Educação espiritual no século XXI e as crianças da Nova Era

"Educai as crianças, para que não seja necessário punir os adultos."

Pitágoras

Quando nossa alma se encontra expandida e liberta de formas, lá no Plano Astral Superior, nossa maior vontade é uma oportunidade de vir para a Terra em uma nova tentativa de purificar nossas inferioridades e evoluir. Essa vontade aumenta ainda mais quando temos a consciência de que várias encarnações foram desperdiçadas por falta de compreensão acerca da missão de nossa alma. Os sentimentos negativos como tristezas, medos e preocupações danificam nosso espírito, que, vindo até a Terra para exprimir a sua beleza, alegria e potencial divino, acaba por cair sempre nos mesmos erros de tantas e tantas existências anteriores. E então, com o amparo e a instrução dos mentores espirituais, tudo compreendemos e nos preparamos para uma nova descida ao planeta escola.

Nossa jornada terrena se reinicia na infância, mais precisamente no útero de nossa mãe, que é aquela pessoa que gentilmente nos cede seu espaço por uma temporada para que possamos vir até este mundo. E, normalmente, é ali no útero de nossa mãe que todo o turbilhão de emoções do magnetismo terreno já começa a aflorar.

Em primeiro lugar, no astral superior nossa alma é livre, enorme, expandida. Para que possamos encarnar ela se comprime de tal maneira, até que consegue habitar em um minúsculo ponto, dentro da barriga de outra pessoa, bem na região do chacra umbilical. Depois disso, se tudo ocorrer de forma harmoniosa e tranqüila, vem o grande trauma do nascimento. Nascer é traumático, pois a criança que estava acolhida na barriga da mãe acredita que ali é seu universo, e quando dali sai, sente-se perdida vendo que o universo é muito maior do que ela vinha percebendo... O excesso de luz, o barulho, a correria dos médicos, a emoção da mãe, as fotografias, os exames do hospital... Tudo isso é muito novo para a alma, principalmente devido à lei do esquecimento, que nos permite começar de novo aqui na Terra sem reconhecer e lembrar com certeza daqueles que em vidas passadas foram nossos desafetos.

Passando a fase do nascimento, mesmo com tanto amor e carinho da família, estamos aqui na Terra com um único objetivo: evoluir.

Para que isso se torne possível, precisamos tirar uma nota satisfatória nas provas que a vida nos apresenta e então os testes começam logo, logo... Um irmão que se sente rejeitado porque uma nova criança chegou no lar, o marido que se sente sem a devida atenção da esposa depois da chegada do bebê, a mãe que se dedica exclusivamente ao filho e se esquece de si mesma, acreditando que é responsável pela felicidade do bebê e vice-versa... E são tantas e tantas situações, que tenho certeza: você conhece todas elas e já deve ter passado por muitas semelhantes, senão idênticas...

Atualmente, cada vez mais, a consciência humana tem se expandido e percebido que existe um propósito por trás de nossa existência. O bebê que aqui chega não está iniciando uma vida, mas continuando uma história de uma vida passada porque em nosso DNA espiritual carregamos todas as informações relativas à nossa missão de alma, que é basicamente purificar nosso espírito de todas as inferioridades para que possamos alçar voos mais altos, evoluindo para Planos mais sutis, como alguns Grandes Mestres já conseguiram.

Cada criança que aqui chega possui uma energia compatível com o planeta Terra e em sua alma as impressões e registros dos sentimentos que veio curar. Quando vemos um bebê pequenino, frágil, temos vontade de abraçá-lo, beijá-lo. Imagine se reconhecêssemos nesse lindo bebezinho alguém que em uma vida passada nos fez todo o tipo de crueldade? As leis universais são muito sábias e por isso não lembramos, para que possamos amar incondicionalmente aquele que nos feriu e maltratou.

E a idade vai avançando à medida que as inferioridades vão aflorando cada vez mais. Na família onde nascemos, na escola onde estudamos, na cidade em que moramos se descortina o cenário ideal para nossa evolução. Tudo reúne as perfeitas condições para que nossa alma possa evoluir. É como se fosse um pacote de viagem onde escolhemos cuidadosamente a companhia de viagem, o hotel e o roteiro para cumprir a missão de nossa alma. Só que no momento do embarque há uma quebra de memória e não lembramos de nada. São os testes divinos para avaliar como vai indo nossa sabedoria interior.

Quando estamos no caminho certo, tudo flui e converge com harmonia. Quando estamos no caminho inverso ao de nossa missão, parece que tudo tranca e nada dá certo. E, se pararmos para pensar, essas situações são cíclicas e ocorrem com certeza desde a infância.

Quem veio purificar o sentimento de medo é medroso desde a infância e certamente desde as vidas passadas. Quem está aqui na Terra para curar raiva também. E, assim, esse mecanismo universal funciona com todos nós: a Personalidade Congênita, que vem nos acompanhado há muitos séculos.

A infância é a continuação da vida anterior!!!

A EDUCAÇÃO ESPIRITUAL E O SÉCULO XXI

Durante esses anos trabalhando como terapeutas, foi se desenvolvendo em nós uma aptidão natural de atendimento com as crianças e suas mães, trabalhando os conflitos nos relacionamentos e laços de vidas passadas. Os olhos das mães, ao chegarem ao consultório, são sempre os mesmos: de preocupação, de aflição e de muito, muito amor. A preocupação é sempre a mesma: será que foi culpa minha? Qual a minha participação no problema do meu filho? Ele tem cura? O que posso mudar para que ele seja melhor?

Normalmente, as crianças não têm problema algum, pois trazem consigo a personalidade congênita, onde as inferioridades e emoções que precisam curar já vêm com suas tendências e principais nuances definidas. Muitos sentimentos, emoções e até doenças foram adquiridas em vidas passadas e os pais, por não considerarem essa hipótese, sentem-se extremamente culpados por tudo o que os filhos sentem.

Na maioria das vezes, os pais é que têm problemas!

Na busca da perfeição, talvez por excesso de amor e cuidados, os pais geram uma energia de preocupação e medo tão grande, que a criança capta essa energia; existindo normalmente dois caminhos: as crianças mais espertas utilizam essas situações para conseguir tudo o que querem, e as mais sábias e inocentes ou se compadecem dos pais ou ficam doentes. A conversa é quase sempre a mesma: não existem culpados ou vilões. Crianças são espíritos e vieram à Terra para que pudessem aprender. As situações vão acontecer, os pais estando presentes na hora do acontecimento ou não. Cada espírito precisa evoluir, cumprir seu carma e viver sua vida. Se uma criança tiver que torcer o pé ou pegar uma gripe, ela vai se gripar, mesmo estando bem agasalhada. Muitas vezes o que observamos é que, em vez de brincar com os filhos e aproveitar uma fase de tanto afeto e aprendizado, a maioria dos pais se culpam – principalmente as mães –, porque queriam ser melhores. Não entendem que justamente essa aflição, angústia e preocupação é uma energia que traz a doença ao filho.

Que um filho deve ser amado e cuidado, não há a menor dúvida, pois quando se assume o compromisso de ser pai ou mãe não é uma brincadeira de bonecas, mas o ensinamento de um espírito que Deus confiou aos seus cuidados. Porém isso deve ser leve, natural e muito, muito divertido. Muitas vezes não há como prever o que vai acontecer, pois o futuro depende de infinitas possibilidades. E tudo é impermanente, tudo é cíclico. Faça o melhor que puder e com amor, aproveite os momentos junto ao seu filho sem torturar-se achando que podia ser melhor. Pergunte a uma criança se ela prefere brinquedos importados ou os pais mais presentes na vida dela. Você já sabe qual é a resposta, não é mesmo?

Se você tem curiosidade de saber como se trata uma criança de maneira sábia, aprenda com os povos nativos antigos, ou com os índios. Estudamos esse assunto já há algum tempo e ficamos cada vez mais encantados com a maneira sábia e com o respeito que se dá aos pequenos. Eles são deixados à vontade, na natureza, jamais escutam a palavra não, nunca recebem conhecimento pronto, não são obrigados a nada e vão construindo seu caráter e desenvolvendo aptidões naturais que determinam sua posição dentro da tribo. Isso tudo através da experimentação, vivendo as situações, que lhes são plenamente permitidas. Alguns têm aptidão para a função de guerreiro, outros para a caça, alguns para xamã e outros para cacique.

Caro leitor, não concordamos com determinismos nem dogmas e somos a favor da evolução tecnológica, mas também defendemos a evolução do espírito e do discernimento humano. Não estamos dizendo aqui que teremos de voltar a morar em aldeias ou criar os filhos como os aborígenes australianos, nada disso... Estamos apenas sugerindo que você pense mais sobre a vida e encontre um ponto de equilíbrio em tudo isso!

Deixaram você livre desde criança para que descobrisse naturalmente suas aptidões para ciências humanas, exatas, para a saúde ou para o direito? Ou seus pais lhe diziam: "Não seja professor porque isso não dá dinheiro? Ser jogador de futebol é muito difícil...". Ou talvez aquela frase: "...ah, isso não, isso aí não é legal...".

Então, se hoje você tem um filho, pense no que você está passando para ele, e, se pretende ter, pense também... Lembre-se que a maioria das nossas preocupações são acerca daquilo que nunca poderemos controlar. Se não podemos controlar, para que se preocupar?

Deixo aqui uma sugestão: em vez de se preocupar tanto, aja com muito "parjna". "Parjna" é uma palavra do idioma sânscrito que significa "sabedoria para amar". Amor verdadeiro é aquele que ensina, que prevê evolução espiritual, que deixa a energia fluir, mesmo que isso traga consequências desagradáveis, pois é nesses casos que o aprendizado vem mais forte e jamais é esquecido. Muitas vezes, o crescimento só é possível através do sofrimento e da dor. Entender a dor e o momento evolutivo do outro é a maior demonstração de carinho e amor puro.

As crianças da Nova Era

Os maiores aprendizados de nossas vidas obtivemos na sala do consultório. É ali, olho no olho, frente a frente, que nós, terapeutas, conseguimos mergulhar no maravilhoso universo de cada ser humano. Cada espírito é um mundo de possibilidades, de situações magníficas, de mistérios e surpresas. É uma delícia poder participar dessa aventura que é a vida, partilhar das experiências de cada consultante e também de conhecer e aprender. No consultório, fomos presenteados com grandes amizades, principalmente por parte das crianças. No olhar doce, compassivo e no espírito evoluído de cada uma, descobrimos respostas para muitos questionamentos. Existe uma menina em especial, de dez anos, que sempre vinha consultar porque a família dela toda estava em tratamento, e, claro, ela não poderia ficar de fora, pois a mãe acreditava que todos deviam tratar-se. Era a caçula, muito estável emocionalmente e com olhos que nos lembravam os monges tibetanos de outrora. Espírito antiquíssimo, elevado, altivo. Expressão curiosa e desafiadora que me testava nas primeiras consultas. Na verdade, nem poderia chamar de consultas, pois parecíamos velhas amigas falando sobre a evolução espiritual da humanidade. Assuntos como vidas passadas, reencarnação e escrituras hindus já não eram novidade. Ela sabia. Sentia com o coração. Para ela, uma verdade!

E dentre suas principais inquietações sobre o mundo e sobre a vida, uma não saía de sua cabeça, então certo dia ela questionou:

— *Será que os professores vão dar aula de forma mecânica porque não gostam do que fazem?*

— *Será que eles vão trabalhar somente pelo dinheiro?*

— *Por que eles parecem uns robôs?*

— *E quando fazemos perguntas que os desafiam, por que reagem com tanta violência?*

— *Será que eles nos detestam tanto assim?*

— *Se não estão felizes dando aula, então por que não procuram outro trabalho?*

— *Será que eles ainda não encontraram a missão da alma?*

Essas eram as dúvidas que intrigavam aquela jovem mente numa tarde de quarta-feira, em nosso consultório. Essa conversa surgiu porque ela, interessadíssima no budismo e em outras filosofias da Antiguidade, esperava ansiosamente por essa aula dentro da matéria de Ensino Religioso em sua escola. Quando o dia chegou, o professor foi relatando que Budha (Sidarta Gautama) chegou a meditar por trinta dias seguidos, alimentando-se das gotas de orvalho que caíam das árvores e comendo larvas que estavam ao seu redor. Com essa explanação, ela imediatamente perguntou ao professor: então por que o Buda era gordo, por que ele aparece assim em alguns lugares e imagens? Como alguém que não come ou bebe por trinta dias pode ser gordo? E o professor perdeu-se, não sabendo responder.

Então ela mesma me disse, com suas palavras, que estava triste com a falta de profundidade do professor, de ele não saber responder algo tão simples. É como se ele estivesse dando aula de forma mecânica, só pedindo para decorar textos e palavras vazias para passar de ano, de forma superficial. A menina disse que não estudava só para passar de ano e que estudava porque gostava de pensar!

Em um momento desses, o professor responde com violência ou agressividade porque se sente desafiado por alguém bem menor e mais frágil, mas que raciocina com uma cabeça bem diferente daquelas educadas em uma época repressiva e militar, onde tínhamos que, obrigatoriamente, concordar com tudo de cabeça baixa. Os professores eram autoridades severas e punitivas, como o exército da época, ou como o Deus judaico-cristão que conhecemos tão bem aqui no Ocidente. Inclusive lembro de meus pais me dizendo:

– *Obedeça à professora, comporte-se na aula. Se você não se comportar, Deus vai lhe castigar.*

Essa é a política do medo, que conhecemos tão bem. Uma criança pequena acaba entendendo que é obrigada a concordar com tudo, para não ser castigada.

Mas, felizmente, as coisas mudaram!

O ensino tradicional não desperta mais o interesse das crianças. Uma criança que possui a tecnologia da informática em sua casa não pode interessar-se por esquemas engessados e retrógrados, por uma simples questão: tudo evolui, e o ensino precisa evoluir!

É dentro das escolas que está presente o futuro da humanidade e é lá que devem ser desenvolvidos trabalhos integrativos que unam mente, corpo, emoção e espírito. Assim como existe a educação física, deveria existir a educação mental, emocional e a educação espiritual, de forma universalista e holística, profunda e abrangente, proporcionando às crianças uma compreensão acerca de sua energia, da anatomia sutil e mostrando que pensamentos, sentimentos e emoções densas levam ao desequilíbrio e, em seguida, à doença. Sonhamos com um tempo em que as aulas aqui no Plano Terra sejam parecidas às aulas do Astral Superior, onde os espíritos jovens aprendem os assuntos que realmente são essenciais: aqueles que tratam da evolução da essência.

Se aplicássemos aqui a metodologia de ensino do Astral Superior, viveríamos para aprender, ensinar e ajudar; e a maioria dos problemas humanos seriam solucionados.

Obviamente que o conhecimento científico é de extrema importância, mas nunca sozinho e sim equilibrado com o conhecimento espiritual, porque conhecimento sozinho não gera sabedoria. A sabedoria vem do espírito e da profundidade. Temas profundos não cabem em mentes bloqueadas!

É notável um movimento dos professores e pais em busca da espiritualização, tanto que nos cursos de terapias vibracionais, Reiki, Radiestesia, Cromoterapia, Yoga etc. o número de interessados vem aumentando cada vez mais, mas é algo que se move ainda muito devagar, visto a necessidade em que o mundo se apresenta.

Precisamos multiplicar os pontos de luz em nosso planeta.

Em alguns momentos, vemos pais e professores desesperados e despreparados para sanar tantos questionamentos dos filhos e alunos. Outro dia uma menina pré-adolescente mencionou conosco que achava sua religião meio "infantil". Ela, recentemente, tinha passado por uma iniciação em sua religião, mas sentia que estava faltando algo. Tudo aquilo que ela aprendera em dois anos pareceu pouco para seu espírito. Ela precisava de "mais", então comentou comigo:

– *Olha, lá dizem que é pecado seguir duas filosofias ao mesmo tempo, mas sinto vontade de ler outras coisas, experimentar.*

Então falamos a ela:

– *Viva a experiência!*

O próprio Allan Kardec menciona, no *Livro dos Espíritos*, que um espírito jamais evolui sem experienciar. O experimento é necessário para que tenhamos parâmetros para decidir, e nenhum ser pode ser considerado um "pecador" por ter achado uma filosofia "infantil" e ir em busca de uma outra que alimente e satisfaça seu espírito.

Nossas crianças não estão à frente. Nós é que ficamos para trás!!!

As crianças sempre trazem as perguntas mais incríveis e encantadoras, porque para elas todos os sonhos são possíveis, não existindo limites.

Elas amam o Reiki. Amam a energia.

Amam as terapias vibracionais.

Amam os mestres e seres de luz e detestam os dogmas. Detestam tudo que as aprisione, que as tome aquilo que mais valorizam: a liberdade. As crianças da Nova Era não concordam com as religiões, contemplam a religiosidade, com a espiritualidade e a simplicidade de Deus.

Pedimos todos os dias em nossas orações para que sejamos exatamente como elas: que nossa religião seja nosso coração, que nosso Deus seja o voo da borboleta, que nosso dogma seja o amor, que nossa ascensão se dê pela alegria e pela pureza, que nossa arma seja a compaixão, que nosso anjo seja o melhor amigo e que nossa paz seja um estado de consciência tão forte e inabalável quanto nossos sonhos!

EXPRESSÕES DA NOVA ERA E SEUS SIGNIFICADOS

CRIANÇAS ÍNDIGO

As crianças índigo começaram a nascer em meados dos anos 1970, e hoje estão na faixa dos 35 anos. Foram os desbravadores da Nova Era, aqueles que chegaram para quebrar conceitos enraizados que governaram nosso mundo por milhares de anos. Têm o chacra frontal muito desenvolvido. São muito mentais, gostam de tecnologia e inovação. Foram as primeiras crianças a encarnar nessa proposta de um novo mundo, de uma Nova Era.

CRIANÇAS TRANSICIONAIS

As crianças transicionais vieram à Terra alguns anos depois das crianças índigo, mais precisamente no início dos anos 90. São uma mescla de energias das crianças índigo, cristalinas e crianças das estrelas. É como se, na época em que chegaram, tivessem recebido um pouco de cada tipo de energia, que depois foram mescladas. Algumas delas são brilhantes e têm um conhecimento inerente de muitas coisas sobre a Terra e os mundos extrafísicos, muitas vezes servindo como pontes entre as forças energéticas.

Devido a essa mescla de características, muitas vezes sentem-se perdidas e incompreendidas, demonstrando-se rebeldes e impacientes. São os nossos adolescentes atuais com seus conflitos.

CRIANÇAS CRISTALINAS

As crianças cristalinas são uma novidade na Terra. Elas começaram a chegar por volta de 1998. Isso faz com que as mais velhas hoje tenham em torno de dez anos.

Principais características:

- Comunicam-se telepaticamente, principalmente com os pais, através de sensações e intuição;

- No momento de seu nascimento ocorrem mudanças energéticas no ambiente. Sensitivos afirmam que aparecem luzes, orbes e a energia é tão forte que durante algum tempo pode haver uma sensação de desequilíbrio nas pessoas presentes;

- São crianças calmas e alertas;

- Possuem olhos grandes, sábios e parecem transmitir conhecimento a quem troca olhares com eles;

- Trazem às pessoas de convívio a sensação de poder e de que trouxeram algo de muito especial ao mundo;

- É comum as crianças cristalinas de olhos azuis terem uma tonalidade diferente, chamada de azul-glacial;

- Nos olham com profundidade e parece que estão nos reconhecendo;

- Dominam completamente a intuição e o sexto sentido e percebem que poucas pessoas conseguem compreendê-las;

- Quando bebês, são tratadas pela família e como todas as outras crianças: com brinquedos tolos e palavreado infantil: "tati-bitati"... Esses seres frágeis e sensíveis logo se retraem em seu mundo interior, onde se comunicam e interagem com planos que estão além da terceira dimensão.

- Têm facilidade na captação da energia das emoções, pensamentos e sentimentos, intenções e motivações das outras pessoas;

- Essa sensibilidade, muitas vezes, provoca oscilação de energia, causando febres altas e doenças que muitas vezes não são compreendidas pelos médicos;

- Possuem abertos os registros de vidas passadas, conseguindo descrevê-las com perfeição;

- Algumas delas transmitem energia de cura através do olhar, de forma instantânea e sutil;

Crianças das estrelas

São um grupo bem definido de crianças com poderes muito especiais. Possuem um conhecimento tecnológico extremamente avançado e no futuro compartilharão conosco novas tecnologias e uma compreensão das ciências que hoje só estamos começando a vislumbrar. É como se fossem seres humanos com alma e conhecimento extraterrestre. Já estiveram presentes em outras épocas da humanidade, nas fases em que a humanidade necessitava de saltos quânticos de conhecimento.

Como reconhecer uma criança das estrelas:

- Têm uma inteligência muito acima da média, muitas vezes superdotadas em alguns campos da ciência;

- Têm uma sensibilidade extrema com relação ao seu ambiente;

- Têm uma elevada sensibilidade para a energia e as emoções de outras pessoas;

- São fisicamente menores que a maioria das crianças da sua idade;

- Demonstram capacidades psíquicas notáveis;

- São capazes de manipular os campos energéticos sutis que estão em volta e dentro do corpo (bioenergética).

- São capazes de usar forças cósmicas e terrenas na cura;

- São capazes de se comunicar por meio da telepatia e da intuição com outras pessoas e com a Consciência Universal;

- Muitas vezes afetam equipamentos eletrônicos ou elétricos, causando mau funcionamento;

- São capazes de se comunicar mentalmente (telepatia);

- São capazes de mover objetos, mudando o relacionamento deles com a realidade (telecinesia);

- São capazes de ver coisas distantes no espaço ou no tempo (clarividência/visão remota);

- São capazes de "baixar" informações de realidades não-locais;

- Têm uma intuição aguçada. Simplesmente "sabem" coisas sem que ninguém tenha lhes contado;

- São capazes de influenciar pessoas à distância (telepaticamente);

- São capazes de "ler" campos energéticos à volta delas e obter informações sobre a saúde, as intenções e as motivações das outras pessoas;

- Têm consciência multidimensional;

- São capazes de viajar fora do corpo (Projeção Astral);

- Têm sistema imunológico forte ou o contrário (estranhas doenças sem causa física aparente);

- Têm espírito de liderança;

- Na maturidade, parecem mais jovens do que pessoas da sua idade.

A escola

Além do ambiente doméstico, uma das áreas mais importantes em que a sociedade pode influenciar a vida das crianças da nova era é o sistema escolar. Nutrir o ser das crianças de forma integral – corpo, mente e espírito – é fundamental para o crescimento delas e para a eficácia do processo de aprendizado. Atualmente, no entanto, alimentamos a mente das crianças, mas não a alma delas. Dia após dia, proporcionamos a elas um ambiente escolar que esgota suas reservas de energia, na tentativa de manter a sua funcionalidade dentro do ambiente, até que elas se extraviem ou se tornem apáticas ou entorpecidas. Muitas crianças contraem doenças que não parecem ter causa orgânica.

As crianças da Nova Era são tão sensíveis que o ambiente institucional rígido e muitas vezes caótico das nossas escolas públicas e particulares passa a lhes ser desagradável. As salas cheias de alunos carregando consigo toda a sorte de energias diversas, dificulta a adaptação das crianças mais sensíveis.

Os sistemas escolares estão tão carentes de investimentos e verbas que os professores não conseguem realizar seu trabalho de forma satisfatória, sem contar que não recebem treinamento para lidar com as crianças da Nova Era. São treinados da mesma maneira que eram há 20 anos.

A reforma na educação é urgente, precisa acontecer já... ou a humanidade jamais vai evoluir!!!

O texto abaixo é uma psicografia do espírito Hermes e foi retirado do livro *Nova Era*, de Roger Bottini Paranhos, Editora do Conhecimento:

"É fundamental fazer uma reflexão sobre nossos atos cotidianos, buscar na oração o equilíbrio e a harmonia, bem como procurar realizar

leituras edificantes e abandonar programas televisivos e leituras que não sejam enobrecedores. Também é necessária uma completa reformulação pedagógica nas escolas, pois estamos certos de que a grande dificuldade para a conquista da liberdade espiritual está na má formação escolar.

Nos últimos séculos, ao contrário do que ocorria na escola grega antiga, os jovens estão sendo formados de uma maneira que os desestimula a pensar, quando o processo educativo deveria aguçar o raciocínio, ou seja, levar o estudante a chegar a conclusões por si só. No entanto, hoje em dia, eles apenas absorvem informações sem meditarem sobre elas, tornando-se facilmente manipulados por aqueles que detêm o poder. E sabemos que quem é mais capaz de discernir e raciocinar sobre os conceitos que aprende, dá o primeiro passo para alcançar o objetivo supremo de nossa vidas, que é a liberdade espiritual. Lembremo-nos, então, das palavras de Jesus: "Conhecereis a verdade, e a verdade vos libertará".

Portanto, essa seria a meta que as escolas deveriam desenvolver. Mas, enquanto isso não ocorre, devemos procurar na boa leitura, na meditação e na troca de ideias fraternas com nossos semelhantes a fórmula para desenvolvermos nossa própria maneira de pensar. Em um breve futuro, as escolas serão remodeladas e o Evangelho de Jesus e os ensinamentos de outros avatares terão lugar de destaque entre os temas de estudo. A sábia interpretação dos ensinamentos dos Grandes Mestres, e não apenas a sua leitura superficial, incutirá na mente dos jovens uma nova forma de viver a vida, muitas vezes contrariando tendências de encarnações anteriores que ainda são cultivadas.

É no período da infância, quando os sentidos ainda estão embotados, que os espíritos encarnados conseguem assimilar conceitos construtivos e adaptar o seu caráter no mundo físico. Portanto, a infância serve como fonte de renovação de nossa índole e oportunidade para os rebeldes disciplinarem-se espiritualmente. Infelizmente, os pais terminam tornando-se maus formadores de caráter para os próprios filhos, pelos péssimos exemplos que lhes dão ou por permitirem que eles assimilem cedo demais a sensualidade e a malícia decadente apregoadas pela sociedade e pelos meios de comunicação, o que lhes causa um amadurecimento precoce.

Com isso, os filhos perdem a oportunidade de se utilizarem do ingênuo período da infância para cultivar conceitos que marcarão definitivamente o seu caráter.

Em mundos superiores, a infância é desnecessária; os espíritos atingem a fase adulta com três ou quatro anos de idade, com total domínio de suas faculdades. Na Terra, a infância e a adolescência são prolongadas a fim de que o caráter das crianças sejam moldados pelos bons exemplos e ensinamentos dos pais e da sociedade que os cerca. Lamentavelmente, o que vemos são pais que, em vez de ajudarem a criança no estágio acolhedor da infância, terminam por prejudicá-la com amostras diárias de um comportamento social anticristão.

Podemos afirmar, com convicção, que os pais de hoje são grandes responsáveis pelos criminosos e fracassados de amanhã. É de conhecimento comum que uma das maiores missões que nos é incumbida pelo Criador é a boa formação de nossos filhos. Certamente, os pais negligentes serão responsabilizados pela má formação de seus filhos após retornarem ao Mundo Maior."

Resumo

- Quando nossa alma se encontra expandida e liberta de formas, lá no Plano Astral Superior, nossa maior vontade é uma oportunidade de vir para a Terra em uma nova tentativa de purificar nossas inferioridades e evoluir.

- Nossa jornada terrena se reinicia na infância, mais precisamente no útero de nossa mãe, que é aquela pessoa que gentilmente nos cede seu espaço por uma temporada para que possamos vir até este mundo.

- Nascer é traumático, pois a criança que estava acolhida na barriga da mãe acredita que ali é seu universo e, quando dali sai, sente-se perdida vendo que o universo é muito maior do que ela vinha percebendo...

- Passando a fase do nascimento, mesmo com tanto amor e carinho da família, estamos aqui na Terra com um único objetivo: evoluir.

- Os testes começam logo, logo: um irmão que se sente rejeitado porque uma nova criança chegou no lar, o marido que se sente sem a devida atenção da esposa depois da chegada do bebê, a mãe que se dedica exclusivamente ao filho e se esquece de si mesma, acreditando que é responsável pela felicidade do bebê e vice-versa...

- Cada criança que aqui chega possui uma energia compatível com o planeta Terra, e em sua alma as impressões e os registros dos sentimentos que veio curar.

- As leis universais são muito sábias, e por isso não lembramos, para que possamos amar incondicionalmente aquele que nos feriu e maltratou.

- A adolescência então chega e a idade vai avançando à medida que as inferioridades vão aflorando cada vez mais.

- Na família onde nascemos, na escola onde estudamos, na cidade em que moramos se descortina o cenário ideal para nossa evolução.

- Na busca da perfeição, talvez por excesso de amor e cuidados, os pais geram uma energia de preocupação e medo tão grande, que a criança capta essa energia.

- Nessa Nova Era em que vivemos, muitas almas evoluídas estão presentes na Terra, começando a reencarnar a partir dos anos 1970.

- Crianças índigo – A partir de 1970.

- Crianças transicionais – A partir dos anos 1990.

- Crianças cristalinas – A partir dos anos 2000.

- Crianças das estrelas – Sempre estiveram presentes no Plano Terra, mas dos anos 1990 para cá começaram a encarnar num maior volume para auxiliar na transição planetária.

- As crianças da Nova era são tão sensíveis que o ambiente institucional rígido e muitas vezes caótico das nossas escolas públicas e particulares passa a lhes ser desagradável.

- Os sistemas escolares estão tão carentes de investimentos e verbas que os professores não conseguem realizar seu trabalho de forma satisfatória, sem contar que não recebem treinamento para lidar com as crianças da Nova Era. São treinados da mesma maneira que eram há 20 anos.

– Essa reforma é urgente, precisa acontecer já... ou a humanidade jamais vai evoluir!!

Perguntas e respostas sobre o tema

1. Qual a diferença entre uma criança da Nova Era e uma criança de eras anteriores?

As crianças da Nova Era são mais avançadas espiritualmente e dispõem de "tecnologia mais moderna" do que os espíritos que vieram à Terra antes dos anos 1970. Essas crianças possuem uma maior capacidade mental, emocional e espiritual, demonstrando maior sensibilidade com relação a causas ambientais, ao bem-estar do planeta. Trazem em sua alma conceitos de unicidade, amor e comunhão e vieram para transformar o momento atual. Diferentes das gerações anteriores, que participaram de uma era de revolução tecnológica e industrial, as novas crianças vieram nos mostrar um caminho evolutivo e espiritual. As crianças de gerações anteriores foram extremamente importantes para preparar a vinda das crianças da Nova Era e para possibilitar que elas tivessem acesso ao mundo de hoje, dentro de uma escala evolutiva muito acelerada.

2. Como fazemos para identificar uma criança da Nova Era?

Praticamente todas as crianças que nasceram a partir de 2000 são crianças da Nova Era. Para reconhecê-las é só conversar com uma delas e comparar com as conversas que tínhamos quando éramos crianças. Elas demonstram uma maior compreensão sobre a vida, uma maior inteligência e esperteza e são mais evoluídas espiritualmente.

3. Qual seria a atuação ideal dos pais e professores para que as crianças da Nova Era crescessem de forma saudável?

Os pais e professores precisam respeitar e amar as crianças da Nova Era, tratando-os com o respeito que temos pelos adultos mais sábios. Claro que não existe uma fórmula ideal e precisamos de muito discernimento quanto a educar uma criança. A melhor maneira de lidar com uma criança é transmitindo amor, compreensão e amizade, evitando direcionar para a criança os sentimentos negativos como mágoas e frustrações que os adultos possuem.

4. Qual a melhor forma de se comunicar com uma criança da Nova Era?

Olhando em seus olhos profundamente e principalmente: transmitindo respeito e admiração. Todos nós, seres humanos, desejamos respeito e amor das outras pessoas, e com as crianças não é diferente.

5. O que elas esperam de nós adultos?

As crianças da Nova Era compreendem muito bem os aspectos espirituais. Elas esperam que sejamos espiritualizados. Espiritualidade dentro desse conceito nada mais é do que o equilíbrio das emoções, sentimentos e pensamentos, dispensando templos, igrejas e quaisquer elementos externos. As crianças da Nova Era esperam isso de nós: que sejamos equilibrados e felizes, vivendo em unicidade com a Fonte Criadora.

NA PRÁTICA: AÇÕES CONCRETAS PARA UTILIZAR ESSE CONHECIMENTO

- Quando você encontrar com uma criança, seja ela de sua família ou não, olhe profundamente em seus olhos como se estivesse reconhecendo sua alma. Você se surpreenderá com os resultados.

- Contemple uma criança como alguém que há bem pouco tempo estava no plano espiritual, portanto uma pessoa mais atualizada, pura e inspirada do que nós, que já estamos aqui há mais tempo, portanto mais contaminados com a enxurrada de informações distorcidas que recebemos todos os dias.

- Os pequenos querem nos ensinar, basta que estejamos prontos e abertos para aprender com eles.

- Comunicar-se com uma criança é muito fácil, ela tendo um mês de vida ou seis anos de idade, lembre-se que sua alma é eterna e compreende uma linguagem universal: a linguagem do amor. Quando quiser trocar com uma criança, não pense, apenas aja com o coração. É uma experiência incrível.

- Não existe uma fórmula para criar e educar crianças. Cada ser humano é um universo, as almas possuem diferentes experiências vida após vida. Mas no âmago de todo ser humano existe um único princípio: o amor, sentimento pelo qual fomos criados. Qualquer criança que for sabiamente amada, será muito feliz.

- O amor sábio é aquele que impõe limites saudáveis, que cuida de todos os aspectos: espiritual, mental, emocional e físico. É o amor que é firme quando tem que ser e amoroso sempre. As crianças pequenas são atraídas às suas famílias de forma magnética e crescem olhando para os exemplos daqueles que estão à sua volta. Pense nisso.

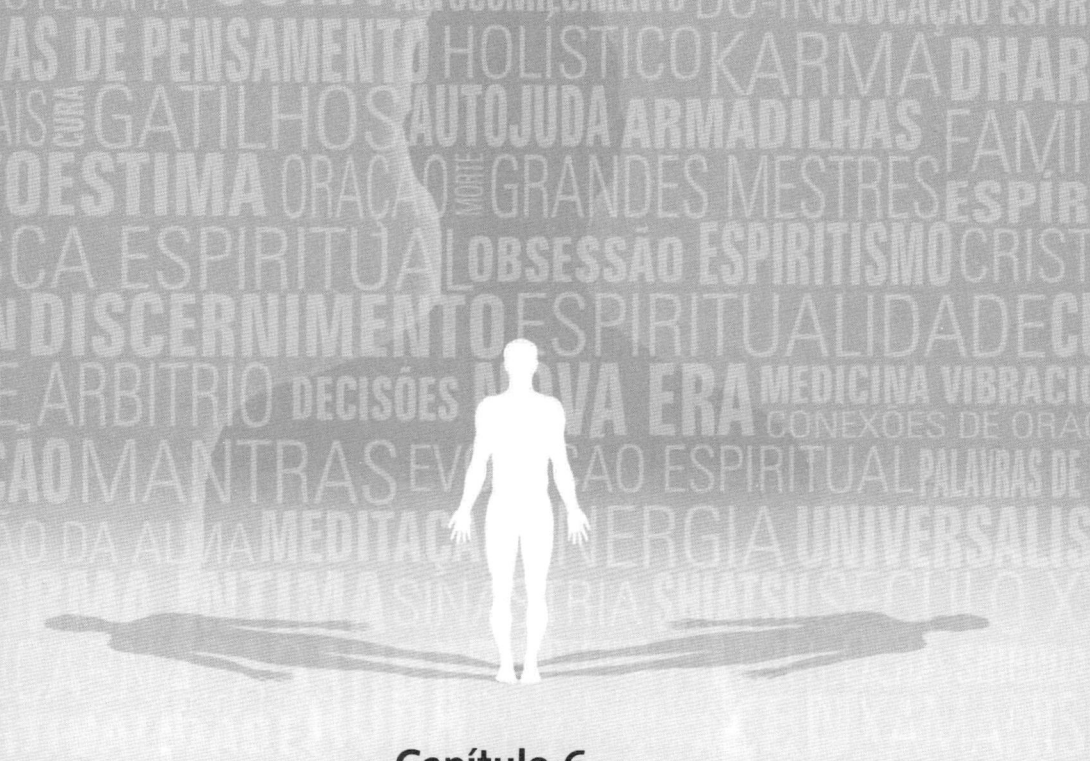

Capítulo 6

A dor e a doença como instrumento de evolução

"Tenha sempre presente que a pele se enruga, o cabelo embranquece, os dias convertem-se em anos... Mas o que é importante não muda... a tua força e convicção não tem idade. O teu espírito é como qualquer teia de aranha. Atrás de cada linha de chegada, há uma de partida."

Madre Teresa de Calcutá

A DOR QUE ENSINA - ATÉ QUANDO O SOFRIMENTO É NECESSÁRIO PARA NOSSO CRESCIMENTO?

Vivemos em um universo que possui suas leis naturais. O universo evolui e tudo acontece, tudo nasce, morre, e torna a nascer e morrer, nos quatro cantos do mundo. Tudo que ocorre em nosso planeta se processa sob as influências dessas leis, inevitavelmente.

As mesmas forças que atuam sobre uma simples semente que germina e cresce, exercendo influências transformadoras, também atuam sobre nós seres humanos. E tantas são essas forças naturais...

Embora existam milhares de teorias sobre o sentido da vida e a missão de cada um, lentamente, à medida que o homem desperta sua consciência, algumas leis universais vão se revelando cada vez mais claras para a humanidade. A mais nítida delas: *a lei da evolução constante*.

Você não precisa acreditar em Deus, não precisa ser espiritualizado, nem precisa fazer muito esforço para perceber que o mundo não para, evolui o tempo todo, em uma espiral ascendente sem fim. Essas leis naturais que regem o universo não podem ser cessadas pelo homem, tampouco dependem de crenças, elas simplesmente acontecem. Isso porque suas existências remontam ao período de formação da Terra, no grande estrondo, ou OM primordial, ou ainda o *Big Bang*. Resumo: sempre existiram.

A natureza de um pássaro é voar, de um gato é miar. Na Terra, a natureza intrínseca é a ação dessas leis, porque dão vida e sentido.

Tudo indica que o nosso mundo tem um movimento interno constante promovido por essas forças, para poder proporcionar aos seres humanos a compreensão dessas leis. O indivíduo conectado, atento, sintonizado com sua essência, percebe essa ação natural e nada "a favor da maré" nesse movimento evolutivo infindável.

O indivíduo disperso, desconectado de Deus, distraído, materialista, torna-se cego para a compreensão da real finalidade de sua existência, ou, ainda, da realização da missão da sua alma. E o que acontece quando nós seres humanos ignoramos a natureza evolutiva do planeta?

Como reage o universo diante de nós, principalmente quando nos distanciamos da realização da missão de nossas almas?

Se a lei em questão é a de evolução constante, é isso que o universo vai promover na vida de qualquer pessoa distante dessa realidade. O universo exercerá todo tipo de força ou ação para proporcionar que a pessoa caminhe no mesmo sentido de suas leis.

E o que isso significa na prática?

Que essas leis vão agir sobre qualquer um, independente de cor, raça, credo, idade, sexo, condição social ou nível de instrução, e exercerão sua força.

Há uma pedagogia divina ou natural, um sistema de ensino automático que garante que tudo e todos evoluam. As principais ferramentas dessa pedagogia são: dores, doenças, crises, sofrimentos, perturbações e decepções.

Parece até insensato à primeira vista aceitar que haja uma pedagogia universal, um sistema sutil de ensino do qual a Existência ou Deus se utiliza, para promover nosso aprendizado e evolução, contudo é a mais pura realidade, basta observar.

Analise a sua vida ou a de uma outra pessoa. Busque na sua memória uma situação ou acontecimento que tenha lhe causado dor, sofrimento, tristeza, até mesmo o caos.

Olhe, analise, reflita profundamente sobre aquela crise amorosa, ou financeira, demissão, acidente, assalto, doença, dor ou conflito que tenha lhe levado a um forte sofrimento.

Olhando para trás, depois que o "furacão" já passou, analise: quantas lições você obteve por essa experiência? Veja que, agora que tudo passou, você já compreende com outros olhos, e, mesmo que tenha sofrido muito com esses fatos traumáticos, ainda assim reconhece inúmeros aprendizados. Com essa reflexão, pode concluir que o sofrimento lhe ensinou muito. Concorda?

Às vezes até demoramos em assumir ou nos conscientizarmos, mas não demora e damos o "braço a torcer", concordando que, se não fosse aquela crise ou doença, jamais teríamos feito mudanças tão necessárias. Pense com carinho, deixe de lado todo o orgulho do seu ser, aceite esta difícil mas verdadeira constatação: **"Ainda precisamos da dor para aprender"**

É até triste admitirmos, mas a realidade é que estamos ainda presos à necessidade de aprender pela dor.

O mais curioso disso é que a Lei da evolução constante não quer que você sofra! Ela apenas pede que você evolua. Cabe a cada um decidir se será pelo intermédio da dor ou da consciência (amor). É sempre uma escolha de cada um! Uma coisa é certa, a evolução precisa se processar e o universo sempre "cobrará" da sua maneira, o que muitas vezes não é nada agradável. A boa dica é correr na frente e não esperar ser "cobrado". Facilita as coisas, dói menos e custa mais barato...

Podemos aprender sem a dor?

Sim! Podemos.

Para isso precisamos ter consciência da ação dessas leis naturais, conhecendo seus mecanismos e nos ajustando a eles, dessa forma nos tornando "bons alunos" nesse planeta escola chamado Terra.

Toda dor, doença, tristeza, crise ou conflito revela a não compreensão dessas leis naturais por parte do afetado. Quando qualquer fato indesejado ocorre em nossas vidas, ele nos avisa que estamos em desalinhamento com o universo, que nossa vibração é diferente da vibração primordial. É um sinal que indica que nossa vontade (ego ou Eu inferior) está desalinhada em relação à vontade de Deus ou Eu Superior.

Sempre que esquecemos da nossa missão e nos distraímos com as armadilhas da nossa existência na matéria, a pedagogia divina atuará sobre nós, em consequência desse desalinhamento, nos "cobrando" um ajuste de acordo com o fluxo dessas verdades imortais.

Dor, doença, crise ou sofrimento são "flechas dos anjos" porque esclarecem nossos erros, porque nos avisam da necessidade de reflexão, mudança de conduta e pensamento. Nosso maior "pecado" é ignorar essas advertências sublimes.

O conhecimento dessas leis se chama: *Consciência Espiritual*. Portanto, evolução espiritual é o movimento que fazemos no sentido da busca do conhecimento dessas leis naturais que regem o universo.

Podemos tomar como exemplo um dos ensinamentos do Mestre Jesus que dizia: *Conhece a verdade e ela vos libertará*, ou, ainda, a genial Helena P. Blavatsky: *Nenhuma religião é superior à verdade*.

A consciência da necessidade da busca por evolução espiritual (conhecimento das leis naturais) é o melhor caminho para eliminarmos a traumática pedagogia da dor como instrumento de evolução. Reflita sobre isso.

O FLUIDO DA VIDA E A MATERIALIZAÇÃO DAS DOENÇAS

Todos nós somos seres animados, temos magnetismo, alma, carisma. Essa força que nos anima é um sopro de vida, uma energia primordial que habita nossos corpos, nos confere vitalidade, movimento, força, ação.

Essa energia já foi, ao longo da história e de acordo com os diferentes povos, denominada de vários nomes. Para facilitar, aqui, vamos chamar apenas de força de vida.

Podemos chamar assim porque esse sopro de vida é a força da existência que nos ilumina, nos ativa, faz com que todos os nossos movimentos, sistemas e possibilidades aconteçam.

Um equipamento elétrico só funciona se ligado na tomada. Um ser vivo só pode assim ser considerado se estiver recebendo essa força de vida. Nós seres humanos estamos sempre procurando formas de definir Deus; pois bem, esta é mais uma definição: Deus é a força que nos dá vida. Captamos esse fluxo a todo instante, abundantemente. Você não precisar acionar um botão ou abrir uma torneira para que essa energia o abasteça, basta você existir que ela fluirá.

É um tipo de energia sutil, invisível, emanada pelo universo em frequências muito elevadas. Quando essa força se aproxima da Terra e mais precisamente dos homens, ela se torna um pouco mais densa a fim de encontrar maior compatibilidade com nossas frequências. Poderíamos dizer que essa força se ajusta na sintonia perfeita para alimentar de vida nossos corpos e mentes.

O espírito é quem recebe diretamente essa força de vida. Ele consegue absorver constantemente esse fluxo. Todo espírito possui uma aura, assim como toda lâmpada acesa oferece uma luminosidade que abrange determinada área.

Essa aura é responsável por alimentar o corpo físico, mental e emocional com vitalidade, formando um verdadeiro campo de força, sempre abastecido por essa energia primordial. Esse fluído da vida dança livremente por nosso campo energético, abastece os chacras[8] e os nadis[9], e por consequência energiza todas as funções orgânicas do corpo físico. Dessa forma a vida acontece, organiza e mantém a fisiologia de nossos corpos.

Fazendo uma analogia, vamos imaginar que o corpo físico de uma pessoa é um motor e a força vital é o seu combustível. Todo motor necessita do combustível ideal baseado na sua especificação. Exemplo: um motor a álcool não pode usar óleo diesel, por que, se assim for, vários problemas surgirão decorrentes da não compatibilidade desse combustível com a mecânica do motor, não é mesmo?

O motor a álcool foi projetado para usar álcool, logo, esse será sua fonte de energia, de movimento, de trabalho. Essa especificação deve ser respeitada.

E quanto a nós seres vivos? Que tipo de combustível nos alimenta, nos dá força e movimento?

---

[8] Chacras: Centros de energia do corpo humano que possuem a função de abastecer os órgãos e as glândulas com energia vital.

[9] Nadis: sistema de energia na forma de canal na qual a energia vital flui e pode se conectar aos chacras. Os nadis começam do centro dos chacras e fluem para a periferia, tornando-se cada vez mais finos, tendo uma função extrassensorial, causando em parte as respostas empáticas e instintivas.

Exatamente essa força de vida sobre a qual estamos falando. Uma energia não física, abundante em nossa atmosfera planetária. Contudo, existem vários agentes capazes de modificar demasiadamente o padrão dessa força de vida, e os principais são: nossos pensamentos e sentimentos!

Sim, nossos pensamentos e sentimentos! Eles têm a capacidade de qualificar ou desqualificar esse fluido, e o mal maior da humanidade é que nossos equívocos conscienciais, nossas emoções densas, desejos primitivos e materialismo têm moldado em nós mesmos um campo de energia que retém a passagem desse fluxo. Em outras palavras, nossas emoções e pensamentos confusos estão barrando a absorção da força de vida, essencial aos nossos corpos.

Por que ficamos doentes?

Porque essencialmente geramos pensamentos e emoções que densificam a nossa aura corpórea, impedindo que a energia vital nos abasteça. E somos nós que causamos a doença, somos sempre os criadores. Somos nós que modificamos o nosso combustível!

E o motivo pelo qual a dor e, doença são sinais que avisam uma conduta mental emocional desequilibrada é o simples fato de que os sentimentos e emoções densas são os bloqueadores dessa força de vida. Se estamos ficando doentes é porque bloqueamos energia vital, logo, estamos pensando e sentindo vibrações densas.

A lição que uma doença traz é sempre a mesma, os recados são sempre iguais: mude os pensamentos, mude as emoções!

Da mesma forma que os pensamentos e emoções desqualificados formam energias corpóreas densas que travam a passagem da força de vida através de nossos corpos, os pensamentos e emoções elevados têm a capacidade de limpar e sutilizar essas energias, proporcionando livre trânsito da força de vida através de nós.

Daí a importância da oração, a importância da meditação, do equilíbrio emocional, do controle mental. Tudo que pudermos fazer, de forma natural, para encontrar esse equilíbrio, será benéfico à nossa existência, curativo, reparador.

Toda força densa, pesada, confusa gerada por nossas condutas, será nociva tanto paro o corpo quanto para a alma. Nosso maior desafio nessa vida é esse controle, esse equilíbrio. Mais uma comprovação de que a verdadeira evolução espiritual acontece quando aprendemos a equilibrar nossos pensamentos e emoções. Também a constatação de que a evolução espiritual faz bem a saúde, pois quando nos elevamos nossos corpos ficam mais saudáveis.

E essa talvez seja uma das explicações mais razoáveis que mostram que a dor e a doença ainda sejam tão importantes para a evolução humana, porque é o sofrimento que tem levado o homem a refletir sobre seus valores e seus papéis.

No nosso corpo, essa comunicação que ocorre para nosso consciente através da dor é codificada de acordo com o tipo de doença ou sintoma. De forma geral, toda dor ou doença mostra necessidade de mudança, no entanto, a localização, o tipo de doença tem uma linguagem precisa, muitas vezes direta. Hoje em dia, existem inúmeras literaturas que apresentam estudos aprofundados a respeito da linguagem do corpo e sua comunicação direta, que relaciona o tipo de aprendizado ao tipo de doença e localização específica. Assim sendo, se a dor é no dedo médio direito, há um ensinamento específico, se é no ouvido esquerdo, também há, e assim por diante.

Para que o leitor tenha uma breve noção sobre a linguagem do corpo, apresentaremos a seguir uma relação geral entre doenças/dificuldades/sintomas x mensagem manifestada, para melhor entendimento do tema.

DOENÇAS/DIFICULDADES/ SINTOMAS	MENSAGEM EMITIDA
Desequilíbrio do relógio biológico e do sono. Estado de torpor constante. Estado de espírito alterado. Desarmonia no vínculo entre corpo físico e corpos sutis. Dificuldades na integração total da personalidade com a vida e os aspectos espirituais. Tumores no cérebro. Obsessões espirituais. Depressões, mal de Alzheimer, mal de Parkinson, esquizofrenia, epilepsia, entre outros.	Negligência espiritual, alienação da causa e missão pessoal, falta de fé, incredulidade, não aceitar o mundo, não se ligar a uma consciência divina, não crer em Deus, brigar com Deus, rejeitar sua origem e criação, entre outras.
Incapacidade de visualizar e compreender conceitos mentais. Incapacidade de pôr ideias em prática. Dores de cabeça, sinusite, confusão mental, dificuldade de concentração – memória ruim, otites, hiperatividade mental).	Ceticismo, materialismo excessivo, excesso de preocupações na vida, não saber dar limites na vida, excesso de negatividade, raiva do mundo, futilidade, dificuldade em viver a vida, excessiva visão racional e lógica de tudo, necessidade de controle, entre outras.
Deficiência digestiva e estomacal, úlcera, gastrite, oscilações de humor, depressões – Introversão, hábitos alimentares anormais, instabilidade nervosa, câncer de estômago – desequilíbrio emocional, inseguranças, medos e pânicos, agonias, ansiedade, diabetes – Obesidade, pancreatites, hepatites, compulsão por consumo, hérnia de hiato.	Raiva, medo, insegurança, mágoa, tristeza, remorso, arrependimento, não "engolir" a vida, falta de aceitação, intolerância, desejos não realizados, ansiedade, angústia, pânico, não perdoar, se vitimizar, excesso de infantilidade, falta de flexibilidade, carência afetiva, vergonha, culpa, entre outras.

Infartos, angina, taquicardia, paradas respiratórias, deficiência pulmonar, circulação precária, baixa imunidade, enfisema pulmonar, câncer de mama, lúpus, doenças do sangue em geral, doenças arteriais, gripes.	Sentimentos reprimidos, tristeza, falta de entusiasmo pela vida, materialismo excessivo, falta de compreensão, falta de sensibilidade, excesso de apego por tudo, dores de perda e abandono, entre outras.
Falta de criatividade para verbalizar pensamentos, dificuldade de expressão e comunicação, principalmente em público. Asmas, artrites, alergias, laringites, dores de garganta, problemas menstruais, herpes e aftas na boca. Problemas de cabelo e pele – Descontrole do crescimento do corpo na infância, bócio, herpes, câncer na garganta – perda da voz, surdez, problemas nos dentes e gengivas.	Não conseguir falar, não conseguir opinar, não conseguir verbalizar ou expressar os sentimentos, "engolir" os sentimentos reprimidos, não conseguir pôr em prática os projetos, não conseguir realizar no plano material as ideias do plano mental, entre outras.
Deficiências no sistema linfático, falta de orgasmo, incapacidade de ereção, ejaculação precoce, descontroles no fluxo menstrual, acúmulo de gordura acentuado na região do quadril, obesidade em geral, pedras nos rins, cistos nos ovários, infertilidade, entre outras.	Dificuldades nos relacionamentos com cônjuges, parentes, amigos etc. Autopodar-se de realizações na vida, falta de aceitação do corpo, baixa autoestima, dificuldade em viver a vida, entre outras.
Indisposição física, falta de vitalidade, dores nas juntas, torcicolo, nervo ciático – Desânimo de viver, falta de entusiasmo e ânimo, falta de aterramento no plano Terra – Problemas nos ossos, hemorroidas, unha encravada crônica, infecção de rins e bexiga.	Problemas familiares, excessos de responsabilidade pessoal, profissional, familiar etc. Dificuldades na estrutura de vida, falta de dinheiro, falta de emprego etc.

Baseando-se nas informações da tabela anterior, podemos concluir que qualquer atividade ou ação realizada no sentido de mudar o sentimento ou a emoção que a mensagem emitida traz surtirá efeito de cura e bem-estar. Essa visão mostra a importância de cultivarmos um estilo de vida voltado para o equilíbrio e a paz interior. Vai além quando demonstra claramente a importância da abordagem holística para tratamento de doenças em geral, e que principalmente o corpo é apenas o sinalizador que manifesta que algo vai errado. Logo a cura deve ultrapassar a barreira do físico, chegando ao não físico.

Os remédios e as cirurgias da medicina ocidental são realmente importantes e salvam vidas, mas não têm a capacidade de tocar na alma, onde reside a cura profunda, completa. Precisamos de uma vez por todas compreender que o ser humano avançará muito no que tange à sua qualidade de vida, quando aprender a unir medicinas, jamais provocar movimentos que criem competição entre elas, porque são igualmente importantes. Acima de tudo, o homem jamais poderá ser negligente com a sua própria existência, acreditando ilusoriamente que uma dor, doença ou acontecimento negativo em sua vida seja mera obra do acaso.

Enquanto necessitarmos da pedagogia da dor e do sofrimento para nosso aprendizado, precisaremos ficar de olhos bem abertos para qualquer tipo de ocorrência em nossas vidas. Dessa forma nos tornaremos bons alunos e aumentaremos muito as nossas chances de ter saúde integral, em todos os aspectos: físico, mental, emocional e espiritual.

O conteúdo mais aprofundado sobre chacras será apresentado no capítulo 9 – Anatomia sutil e os fluidos vitais.

Resumo

- Toda dor ou doença traz consigo uma mensagem, um aviso de necessidade de mudança.

- Pensamentos e sentimentos em desequilíbrio são os reais causadores de doenças.

- Evolução espiritual gera saúde, porque acontece através do equilíbrio das emoções e sentimentos.

- Naturalmente, a raça humana necessita da dor e da doença como uma pedagogia que leva ao crescimento espiritual. É nitidamente notado que, se não fosse a ação da dor, da doença e dos sofrimentos, a raça humana se acomodaria em suas ilusões e equívocos.

- Assim como os pensamentos e sentimentos densos são os reais causadores de doenças, quando elevados a padrões sutis, podem curar, transformar.

- Podemos evitar a pedagogia da dor e da doença ficando atentos aos sinais do universo, preferindo um estilo de vida voltado ao bem-estar integral e principalmente a conexão com Deus através das simples práticas como a oração e a meditação constantes.

Perguntas e respostas sobre o tema

1. Por que ficamos doentes?

Porque essencialmente geramos pensamentos e emoções que densificam a nossa aura corpórea, impedindo que a energia vital nos abasteça. Quando isso acontece, a vitalidade dos nossos órgãos, músculos, tecidos e demais sistemas fica comprometida e as doenças ocorrem por consequência.

2. Por que podemos concluir que toda dor ou doença manifesta uma mensagem do nosso espírito para o corpo?

Pelo simples fato de que os sentimentos e emoções densas são os bloqueadores dessa força de vida. Eles criam um campo energético de fluído denso que não permite a passagem da força de vida. Se estamos ficando doentes é porque bloqueamos a energia vital, logo, estamos pensando e sentindo vibrações densas. As doenças acontecem para comunicar esses atos falhos.

3. Qual é a atitude que uma pessoa precisa ter para se curar, seja de uma dor ou doença?

Em primeiro lugar, a pessoa deve refletir e perceber que a doença está avisando que algo está errado e que mudanças são necessárias para que o equilíbrio dos aspectos se estabeleça. A partir daí, ela deve sempre primar por ações que contribuam sempre para manter seu estado de espírito leve, feliz, equilibrado. Essa busca constante traz a cura da alma

4. Toda doença pode ser curada?

A cura energética sempre é possível. Nesse caso, energética se refere à alma, ao corpo mental (composto pelos pensamentos) e ao corpo emocional (composto pelas emoções). Contudo, em muitos casos, a doença física já se alastrou muito no corpo carnal, desenvolvendo grandes complicações. As leis da matéria já se manifestaram, portanto em alguns casos a cura do corpo físico não acontece e a pessoa padece. Mesmo assim, não é impossível a reversão de quadros avançados de doenças físicas. Todavia, sempre que houver uma terapêutica adequada, tratando não só o efeito, mas a causa, o corpo poderá até vir a óbito, mas a alma retornará ao astral plenamente curada da chaga que lhe acometeu na vida física. Embora essa seja uma ideia difícil de ser aceita pelos céticos e materialistas, devemos sempre acreditar na cura, mesmo que o corpo já esteja moribundo, porque ele é a resultante de um outro momento no passado. Mesmo que o corpo morra, a alma poderá se curar!

5. Podemos aprender sem a dor?

Sim! Podemos. Para isso precisamos buscar a consciência da ação das leis naturais que regem o universo, conhecendo seus mecanismos e nos ajustando a eles, dessa forma nos tornando "bons alunos" neste planeta escola chamado Terra.

E o caminho para isso é a busca constante da evolução espiritual.

Na prática:
Ações concretas para utilizar esse conhecimento

- Não deixe uma dor ou doença se prolongar demais em sua vida. Uma vez detectada, comece imediatamente a mudar seus pensamentos e emoções, evitando que os danos físicos se alastrem. É muito mais simples tratar uma doença quando ela ainda não chegou no corpo físico.

- Fique atento aos seus pensamentos e sentimentos. Quando Jesus dizia "Orai e Vigiai", com certeza Ele tinha uma visão muito ampla desse significado. Essa atitude pode ser o seu maior agente de manutenção de saúde e bem-estar.

- Uma vez consciente dessa capacidade que nossos pensamentos e emoções têm de produzir a doença, entenda definitivamente que você precisa domar seus instintos inferiores. Portanto, todo estilo de vida que contribuir para serenar o seu ser será capaz de prolongar a sua vida.

- O melhor plano de saúde que qualquer pessoa pode ter é a compreensão dos fatores que geram tanto a doença como a saúde, e o bom uso do livre-arbítrio no sentido da construção de uma vida equilibrada em todos os sentidos.

Capítulo 7

Obsessões: trocas involuntárias de energia

"Para a treva só há um remédio: a luz."

Monteiro Lobato

Sempre que o assunto é obsessão, é normal haver uma carga emocional muito forte sobre a questão. Isso acontece pelo simples fato de que temos o costume de separar obsessor e obsediado, e com facilidade formamos a figura da vítima (obsediado) e do vilão (obsessor), sem compreendermos que um não vive sem o outro, portanto ambos são cúmplices (parceiros de vibração) no processo.

Nosso objetivo nesse trabalho é procurar expor o tema de uma forma diferente, com foco nos aprendizados que podem ser extraídos, por que na realidade dos fatos as lições que tiramos desses eventos é o que mais importa.

Os cenários mudam, os atores mudam, os locais mudam, mas quando o tema é obsessão, as compreensões necessárias são sempre as mesmas.

O estudo das interferências energéticas nocivas é amplamente difundido na comunidade espiritualista brasileira e mundial. Hoje em dia, é comum encontrarmos dezenas de excelentes livros e publicações a respeito do tema e suas particularidades. Contudo, como nosso maior objetivo é a evolução espiritual na prática, vamos desenvolver uma visão de contexto sobre o assunto, para não tratarmos de forma isolada do todo.

O que é a obsessão?

Quais as influências que uma obsessão pode gerar em uma pessoa, local ou situação?

É possível nos protegermos contra obsessões?

Quais os tipos de obsessões mais comuns?

A obsessão é um processo em que um indivíduo, entidade, situação ou força prejudica uma outra situação, entidade, pessoa ou força, exercendo influências que alterem seus estados. Essa influência pode ser consciente ou inconsciente, por ambas as partes.

É normalmente considerado obsessor aquele que exerce influência sobre um outro, alterando, diminuindo ou desorganizando a energia ou vibração de uma ou mais pessoas ou entidades. Em resumo, é aquele que realiza influência sobre.

O obsediado é a pessoa ou entidade[10] que recebe essa influência, sofrendo as consequências dessa alteração, desorganização ou diminuição da energia.

Na comunidade espiritualista, é muito comum estudarmos o tema focando a atenção nas obsessões apenas do Plano Espiritual.

Isso acontece porque pouquíssimas pessoas nesse mundo capitalista e mecanicista estão treinadas para perceber as interferências de ordem sutil (espirituais), logo, invisíveis aos olhos do indivíduo destreinado nas capacidades da alma. Assim sendo, acabamos por nos preocupar mais com aquilo que não podemos ver.

É importantíssimo desenvolver habilidade e conhecimento sobre os processos envolvidos nas obsessões do plano espiritual, mas não podemos nos esquecer de que grande parte das obsessões de desencarnados sobre encarnados se iniciaram aqui na Terra. Talvez, se os envolvidos do processo obsessivo pudessem em vida ter tido o esclarecimento necessário, muito provavelmente a realidade seria outra. Se todos compreendermos que muitas atitudes que temos com o nosso próximo trata-se de comportamentos muitas vezes obsessivos, poderíamos diminuir essas consequências danosas ainda em vida, de pessoa para pessoa. Muitas obsessões de desencarnados para encarnados acontecem porque a morte não separa os laços cármicos.

Aquele que hoje morre com ódio mortal de seu vizinho, quando no Plano Espiritual, tende a produzir da mesma forma seus fluídos perniciosos imanentes de seu psiquismo desequilibrado. E esse desencarnado, quando voltar à Terra, com sua personalidade congênita, tende a ser um encarnado que exerce influência negativa para aquele mesmo vizinho, porque seus corações não se harmonizaram. As obsessões atravessam as barreiras do tempo e das dimensões.

Tomemos como exemplo a educação no Brasil e no Mundo. Muitas nações já perceberam que a saída para a maioria dos problemas

---

[10] Entidade: um local específico, uma pessoa, situação, acontecimento, conjunto de fatores, forças, meios ou ambientes.

socioeconômicos está na educação. Muitos pais investem tudo que têm para proporcionar aos filhos educação e estudo digno para torná-los almas mais evoluídas. E qual a consequência disso?

A liberdade! Ou como diria Jesus: "A Verdade que liberta".

Primeiro precisamos compreender o assunto, sabendo de suas causas raízes, para depois atuarmos condizentes, dizimando suas consequências negativas e proporcionando um aprendizado e evolução coletivos.

É muito parecido com a questão da violência e marginalidade no mundo. Sem uma base de projetos e ações sociais, jamais serão resolvidos na raiz do problema.

Antes de ir mais a fundo nesse conteúdo, queremos convidar todos a pensar: sempre que o assunto em questão for obsessão, precisamos exercitar a visão do todo. Precisamos procurar compreender a causa raiz, porque, se centrarmos o nosso foco apenas na consequência ou no momento presente, jamais seremos efetivos, logo, não estaremos evoluindo, apenas andando em círculos. Esse exercício de reflexão pretende fazer com que você perceba que trocamos de papel frequentemente, ora somos obsessores, ora obsediados.

Exemplos:

Somos obsessores do planeta Terra, quando estamos destruindo, poluindo, explorando.

Somos obsediados quando no trânsito alguém nos xinga com força e raiva no olhar!

Somos obsessores de tudo (de nós, dos outros, das coisas e ambientes) quando negativos, pessimistas ou vítimas.

Somos obsediados quando permitimos que os outros nos desrespeitem, nos explorem, nos critiquem sem motivo.

Somos obsessores quando culpamos. Somos obsediados quando somos culpados.

Sempre que existem trocas de energias perniciosas, podemos considerar esse fluxo como obsessivo. Porque há disputa, há combate, há conflito, mesmo que as duas partes estejam ou não conscientes. Sempre há desgaste, há tensão, mesmo que invisível!

Uma obsessão começa quando uma parte tem interesse na energia do outro, e vice-versa.

Uma obsessão termina quando uma ou as duas partes começa a ter consciência da obsessão e suas consequências. Quando somente uma das partes desperta para o entendimento, a cura (pelo menos de sua parte) pode acontecer. O fato de uma das partes não aceitar a harmonização não impossibilita a cura por parte do interessado fim do vínculo obsessivo, no entanto, se buscada apenas por uma das partes, torna o processo mais difícil e demorado. E nesse caso, quando quem quer a cura consegue seu objetivo contrariando a outra parte, que não aceita a transformação, o ciclo obsessivo deverá continuar, sendo que, nesse caso, o obsessor naturalmente irá procurar um novo alvo para obsediar, porque ele tem dependência.

Em casos que há consciência, intenção e iniciativa por ambas a partes para que o processo obsessivo seja transmutado, e enfim isso acontece, há no universo a formação de um ponto de luz, que gira a engrenagem da evolução do mundo, porque manifesta iluminação, libertação e harmonia, diga-se de passagem, é tudo de que o universo precisa!

Essas trocas involuntárias de energia, ou, melhor, essas influências energéticas entre almas, situações, lugares, se dão em todos os níveis: físico, espiritual, emocional, mental. Também acontecem muito entre pessoas que se amam, entre pais e filhos, marido e mulher, chefe e empregado, professor e aluno, e assim por diante. Porque sempre que entendermos que precisamos da energia do outro para sobreviver estaremos sugando suas melhores vibrações. Porque sempre que esquecemos que fazemos parte do Todo, da Fonte ilimitada, estaremos nos limitando, portanto necessitaremos das migalhas que conseguiremos explorar do nosso próximo. Mas não se assuste, não se culpe, roubamos energia alheia porque não estamos treinados para receber energia abundante e ilimitada, que vem direto da Fonte.

A consciência de que temos a eternidade e de que somos ilimitados nos facilita saciar a sede de nossas almas desse manancial de luz que é Deus.

As relações cotidianas de controle, ciúmes, posse, inveja são apenas indícios dos efeitos devastadores que as obsessões geram em toda a malha magnética da Terra. Mais uma amostra de nosso egoísmo e alienação espiritual. Também é uma demonstração de que o desenvolvimento de nossas consciências espirituais é o grande trunfo que temos para mudar essa realidade para melhor. Consciência é tudo de que precisamos!

O melhor antídoto para interferências obsessivas é a expansão da consciência ou evolução espiritual, quando o ser desperto descobre que não é vítima de nada, que não existem vilões e que tudo que acontece nesse universo é milimetricamente regulado por uma Consciência Superior, para que os aprendizados aconteçam.

As obsessões acontecem por interesse, que, embora seja uma palavra forte, é a mais adequada para explicar esse tema. É um interesse que temos em uma situação ou pessoa, porque achamos que essa situação ou pessoa é a fonte que pode saciar nossas necessidades. Assim sendo, acabamos por concluir que aquele nosso anseio só acontecerá graças à ajuda dessa pessoa ou situação. Dessa forma, distanciados da fé divina e de maneira equivocada, acabamos por exercer influência obsessiva (mesmo que inconscientemente) sobre a pessoa ou situação.

Assim, ficamos escravos de nossas convicções ou condicionamentos mentais, criando nossas falsas metas, bem como nossos ridículos meios, para atingir nossos também equivocados objetivos. E nesse caminho acabamos, por consequência de estarmos distanciados de nossas essências espirituais, obsediando ou sendo obsediados.

A saída para essa condição escravizante é conexão com Deus, através da disciplina espiritual da oração, da meditação, das boas práticas de saúde e equilíbrio em todos os corpos. A partir do momento em que o homem se religa com o Criador, que fica consciente da missão da sua alma, da necessidade de evolução, tudo muda, um novo sol surge em seu horizonte.

A obsessão se dá sempre por mais de uma parte, quando os integrantes do ciclo estão alimentando o processo. Se alguém para de alimentá-lo, ele se encerra. Esse é o maior aprendizado prático que podemos tirar!

Com essa ótica, ou, melhor, com essa noção de conjunto, vamos agora aprofundar o conteúdo, adentrando aos pormenores das situações obsessivas.

Obsessões: definições

Todo processo obsessivo ocorre sempre que existam trocas não equilibradas ou não saudáveis de energia. Essas trocas podem ser:

Entre seres vivos: A energia de uma ou mais pessoas, influenciando a de outra ou outras pessoas.

Entre seres desencarnados: A energia de um ou mais espíritos desencarnados, influenciando a de outro ou outros espíritos desencarnados.

Entre pessoas e espíritos desencarnados: A energia de um ou mais espíritos desencarnados, influenciando a energia de uma ou mais pessoas ou a energia de uma ou mais pessoas influenciando a de um ou mais espíritos desencarnados.

Entre pessoas e ambientes ou objetos: A energia mental e emocional de uma ou mais pessoas sobre um objeto ou ambiente. A projeção do psiquismo dessa ou dessas pessoas sobre um local ou objeto pode afetar completamente sua energia.

Entre espíritos desencarnados e ambientes ou objetos: A energia de um ou mais espíritos desencarnados, exercendo influência sobre a energia de locais ou ambientes.

Aspectos das obsessões – Padrões

Nosso espírito, nossas emoções e nossos pensamentos são verdadeiros geradores de energia, logo, podem ter seus padrões influenciados (positivamente ou negativamente) de acordo com a natureza da influência. Também podemos influenciar (positivamente ou negativamente) qualquer outra pessoa, espírito desencarnado, local, objeto, pelo fato de termos a capacidade de direcionar nossas energias, sejam espirituais, mentais ou emocionais, para o foco da atenção. Pela característica de gerar facilmente grandes fluxos energéticos, as obsessões tendem a ocorrer principalmente nos seguintes aspectos:

Emocionais: Quando a energia que gera influência é de natureza emocional, portanto oriunda das emoções emanadas de uma ou mais pessoas, local ou espírito desencarnado. Tem a capacidade de influenciar as emoções de pessoas, seja através de interferências diretas ou indiretas quando acontece em um ambiente ou objeto. Nesse caso, a energia das emoções fica carregada no local ou objeto, e em algum momento, quando qualquer pessoa ou espírito desencarnado tiver qualquer contato, receberá imediatamente a influência da energia dessas emoções que ali estavam impregnadas.

Mentais: Quando a energia que gera influência é de natureza mental ou psíquica, portanto oriunda dos pensamentos emanados de uma ou mais pessoas, local ou espírito desencarnado. Tem a capacidade de influenciar os pensamentos de pessoas, seja através de interferências diretas ou indiretas quando acontece em um ambiente ou objeto. Nesse caso, a energia dos pensamentos fica carregada no local ou objeto. Em algum momento, quando qualquer pessoa ou espírito desencarnado tiver qualquer contato, receberá imediatamente a influência da energia desses pensamentos que ali estavam impregnados.

Espirituais: Quando a origem obsessiva tem natureza espiritual, ou seja, parte de um espírito desencarnado. Essa influência pode ser gerada por um ou mais espíritos, sobre um ou mais objetos, locais ou pessoas.

Nesse tipo de obsessão, o desencarnado, que pensa e sente como qualquer ser encarnado, emana influências emocionais e mentais para qualquer coisa, pessoa ou ambiente.

UMA DAS MAIS GRAVES OBSESSÕES: A SILENCIOSA

A ação das situações extremas, negativas, adversas na vida é algo que se pode notar e imediatamente perceber os malefícios. A exemplo de um acidente, uma perda, notícia ruim, demissão, doenças etc. Trata-se de uma interferência negativa que pode ser facilmente detectada, entendida e imediatamente combatida, pois a consciência de que um mal ocorreu é grande e esclarecedora.

E os males sutis do dia a dia, como ficam?

Quem os percebe?

A falta de persistência, a vontade de desistir, a intolerância, a preguiça, o egoísmo, entre outros aspectos tão presentes no dia a dia, que navegam plenamente por cada ser, com impunidade absoluta. Por quê?

O mal latente não é exclusivamente aquele que se mostra com grande impacto e concentração, ou, ainda, se manifestando por situações ou acontecimentos negativos de grande intensidade. É aquele que emerge sorrateiramente, e que aos poucos vem ganhando terreno silenciosamente.

Uma mudança abrupta de conduta pode ser detectada imediatamente e corrigida. Principalmente, se alguém com bons hábitos alimentares, sem vícios, de um dia para outro começar a se alcoolizar. As atenções se voltarão para esse fato ocorrido, onde será considerado um fenômeno, uma anomalia, algo fora do normal da pessoa.

A ação do mal poucas vezes ocorre dessa forma, sendo na maioria das vezes silenciosa e discreta. Aos poucos vamos criando mecanismos para mudar os hábitos e atitudes. Estrategicamente, vamos recebendo impulsos de interferências negativas que vão produzindo pequenas e quase imperceptíveis mudanças em nosso comportamento. Diante disso, o autocontrole mental e a consciência do todo diminui, a frequência cai, passando a tornar-se solo fértil para obsessões, tendências negativas e fraquezas.

Dificilmente há o choque direto entre uma energia densa e uma energia de luz. Suas polaridades são tão opostas que naturalmente não permitem essa aproximação. O mal que atua de forma intensa, rapidamente é percebido pelo indivíduo e combatido. Quando ele age silenciosamente, vai recriando comportamentos, emanando influências e alterando lentamente o percurso da jornada de evolução de cada ser. Valendo-se de uma forma ardilosa, seduz pacientemente a pessoa para um caminho de densidades, fraquezas, inferioridades e vícios os mais diversos.

As interferências negativas lentas e sutis podem vir a atuar por dez, até vinte anos. Estas reprogramam o poder mental do indivíduo e constroem alicerces firmes para suas investidas, em alguns casos mais curtos, em outros mais longos.

Considerações importantes:

Podemos considerar que obsessor é a entidade encarnada (pessoa) ou desencarnada (espírito que vive em outro plano), que parasita uma outra entidade ou local. Essa obsessão pode ser intencional, logo consciente, ou não intencional (inconsciente).

Sempre que uma pessoa ou espírito desencarnado estiver interferindo negativamente na energia de uma ou mais pessoas, de um ou mais ambientes ou objetos, esse pode ser considerado um obsessor, logo, todos podemos ser obsessores e obsediados conforme a situação à qual estejamos sujeitos.

Fórmula infalível antiobsessões

Mente limpa, coração aberto, espírito puro!

Essas seriam as condições ideais, os repelentes mais eficientes no combate às obsessões, sejam elas do plano mental/emocional ou espiritual. Por essa ótica podemos compreender que ninguém está imune a esse tipo de influência negativa, afinal, mente limpa, coração aberto e espírito puro não é um estado de consciência que seja fácil de se conquistar, mesmo para as almas mais evoluídas.

Esse comentário é necessário apenas para tentar simplificar esse tema tantas vezes debatido e imensamente pesquisado. Precisamos facilitar essa visão e compreender de forma mais profunda, em uma visão de contexto mais ampla. Quando compreendermos os mecanismos da obsessão, estaremos a um passo da conquista da tão sonhada, debatida ou falada: Proteção Espiritual. Por isso, antes de aprofundarmos o conteúdo, vamos propor uma observação; a mente confusa, o coração fechado e o espírito impuro são ímãs que atraem processos obsessivos, de toda ordem. Logo, toda obsessão indica falha em nosso padrão vibratório, que é resultante do universo de pensamentos, sentimentos e emoções. Nesse estado vibrátil também teremos grandes chances de exercer algum tipo de obsessão mental ou emocional para com nossos semelhantes.

Assim sendo, precisamos parar, refletir e olhar com novos "olhos" para todos os casos de obsessão. Não existem vítimas! Não existem vilões! Apenas atração magnética entre obsessor e obsediado. Às vezes somos obsessores, às vezes obsediados. Nesse sentido, vamos tentar, de forma rápida, refletir sobre o que é realmente uma pessoa espiritualizada.

Uma pessoa espiritualizada é alguém com a consciência expandida, principalmente dotada da capacidade de equilibrar suas emoções, evitando confusões ou conflitos. Engano nosso nos considerarmos evoluídos porque já deciframos o *Tao Te Ching*, interpretamos o *Bagavad Ghita*, decoramos a *Bíblia Sagrada* ou o *Evangelho Segundo o Espiritismo*. Nenhuma dessas obras divinas terão seus propósitos alcançados se suas mensagens não conseguirem nos levar a maiores níveis de compreensão de nossa existência, e, principalmente a maior capacidade de equilíbrio emocional.

Parece até estranho dizer, mas uma pessoa evoluída espiritualmente é alguém que domina suas inferioridades, torna-se equilibrada em suas emoções e consciente da missão de sua alma. Em resumo: é o indivíduo paciente, ponderado, que não julga, que sabe perdoar, que ajuda o próximo, que não se fascina no mundo material, que faz sua parte para ajudar o planeta a evoluir.

Esse estado pode sim ser conquistado em uma igreja, templo, centro etc. Todavia pode ser alcançado de forma autodidata, no contato com a natureza, na oração, na meditação, na prática de aprender a olhar para o seu "Eu Interior".

Nosso maior objetivo nesse material é estimular que você possa ter aprendizados práticos na sua vida sobre essa questão. Poderíamos ficar definindo, exemplificando, explicando e até filosofando, contudo nossa meta é o aprendizado prático e na realidade dos fatos. A vida, a Física, os Grandes Mestres e tantas outras fontes nos mostram que *"semelhante atrai semelhante"*.

A sugestão é que, sempre que a obsessão atingir alguém ao seu redor ou a você mesmo, você não tenha foco apenas em "exterminar" o obsessor a todo custo. É importante que você compreenda o que em você o atrai. O que em você o aproxima? Quais afinidades existem entre você e ele (obsessor)?

O maior aprendizado e a maior evolução teremos quando ignorarmos culpados, vilões, vítimas ou algozes. É preciso nos concentrarmos em nós mesmos, em um sentido profundo de reflexão consciente para detectarmos nossas falhas e melhorarmos nossa sintonia a cada dia.

Lembre-se: mente limpa, coração aberto e espírito puro não atraem obsessões. Portanto, as influências perniciosas são geradas por impurezas de nossas almas, inegavelmente. Por essa visão podemos concluir: *A obsessão é o indicador que avisa a necessidade latente de evolução.*

Resumo

- A obsessão é um círculo vicioso alimentado por mais de uma parte. Quando uma das partes se torna consciente, grandes mudanças podem ocorrer. Quando as duas partes se conscientizam, o processo se encerra e há a formação de um ponto de luz no universo.

- O obsessor não é um vilão e você uma vítima, nunca, jamais. Obsessor e obsediado são companheiros de vibração, porque estão na mesma sintonia.

- Embora as obsessões de âmbito espiritual sejam mais dificilmente detectadas pelo fato de que os seres são invisíveis, não são as únicas que geram trocas nocivas de energia. As perdas energéticas causadas pelo pensamento pessimista, pelo controle, medo, insegurança são as mais frequentes. Primeiro porque acontecem no dia a dia a todo momento. Em segundo, porque normalmente acontecem entre pessoas que se amam, o que mascara a natureza perniciosa de sua vibração pela falsa impressão de que a ação é bem-intencionada. Esse tipo de obsessão normalmente ocorre sem consciência. Exemplos: de mãe para filho, de marido para esposa, de amigo para amiga e vice-versa.

- Mesmo sem perceber, somos obsessores vivos de outras pessoas ou situações. Se você acha que não pode viver sem alguém, alguma coisa ou situação, você é um obsessor vivo desse alguém, coisa ou situação, pelo simples fato de que você se tornou dependente.

Perguntas e respostas sobre o tema

1. Defina obsessão.

A obsessão é um processo em que um indivíduo, entidade, situação ou força, prejudica uma outra situação, entidade, pessoa ou força, exercendo influências que alterem seus estados. Essa influência pode ser consciente ou inconsciente, por ambas as partes.

2. Defina obsessor.

É normalmente considerado obsessor aquele que exerce influência sobre um outro, alterando, diminuindo ou desorganizando a energia ou vibração de uma ou mais pessoas ou entidade. Em resumo, é aquele que realiza influência sobre.

3. Defina obsediado.

O obsediado é a pessoa ou entidade que recebe influência

negativa, sofrendo as consequências dessa alteração, desorganização ou diminuição de energia.

4. Como perceber quando somos obsediados?

Não é uma tarefa fácil! Simplesmente pelo fato de que nós somos os maiores obsessores de nós mesmos, porque, quando pessimistas, mal-humorados ou depressivos, consumimos e drenamos nossas energias de forma assustadora.

No que se refere a obsessões dos outros, sejam espíritos encarnados ou desencarnados, existem alguns indícios que podem indicar que nossa energia está sendo influenciada. Quando nos sentimos mal diante de alguém ou algum lugar, quando pensamentos negativos começam a surgir com muita frequência e espontaneidade, quando nossos estados de espíritos são alterados (ansiedade, estresse, medo repentinos). Além desses sintomas clássicos, quando encontramos alguém ou vamos a algum lugar e sentimos dores nos ombros, dor de cabeça e dor no estômago, também são fortes indícios de que estamos sendo obsediados.

5. No momento em que percebemos que nossa energia está sendo drenada em situações como essa, o que fazer?

Só o fato de você estar atento(a) a tais ocorrências já é uma grande vantagem, porque quando a mente compreende os fenômenos envolvidos tudo muda. A teoria quântica que diz que a visão do observador modifica o comportamento do observado é a mais pura verdade.

Contudo, só consciência não resolve. A partir da percepção da obsessão devemos compreender o obsediado com compaixão, mas com firmeza e confiança. Assim, devemos procurar uma distância saudável, não nos permitindo ser envolvidos pela aura e psiquismo de seus vícios emocionais e convicções. Também, sempre que possível, sem julgamentos, reze para a pessoa ou lugar, emanando vibrações de boas intenções, todavia, como já comentado, sem julgamentos.

A oração nos momentos em que nos sentimos obsediados é com certeza a ferramenta mais acessível e eficiente que temos. Essa oração pode ser feita mentalmente, no silêncio de seus pensamentos, mas com intensidade e fervor da alma.

Existe uma outra dica que sempre funciona bem, mas exige estudo aprofundado do caso. Precisamos identificar o que em nós atrai o obsessor. Lembre-se: a maioria das obsessões acontecem de forma inconsciente. Muitas vezes o obsessor nem imagina que está lhe sugando as forças. Quando descobrimos o que em nós o atrai, e consequentemente procuramos mudar nossas vibrações, damos passos largos na direção da cura do processo obsessivo.

Na prática
Ações concretas para utilizar esse conhecimento

- Não existem fórmulas infalíveis ou receitas mágicas para eliminar essas interferências nocivas. A saída sempre será a compreensão dos fatos e das necessidades de aprendizados, a expansão do amor, da compaixão e a conexão com Deus como a única Fonte de energia na qual o homem pode se abastecer!

- Todo caso de obsessão indica que temos algo para aprender, sobretudo, que não estamos conseguindo alinhar nossa vibração à energia da Fonte Superior, nos tornando obsessores ou obsediados, pelo simples fato de buscarmos energia da forma errada e no lugar errado. Quando qualquer caso de obsessão acontecer na sua vida, entre no aprendizado que o fato pede, busque evolução, busque a oração, a reflexão e a serenidade nos sentimentos.

- Você não é responsável pela felicidade de ninguém, seja quem for. E ninguém é responsável pela sua felicidade. Compreenda que cada um nesta vida tem a sua missão. Permita que as pessoas venham até seu convívio, mas entenda que elas podem partir a qualquer momento. Deixe as pessoas livres.

- Se sua felicidade depende de alguém, alguma coisa ou situação, aceite: você é um obsessor desse alguém, coisa ou situação. Identifique essas situações e comece a se libertar, pratique o desapego, lhe fará muito bem.

Capítulo 8
O psiquismo da Terra

"Somos o que pensamos. Tudo o que somos surge com nossos pensamentos. Com nossos pensamentos, fazemos o nosso mundo."

Buda

Entendendo psiquismo

Pare e pense: é difícil perceber que o nosso universo está bastante agitado? É facílimo compreendermos que atualmente estamos todos em meio a uma grande correria. Um estresse geral beirando uma histeria coletiva. Mesmo existindo muitos lugares calmos no planeta, ainda assim a sensação é de que tudo anda de forma muito acelerada.

O mundo está globalizado, diferente de outras épocas que a humanidade já viveu. Atualmente todos sabem de tudo. As informações correlatas à população de determinada região do globo já não ficam limitadas a elas somente.

Cada espectador dos acontecimentos em sua região analisa, pensa a respeito do que se vê, ou seja, reage a tudo. Em cada lugar do mundo as coisas acontecem, em cada grande ou pequeno espaço, onde houver gente, as percepções humanas surgirão também. Na verdade sempre haverá uma reação por parte de todos nós diante de tudo que vivenciamos, inegavelmente.

O que ocorre no mundo é notícia na TV, no rádio, no jornal e na internet. Alguém morre, ficamos sabendo dez minutos depois. O mercado financeiro fecha em baixa na Ásia, imediatamente estamos informados. A maioria das pessoas sabem das principais manchetes internacionais, portanto estamos percebendo mais o mundo. Como normalmente a mídia não enfatiza as boas notícias de cada região, preferindo notificar o caos, a violência, a dor e a guerra (porque dá mais audiência), há uma tendência de percebermos o mundo também de forma negativa, isso porque a dor de poucos em uma guerra isolada muitas vezes se transforma em um sofrimento mundial por causa do noticiário. O medo de algumas dezenas de pessoas, por exemplo, pode influenciar no outro lado do continente milhares e milhares.

O poder da comunicação global e da mídia deve ser pensado, porque possui força capaz de aflorar emoções, sentimentos e pensamentos. Como sabemos, nem sempre positivos, ainda mais se levarmos em conta os conflitos emocionais inerentes à natureza humana.

É aí que os psiquismos dos lugares começam a se formar, a partir das observações pensantes somadas aos sentimentos de cada ser.

Antes de continuar, vamos compreender o que é o psiquismo e como ele se forma.

A emoção, o sentimento, o pensamento são energias, geram ondas vibratórias, impulsos. Tudo que percebemos ou consideramos gera uma massa de energia, com forma sutil que não é visível a olhos nus. Cada emoção desenvolvida dá origem também a uma formação de energia. Antigamente, quando se dizia que nossos pensamentos e emoções eram energias, muitos consideravam essa teoria insana, no entanto várias correntes de estudo do mundo comprovam perfeitamente essa tese nos dias de hoje. Existem equipamentos avançados que podem medir ou fotografar essa energia resultante do pensar e sentir.

Para melhor entendimento, vamos usar o exemplo dos automóveis. Cada veículo que faz seu motor funcionar de acordo com um determinado combustível libera por seu escapamento os resíduos da combustão. Quando o combustível é gasolina, por exemplo, sabemos que pode expelir uma fumaça com resíduos tóxicos ao ambiente. É verdade que, se no planeta houvesse apenas algumas centenas de carros, a poluição não seria notada. Mas o que ocorre é que os automóveis estão aos milhares nas ruas. Mesmo as indústrias trabalhando arduamente para produzir motores menos agressivos à saúde da Terra, ainda assim a poluição é alarmante. Diariamente, são emanadas pelos veículos automotores uma quantidade exorbitante de fumaça poluente. Essa massa de ar impuro vai se impregnando na atmosfera porque não consegue ser purificada pela natureza do universo, pois a demanda é muito alta. Mais carros, mais poluição somada à atmosfera, prejudica muito a saúde do planeta e de todos que aqui vivem.

Esse é apenas um exemplo para melhor elucidar a questão do psiquismo. Assim como a fumaça das chaminés está presente no ar, o psiquismo também está.

Considere que, quanto mais denso e nocivo for o pensamento e a emoção, mais tóxica será a energia liberada para o ambiente. O que preocupa é o fato de que a existência do psiquismo passa despercebida para a grande maioria da população, pois não tem cheiro, não tem cor, não pode ser visto e é silencioso, principalmente para o leigo, destreinado das consciências extrafísicas.

É bom que se reitere que os efeitos do psiquismo de um lugar podem ser tanto negativos como positivos e sempre irão produzir algum efeito ou influência.

Vamos tentar entender melhor. O que ocorre em uma igreja, por exemplo?

Normalmente se reza. Por isso as pessoas que vão nesse templo têm o costume de ficar em estado meditativo, refletindo, pensando sobre a vida. E quando fazem isso liberam inegavelmente correntes de energias que carregam consigo as impressões do padrão que as criou. Essas correntes que se unem se acumulam com o tempo no ambiente e produzem uma atmosfera específica no local.

Essa atmosfera invisível, que gravita em qualquer ambiente, chamamos de psiquismo. Psiquismo porque sempre é criada pelos pensamentos que geram emoções, que são energias corpóreas que se condensam e assumem uma forma invisível, com capacidade de exercer uma influência psíquica e emocional de igual padrão.

Isso significa que aquele que entra em um local que tem como característica um psiquismo de oração e reflexão, se ficar ali por algum tempo, passará a ser influenciado a fazer a mesma coisa, mesmo que internamente não tenha essa vontade! E veja a importância dessa constatação, porque sendo assim poderemos reconhecer que todos os lugares a que vamos, onde estamos ou circulamos, exercem influências sobre a nossa vontade e pensamento. Assustador é perceber que muitas vezes podemos estar decidindo algo que não esteja em sintonia com a nossa essência interior, mas de acordo com o psiquismo do local. É aí que os problemas começam a se agravar!

Mas a questão do psiquismo dos lugares não está cercada apenas de notícias ruins. Isso porque, se soubermos moldar em nosso lar um psiquismo elevado, alegre, harmonioso, mesmo que venhamos da rua cansados, chateados ou estressados, basta alguns minutos para que possamos nos equilibrar.

A energia ancorada na frequência dos aspectos elevados trará a você a capacidade de vibrar igual. Isso é fantástico, porque com consciência dos fatos você poderá perfeitamente utilizar essa natureza a seu favor, construindo atmosferas onde gravitem as mais sublimes energias, enfatizando que a máxima do Grande Mestre "Orai e Vigiai" se mostra a mais importante ferramenta para obtenção de psiquismos saudáveis e de moral elevada.

O psiquismo dos lares e ambientes
Tudo é energia, tudo tem vibração!

Não é novidade para ninguém que nesse universo tudo é energia, sendo que a matéria nada mais é do que energia condensada. Os diversos materiais existentes são consequências dos arranjos resultantes de composições de diferentes frequências vibratórias. Portanto, a construção física de um lar nada mais é do que a condensação de energias em estados vibratórios diferentes.

Todo material básico, tijolo, areia, cimento e acabamentos, apresentam suas vibrações próprias e específicas.

O entendimento que se tem é que a soma de todos os elementos vibracionais vai gerar uma resultante, ou seja, um nível de vibração, ou uma frequência.

A casa de qualquer pessoa é como uma orquestra. Cada instrumento produz um efeito na composição final da música. Todos os instrumentos que não estiverem vibrando harmonicamente não mais produzirão música, apenas ruídos, que certamente serão notados.

Por essa ótica, cada item ou objeto presente dentro de casa é como um instrumento da orquestra: tem seu papel e produz sua influência direta no resultado final da qualidade da vibração.

Harmonizar um ambiente é aprender a ser maestro desse mecanismo, bem como aprender a manter cada "instrumento musical" devidamente afinado. Além disso, saber excluir dessa orquestra instrumentos que não estejam em sintonia com a música.

Como tudo é energia, que vibra por natureza, em frequências específicas, precisamos compreender o que, dentro de tudo isso, é positivo ou negativo. Essa consciência, a vigília constante e a manutenção de hábitos condizentes são os responsáveis por gerar a harmonia de um lar.

Entendendo a energia dos seres vivos e seus ambientes

A harmonia de um ambiente é exatamente o reflexo dos acontecimentos que ocorrem nesse espaço físico. Esses acontecimentos podem ser de origem física, mental, emocional, espiritual, geobiológica, entre outras.

Tudo o que ocorre nesse ambiente gera reações, que podem ser positivas ou negativas.

O objetivo deste entendimento é proporcionar um conhecimento básico para qualquer pessoa entender esses eventos e suas reações, e com isso aplicar essas técnicas para a criação e manutenção de ambientes de harmonia e paz, bem como estimular estas qualidades nos habitantes do local.

É importante saber que tudo no universo tem polaridade (positiva, negativa e neutra), e, assim sendo, buscamos o equilíbrio.

A energia positiva é associada à energia yang, que quer dizer ativa, masculina, quente, dia, sol. A energia negativa é associada à energia yin, que quer dizer passiva, feminina, fria, noite, lua. O neutro é a parte sem polaridade ou sem movimento.

Tudo é energia, o que é realmente importante é a frequência da vibração no ambiente e no ser vivo. Por isso é de suma importância poder perceber quando um ambiente acumula excesso de energia negativa e onde ela está sendo criada, para que imediatamente sejam tomadas contramedidas que tragam de volta a harmonia do ambiente.

Quando a harmonia não é alcançada ou recuperada, os seres vivos que habitam esse ambiente alteram seus padrões energéticos de acordo com essa vibração em desarmonia, contraindo danos físicos, mentais, emocionais e espirituais, que muitas vezes por efeito cumulativo chegam a ser até letais. Por isso é tão importante conhecer os agentes geradores de energia negativa, pois só assim as contramedidas poderão ser eficazmente aplicadas. Dentro desses agentes, o psiquismo encabeça a lista dos maiores geradores de influências.

O PSIQUISMO DO AMBIENTE INDUZINDO ATITUDES E EMOÇÕES

Toda energia tem uma vibração. A identidade dessa vibração é a frequência em que ela vibra. Um ambiente apresenta, mesmo de forma invisível e sutil, uma frequência característica.

As emoções, pensamentos e atitudes das pessoas que ali vivem se somam às vibrações características dos materiais de construção, móveis, utensílios, bem como a geobiologia do local.

A soma disso tudo gera um produto único, uma resultante, sendo que o psiquismo é a influência de maior peso nessa soma.

O psiquismo local é uma energia invisível aos olhos físicos, mas totalmente ativa nos níveis mais sutis. Ele fica gravitando sobre as pessoas que ali vivem, estimulando-as a ter atitudes condizentes a essa vibração. Por isso é um forte indutor de comportamentos. Ele tem poder de fazer verter emoções e pensamentos específicos nas pessoas.

Esse é o segredo! Compreender o psiquismo local de cada ambiente e aprender a modificá-lo positivamente, tornando-o elevado. Assim, mesmo que um dia você chegue em casa cansado, estressado, irritado, basta que você fique por algum tempo presente nessa atmosfera (que você já teve o cuidado de preparar), e ela o ajudará a mudar sua vibração, fazendo com que se sinta melhor, pois teve sua frequência alterada, o que quer dizer influenciada pelo próprio psiquismo.

Essa é a meta (principalmente em nossos lares), fazer com que os ambientes se tornem verdadeiras fontes de energia benéfica.

Já o psiquismo de dor, doença e depressão, quando instalados em um ambiente, vão produzir mesmo nas pessoas mais saudáveis e felizes vibrações (entenda como sensações) intensas de infelicidades e dores físicas.

A pergunta a ser feita é: Como está o psiquismo do seu lar ou trabalho? E do seu carro?

Isso é importante, porque o psiquismo é essa energia que gravita em todos os ambientes, e, mesmo que você não enxergue, ele está presente, ditando a frequência vibratória do local. Cada lar, cada escritório de trabalho, cada prédio comercial, hospital, delegacia, penitenciária ou escola, tem seu psiquismo próprio, totalmente moldável, plástico.

Lembre-se, o psiquismo denso de um local pode fazer você agir de uma maneira que você não gostaria!

Seu lar no Plano Espiritual

Tudo que existe no plano físico tem um reflexo na dimensão espiritual. Assim como nosso corpo físico apresenta uma extensão espiritual, os ambientes também a apresentam. Esses diferentes estados vibráteis estão interligados. Tudo que acontece no físico reflete no espiritual e vice-versa.

Fazendo uma analogia, podemos dizer que uma casa tem sua alma, que é uma estrutura espiritual moldada com um fluido energético que formata uma definida construção espiritual.

O psiquismo local influencia diretamente essa forma espiritual. A casa espiritual é uma extensão do psiquismo local, porque, como dissemos anteriormente, tudo está interligado.

Esse molde espiritual repete aproximadamente o mesmo formato da casa no plano físico, mas é o grande responsável pela aproximação ou distanciamento das energias das dimensões espirituais. Isso quer dizer que se, uma casa tiver seu molde espiritual condensado com um psiquismo elevado, "portas estarão abertas" para as bênçãos divinas. Caso o psiquismo for denso, nefasto, com moral deturpada, "portas estarão abertas" para dimensões também densas do Plano Espiritual. Neste último caso, as consequências podem ser desastrosas.

Contudo, nossa missão é elevar ao máximo a qualidade do psiquismo de nossos lares, para que possam ser convidativos às forças sutis e angelicais. O Plano Espiritual utiliza nossas casas como portais de irradiação de energia. Se essas energias serão positivas ou negativas, cabe a nós escolher.

Existem muitos ambientes em que seus moldes espirituais estão repletos de dispositivos de obsessão, parasitas energéticos e refletores extrafísicos de energias densas. A negligência às atitudes cristãs e atos falhos desprovidos de consciência espiritual são os agentes causadores principais do psiquismo denso de um ambiente.

O PSIQUISMO NA PRÁTICA DO DIA A DIA – CASO REAL

Gilberto vai ao banco

Gilberto vai ao banco, ele precisa pagar algumas contas, coisas da rotina de um cidadão comum. Naquele dia acorda cedo. Levanta-se da cama e, ainda sentado em seu leito, mesmo sonolento, faz uma prece, agradece a Deus pelo dia, pede força e proteção.

Toma banho, faz sua higiene, toma um café. Ele é aposentado já faz cinco anos, por isso tem experimentado uma vida mais tranquila desde então. Assim sendo, todos os dias, ainda cedo da manhã, como um ritual, faz quase tudo sempre igual. Após seu café, rega as plantas, lê pequenos trechos de um livro de palavras positivas e coloca uma música calma. Faz isso todo santo dia, porque já compreendeu a importância do estado contemplativo como um meio de se obter paz. No entanto, em determinados dias, se vê obrigado a quebrar um pouco esse ritmo agradável. É quando precisa ir ao centro da cidade resolver assuntos pessoais e ir ao banco em que é cliente.

E Gilberto vai para o banco, sai no seu portão com um sorriso estampado em seu rosto, carregando com ele a costumeira tranquilidade. Caminhou quinhentos metros até o ponto de ônibus. Pegou a condução lotada, com pessoas mal acomodadas, que reclamavam o desconforto por todo o trajeto, em um ambiente quente e sem ventilação. Ficou em pé até sua parada, vinte e cinco minutos depois, quando o ônibus o deixou. Caminhou ainda mais vinte minutos a pé até seu destino.

Chegando ao banco, entrou na fila do caixa eletrônico onde ficou por no máximo dez minutos. Seu cartão não funcionou, foi quando precisou ir ao interior da agência à procura de seu gerente ou qualquer pessoa habilitada para ajudá-lo em sua necessidade. Lá se foram mais vinte minutos de espera, naquele ambiente fervilhando de gente estressada, impaciente e ansiosa. No interior da agência, extensas filas de pessoas com aparências cansadas e desanimadas formando um ambiente tenso, pesado, carregado.

Com tudo isso, aos poucos, em menos de meia hora, o sorriso que vinha estampado na face de Gilberto foi dando lugar a um ar de cansaço e de poucos amigos. Seus ombros estavam tensos e uma dorzinha de cabeça já começava a incomodar. Foi quando finalmente conseguiu resolver o problema com o cartão para fazer o que queria.

Saiu daquele ambiente denso, caminhou até a farmácia logo na esquina, também precisou esperar alguns minutos até que um outro cliente que ali já estava fosse atendido. Enquanto esperava, assistiu uma chuva de lamentações por parte do senhor que comprava diversos remédios. O homem à sua frente não poupou palavras, pois, além de relatar com drama todas as suas dores, consumiu o tempo da atendente em reclamatórias e coisas do gênero. Gilberto, já cansado, esperou até ser atendido.

Quando viu já era hora do almoço, por isso decidiu almoçar no centro da cidade mesmo, para facilitar as coisas. Ledo engano. Os restaurantes tinham filas enormes e um burburinho chato de tantas pessoas apressadas e ansiosas. Mesmo assim, enfrentou mais esse teste de paciência em meio a um ambiente quente, sem climatização.

Almoçou rápido, louco de vontade de sair dali. Quando foi pagar, adivinha? Mais fila.

Com suas energias exauridas, Gilberto saiu dali apressado, caminhou para o ponto de ônibus e tomou uma condução de volta para casa.

Chegando em seu lar, exausto, sem energias, se atirou no sofá, quase sem postura, com um desânimo que dominava sua alma. Sua esposa foi em sua direção, e ele mal a cumprimentou, chegando a ser deselegante, beirando a grosseria. Por ali ficou mais de meia hora, até que suas forças começaram a voltar, depois de um cochilo rápido. Que dia duro, pensou, Gilberto, isso porque não ficou fora menos de um turno. Ele dizia para ele mesmo em uma conversa mental o quanto não gostava de ter que enfrentar aquelas idas ao centro da cidade. Era desgastante, chato e acabava com o seu dia.

REFLEXÃO

Essa breve história mostra claramente que nossos estados de espírito são constantemente alterados pelos psiquismos densos dos ambientes que frequentamos.

Saber que cada ambiente tem seu psiquismo próprio, e que esse muitas vezes pode ser nocivo aos nossos estados de espírito, não bloqueiam por completo seus efeitos; no entanto nos trazem capacidade de driblar melhor essas influências, bem como nos condiciona a ter uma resposta mais rápida pelo fato de conhecermos as origens de cansaços, irritações e outras perturbações da harmonia de nossas almas.

Da mesma forma que existem ambientes contaminados com psiquismo denso e nefasto, existem tantos outros abençoados com energias de padrões superiores. Conhecendo tal fato, poderemos aprender a nos recobrarmos de nossas forças nesses ambientes privilegiados.

Alimentando as correntes de psiquismo do planeta

Somos corresponsáveis pelo psiquismo

Sabendo que o psiquismo é uma entidade viva criada e alimentada pelas energias oriundas dos pensamentos e sentimentos coletivos, chegamos ao entendimento de que pensamentos e sentimentos negativos geram correntes de psiquismo negativo, e quando forem positivos obedecem à mesma lei.

Portanto, há na atmosfera planetária diferentes correntes e densidades desse psiquismo, ou seja, existem camadas bem definidas. Toda energia gerada na propagação de um sentimento vai abastecer a corrente que esteja em mesma sintonia. Isso traz o entendimento de que, se você propagar raiva, vai alimentar as correntes de raiva. Se propagar amor, igualmente alimentará o amor nessa atmosfera extrafísica, e assim sucessivamente.

Por essa ótica, podemos compreender que, qualquer que seja o sentimento gerado, jamais passará despercebido, porque sempre, incessantemente irá, alimentar uma corrente do psiquismo. Como o psiquismo induz atitudes e estimula comportamentos coletivos, logo, quem o abastece (todos nós) passa a ser corresponsável pelos resultados. Parece assustador ao primeiro impacto, principalmente pelo fato da total responsabilidade que temos: todavia é a mais pura verdade, uma lei natural.

Controle-se, equilibre-se, mantenha-se no constante "Orai e Vigiai", porque, se não for assim, você poderá estar alimentando o caos na Terra. Por um lado, é triste perceber que não escapamos das consequências criadas por nossas atitudes, por outro, é animador saber que poderemos ter o controle dessa mudança de realidade que começa pela consciência dos resultados de nossas ações.

Se você acordar de mal com a vida e espraguejar meio mundo, saiba que essa energia volta para você, porque você abastece as camadas do psiquismo global com essa atitude, e pode ser que um dia qualquer, sem que você perceba, mesmo que não esteja fazendo nada de errado, receba essa influência direta (que um dia você mesmo cocriou).

Se você deseja que os bandidos sejam punidos com pena de morte, você está alimentando o psiquismo que induz esse tipo de atitude e será corresponsável por esse carma. Se acha que todos os políticos são corruptos, está fortalecendo a corrupção. Se acha que o Brasil não tem jeito, está ajudando a jogar uma pedra em nossa evolução. Se não confia nas pessoas, está apoiando o psiquismo de desconfiança, que fará com que mais pessoas continuem a desconfiar.

Todos os nossos julgamentos, todas as emanações provocadas por nossas emoções abastecem inevitavelmente as correntes de psiquismo similares, evidenciando a necessidade de levarmos uma vida pautada na busca por evolução e reforma íntima, alinhados às lições dos Grandes Mestres, que nunca saem de moda. Precisamos urgentemente construir um estilo de vida que amplifique apenas as correntes do psiquismo de amor, amor e amor. Se fomos nós quem construímos o medo, o estresse e a discórdia, poderemos também construir o amor, começando agora, já, imediatamente!

O psiquismo do carnaval

O período do carnaval brasileiro pode ser considerado sombrio, já que alimenta o psiquismo da promiscuidade, da hipersexualidade, dos vícios de drogas, álcool, cigarros. Estimula a profanação no sentido próprio da palavra, gerando grandes ondas de alienação, futilidade, que abastecem a atmosfera extrafísica da Terra, em um padrão que muitas vezes demora seis meses para ser transmutado.

Esse psiquismo promove um rebaixamento no padrão moral e espiritual do país, afetando todo o planeta. No plano espiritual, as zonas inferiores são abastecidas com fluidos densos, que dão vida à maldade e tornam os homens desavisados, apenas cobaias indefesas contra os ataques obsessivos de ordem espiritual. Em resumo, a energia do carnaval alimenta o umbral, assim como nossos resíduos domésticos alimentam os esgotos e aterros sanitários. Assim como nossas orações purificam os ambientes, os fluidos densos do carnaval escurecem a aura do nosso país. As festas em geral são regadas a muita bebida, drogas e perversão, que contribuem para a formação de um ambiente desregrado espiritualmente, onde não gravitam fluidos sutis, tampouco atitudes cristãs. Você pode ser uma pessoa do bem, fazer o bem, pagar suas contas, ajudar o próximo, mas isso não faz de você um inocente. Se você se entrega a esse estilo de "viver a vida", inegavelmente estará alimentando o psiquismo que dá força ao astral inferior, também conhecido como o umbral mencionado pelos espíritas, o inferno dos católicos ou os reinos inferiores para os budistas.

O psiquismo dos acidentes e tragédias

Quando um acidente acontece, um avião cai, um ônibus capota, e você fica acompanhando no noticiário da TV, chorando e sofrendo, sem qualquer entendimento ou atenção espiritual aos fatos, está contribuindo, ou, melhor, alimentando a onda de sofrimento do psiquismo global. Nesses casos, o aconselhável é entregar-se a uma oração sincera, sem sofrimentos, com serenidade, vibrando para que todos os afetados tenham o entendimento necessário sobre o ocorrido, e que cada alma possa evoluir com os fatos. Qualquer atitude contrária a essa, provavelmente está atrapalhando em invés de ajudar. Não alimente a dor, o sofrimento e a mágoa do planeta. Compreenda as verdades universais, compreenda que a justiça divina é perfeita, que a misericórdia maior é absoluta e que "a cada um será dado conforme suas obras". É apenas a lei do carma se manifestando.

O psiquismo dos casos policiais

Pelo fato de muitos casos policiais serem totalmente cobertos pela mídia, e alguns em tempo real, inúmeras pessoas acompanham, início, meio e fim dos fatos, assistindo integralmente na TV.

As pessoas estão assustadas, distanciadas de suas reais necessidades de compreensão, alienadas da espiritualidade e missão de suas almas. O ser humano vive em geral em uma atmosfera de medo e insegurança.

Quando surge na TV um caso policial como o de seqüestro, por exemplo, milhares de espectadores emitem seus pensamentos à medida que assistem o ocorrido, sendo na verdade os condutores do desfecho final. Sim! Sim! Na maioria dos casos, o final da história poderia ser outro, com menor gravidade se não fossem tantas emanações de medo e psiquismo irradiadas de todos os lados, estimulando os envolvidos a agirem conforme o psiquismo formado pelos espectadores.

Quando casos policiais surgirem na TV, as pessoas precisam se concentrar em vislumbrar um desfecho feliz, sereno, com tranquilidade. Todos precisam se unir em um só pensamento coletivo que fará com que o bem prevaleça, isso porque gravitará sobre o fato um psiquismo leve, indutor das ações condizentes à vontade divina.

O psiquismo do medo coletivo

O aumento considerável de uma doença chamada síndrome do pânico é só um indício comprovando que o medo é um estado vibrátil presente em grande parte da humanidade. Os noticiários na TV, jornal, internet e rádio, o tempo todo mostrando casos de sequestros, assaltos, violências, estupros, assassinatos, colocam sobre qualquer pessoa um fardo muito grande, fazendo com que todos vivam muito inseridos nesse contexto de medo e repressão. Somando ao distanciamento de nossa consciência espiritual, a baixa estima e a falta de fé, desenvolvemos condições muito favoráveis à estruturação de uma personalidade de pânico e apreensão constantes.

Não estamos negando os fatos traumáticos, a violência e o medo de enfrentarmos essa realidade, no entanto é fato que estamos alimentando as camadas de medo do psiquismo global, que afetam as almas das pessoas, tornando-os inertes nessa caminhada tão necessária que tem por objetivo a evolução espiritual.

O psiquismo das agências bancárias

Infelizmente, está cada dia mais raro encontrar pessoas que vão às agências bancárias porque vão sacar grande quantias de dinheiro que acabaram de ganhar. Grande parte dos frequentadores de um banco estão lá por necessidade, para pagar contas, cumprir burocracias etc. Quase nunca o serviço a ser feito em uma dessas agências é algo prazeroso. O resultado é um ambiente que faz prevalecer um psiquismo de tensão, preocupação, irritação e cansaço. Quando você entrar em um banco, previna-se, fique em constante "Orai e Vigiai", não permitindo vibrar na mesma frequência.

O psiquismo nos serviços de telemarketing

O povo brasileiro já se acostumou com os milhares de casos de atendimentos insatisfatórios por parte dos serviços de telemarketing. A demora, o péssimo atendimento na maioria dos casos, o tempo de espera e tantas outras complicações. Esse triste histórico faz com que, a cada vez que haja necessidade de usar tal serviço, antes mesmo do contato, a pessoa já comece a sofrer, porque já sabe o que vai encontrar. Isso é ruim porque só alimenta mais o psiquismo de conflitos e insatisfações. Nesses casos, centre a sua mente antes de acessar o serviço, procure respirar fundo, exercite a paciência, não entre na sintonia do histórico de reclamações. É uma ótima forma de prevenir essa problemática.

Resumo

A identidade da alma de um indivíduo é:

- A soma do universo de seus pensamentos e sentimentos, que gera um padrão vibratório resultante específico. Esse padrão, por compatibilidade, vai determinar os tipos de influências espirituais que a pessoa terá;

- O pensamento é a chave de tudo. Ele é a alavanca que aciona o mecanismo do sentir. Na verdade, a emoção é a resultante de algo pensado;

- A identidade de cada ser é essa energia resultante do seu universo de pensamentos e sentimentos, que por consequência direta, também ditará a sintonia do padrão vibratório espiritual;

- Essa identidade sofre influência direta de meios externos e internos;

- A mudança do padrão psíquico altera diretamente o campo espiritual, ou seja, modifica essa identidade. O padrão vibratório, somatório dos pensamentos e emoções, é a causa base de todo o processo obsessivo. Ele pode aproximar ou distanciar as obsessões espirituais;

- Não há como forjar um estado de espírito. Não se pode fingir um padrão vibratório. O universo moral e espiritual de um indivíduo sempre vai ditar sua vibração característica. É uma lei natural.

Quanto à identidade oculta de um ambiente:

- É a resultante da soma do universo dos pensamentos e emoções das pessoas que ali convivem ou transitam;

- É a resultante da soma das influências das energias telúricas (que vêm da terra) do local e geobiologia em geral;

- É a resultante da soma dos agentes causadores de interferências energéticas nocivas, que são inúmeros. Alguns são ocasionais e naturais e outros criados pelas pessoas;

- O resultado desse somatório dita uma vibração energética característica, que é a sua própria identidade. Essa, por sua vez, em função de sua sintonia, vai criar conexão com esferas espirituais mais densas ou mais sutis;

- O psiquismo do ambiente é uma entidade viva, alimentada pelas pessoas que ali estão, que, mesmo depois de muito tempo formado, pode persistir pairando mesmo sem ser alimentado. Isso quer dizer que, uma vez formado, poderá se cristalizar e perdurar por muito tempo, mesmo que não seja nutrido constantemente.

Dessas observações podemos concluir:

- No universo tudo é matéria ou energia. Matéria é energia organizada em diferentes estados de condensação. Logo, tudo é energia;

- Se tudo é energia e tudo tem vibração, portanto, também apresenta uma frequência vibratória, característica do movimento da onda (elementos próprios da energia – onda, raio da onda e frequência vibratória da energia.);

- Toda energia, seja ela agrupada ou desagrupada, pode ser alterada, sendo acelerada ou desacelerada, equilibrada ou desequilibrada, estando sempre suscetível a alterações em sua frequência, por uma força externa, seja ela sutil e benéfica ou densa e nociva;

- Energia simplesmente é energia. Não pode ser considerada boa ou ruim, é relativa, dependendo do ponto de vista e da intenção do observador;

- A vibração espiritual que paira por um local, ambiente ou uma pessoa qualquer é fruto de sua identidade energética. Em resumo, seus universos psíquico e emocional são os agentes que ditam a sua frequência espiritual;

- Se a identidade energética de um ambiente ou pessoa é diretamente proporcional à qualidade do universo de pensamentos e emoções desenvolvidas, essa pode ser alterada a qualquer momento, positivamente ou negativamente, de acordo com a mudança do padrão de quem alimenta ou produz as correntes de energia;

- Manter um mesmo padrão, seja ele positivo ou negativo, por um longo período de tempo, cria uma forma energética mais espessa e definida. Nesses casos, a alteração do padrão vibratório passa a ser algo mais lento. Portanto, um ambiente ou pessoa, com sua atmosfera energética ancorada por bastante tempo, passa a estruturar essa força, seja ela sutil ou densa. Ambientes sutis e equilibrados por bastante tempo, "plasmam" um campo próprio de energia que não pode ser abalado por interferências densas temporárias. Essa é uma típica proteção energética;

- O mesmo acontece com os ambientes de padrões densos, pois não conseguem ser modificados com curtas irradiações de energias mais qualificadas. Para haver a conversão da identidade, o processo deverá ocorrer com periodicidade e constância;

- A energia de um ambiente pode vitalizar ou desvitalizar as pessoas que por ali transitam, sempre! Não há como ser diferente.

A vibração característica de um ambiente:

- Faz com que a pessoa imersa nele sofra influência da atmosfera psíquica ancorada ali, mesmo sem que ela perceba ou deseje. O ambiente estimula atitudes, que são inspiradas de acordo com os pensamentos cristalizados nessa energia aglutinada. Com isso, os sentimentos aflorados nas pessoas presentes no local podem ter sido inspirados exclusivamente pelos meios externos, ou seja, não ocorreram por vontade própria do indivíduo;

- Pode ser formada com o objetivo direto de influenciar o padrão vibratório das pessoas que ali transitam. Por isso o padrão do ambiente precisa ser cuidadosamente preparado. Todo universo mental emocional tóxico e nocivo (proveniente de pensamentos e emoções negativas) pode contaminar essa identidade. A compreensão disso é a melhor ferramenta para gerar harmonia e prevenir desequilíbrios;

- O padrão vibratório estabelecido sempre aproximará presenças espirituais de mesma sintonia. Podendo atrair tanto seres iluminados, quando estiver sutil e equilibrado, quanto seres negativos, de baixa moral, quando em desequilíbrio e denso;

- Pode sofrer, assim como os seres humanos, obsessões do plano espiritual, pela presença de espíritos, bem como do plano mental, pela criação e precipitação de formas mentais oriundas do *"holopensene"* baixo. O holopensene é o mesmo que psiquismo.

Holopensene = Identidade energética proveniente dos universos mentais e emocionais produzidos no ambiente pelas pessoas.

Holo = Todo.

Pen = que vem do pensamento.

Sen = que vem do sentimento, da emoção.

E = energia característica da emanação do Pen + Sen.

- O planeta, o país, os estados, as cidades, os municípios, os bairros, as casas e os pequenos ambientes possuem seus **holopensenes (psiquismos) c**aracterísticos. Não importa se é sutil ou denso, sempre gravitará pelo ambiente;

- Qualquer pessoa, através de diversas formas e faculdades psíquicas, poderá sentir essa atmosfera energética invisível, ponderando assim se ela é benéfica ou maléfica para sua alma e existência;

- Através da percepção do **holopensene (psiquismo)** de um ambiente, já é possível conhecer o padrão moral e espiritual das pessoas que o formaram. Não há como esconder, já que o padrão moral e espiritual elevado cria um **holopensene (psiquismo)** também elevado. Quando o padrão moral e espiritual for denso e nefasto, o **holopensene (psiquismo)** obedece à mesma lei e acompanha essa característica das personalidades e atitudes.

O ENTENDIMENTO DESSAS LEIS:

- Proporciona a conscientização de que os ambientes agem sobre os seres. Seja em locais pequenos, fechados ou a céu aberto;

- Essa consciência deve ser utilizada, para que o indivíduo aprenda a manter a neutralidade de seus impulsos e atitudes, e principalmente alertar para o fato de que pode estar agindo contra sua essência e personalidade, quando em locais de **holopensene (psiquismo)** negativo;

- Mostra a necessidade de se evitar a permanência em alguns locais e ambientes de **holopensene (psiquismo)** baixo e nefasto. Se isso não ocorre, pode haver total modificação no estado de espírito da pessoa, fazendo se sentir e agir de modo alterado e indesejado;

- Traz à tona que muitas causas de doenças podem estar relacionadas diretamente com o **holopensene (psiquismo)** do ambiente em que a pessoa transita e permanece com certa frequência;

- Enfatiza a necessidade de tratarmos energeticamente (curar) não somente as pessoas, mas também os ambientes.

Perguntas e respostas sobre o tema

1. Cite exemplos em que o psiquismo do lugar estimula atitudes.

A pessoa vai a uma festa, não gosta de beber, mas quando chega lá, acaba bebendo, mesmo que não quisesse. No outro dia, se arrepende e não entende como fez o que fez.

Outro exemplo: você está no trânsito, alguém lhe cruza a frente inesperadamente, obrigando-o a frear bruscamente. Mesmo você sendo alguém pacato, equilibrado, naquele momento desfere grande arsenal de palavrões e ofensas para o causador do fato. Passa um tempo, sente-se mal com o ocorrido. Esses são apenas alguns de milhares de exemplos que poderíamos citar.

2. Se o psiquismo do carnaval gera uma consequência tão negativa, que pode afetar o país e até o planeta, o que fazer?

O ideal seria se todos tivéssemos consciência plena que nossos atos geram consequências. No entanto, como as consequências são intangíveis no nível físico, principalmente para o materialista e cético, ainda não chegou o momento em que a humanidade, unida pelo pensamento coletivo alinhado na direção da evolução espiritual, vai propagar a luz e irradiar o amor intensamente na crosta terrestre.

Nesse caso, precisamos fazer a nossa parte. Principalmente nos dias de festividade, redobrarmos a nossa oração, meditação e conexão com Deus. Acima de tudo, precisamos fazer bom uso do poder a nós dado, que é o poder da prece, grande higienizadora do psiquismo denso. Nesse caso, nos referimos à prece altruísta, voltada para o bem maior e todo o planeta. Se cada ser desperto em sua consciência espiritual intensificar a prática da oração nesses períodos festivos, focando no equilíbrio do psiquismo global, poderemos minimizar muito as consequências dos atos impensados dos nossos irmãos foliões.

3. Existe alguma forma de não permitir que o psiquismo denso dos locais e ambientes perturbem nossos estados de espírito?

O mais importante recurso é a consciência desses fatos, ou seja, a compreensão de que o psiquismo existe e é uma entidade viva que carrega uma vibração característica que age sobre todos. Com isso desenvolvemos a capacidade de driblar esses efeitos perniciosos atuantes sobre nossa vontade. Além disso, passamos a nos prevenir, bem como nos limpar com mais intensidade e cuidado, o que modificará por completo as consequências, afinal, não seremos mais "alvos fáceis".

4. Que tipo de efeito o psiquismo denso de um lugar pode exercer sobre uma ou mais pessoas?

O mesmo efeito que uma obsessão exerce. Modificação no padrão vibrátil das pessoas, ou seja, uma troca involuntária de energia que pode provocar os mais diferentes efeitos, como, por exemplo: cansaço e perda da vitalidade, estresse, medo, pessimismo, raiva, entre outros. Além disso, pode provocar confusão mental, dores de cabeça, dores nos ombros, tontura, dores de estômago e náuseas. Essas consequências podem se manifestar em maior ou menor intensidade, de acordo com a concentração do psiquismo característico.

5. Como modificar positivamente o psiquismo denso de um ambiente?

São várias as formas. A primeira delas e talvez a mais importante é a prática da oração. Os exercícios de visualizações com luzes ou energias coloridas também são muito úteis. Além do emprego correto da energia das plantas, a energia dos cristais, a radiestesia, a cromoterapia, entre outras. Também existem muitas ações que podem ser feitas na estrutura do ambiente, como a repintura das paredes, a manutenção da limpeza física, a organização dos materiais e a liberação do fluxo de movimentação do local. Com certeza, é um conjunto de ações que unidas têm o poder de refazer o psiquismo de qualquer local, tornando agradável e até curativo.

Na prática
Ações concretas para utilizar esse conhecimento

- Crie seu próprio psiquismo elevado todos os dias, logo quando acordar. Não se deixe levar pelo psiquismo desequilibrado de todos os locais onde você for. Mantenha um estado de conexão constante com Deus.

- Procure compreender qual o tipo de psiquismo gravita em cada ambiente, dessa forma você poderá prever os fatos, atitudes e comportamentos com grande precisão, que poderá lhe ajudar a ser mais feliz e tranquilo, compreendendo mais esses importantes aspectos que influenciam os estados de espírito em geral.

- Controle seus impulsos. Antes de agir, procure ponderar se é realmente algo que faz parte da sua consciência que lhe estimula a tomar tal atitude ou se é a força externa do psiquismo agindo sobre você.

- Aprenda a limpar-se das contaminações que cada ambiente imprime sobre você. Existem muitas formas, algumas mais ou menos eficientes. Sejam quais elas forem, você vai precisar rezar, elevar os pensamentos a Deus e buscar conexão com a fonte divina, com a mente superior. A bênção da oração é um poder que todos temos e precisamos usar constantemente.

Capítulo 9
Anatomia sutil e os fluidos vitais

*"Quem olha para fora, sonha.
Quem olha para dentro, acorda."*

Carl Gustav Jung

O conhecimento e o aprofundamento nos estudos da anatomia sutil dos seres em geral são fundamentais para uma sociedade que almeja conhecer os motivos responsáveis tanto pela saúde quanto pela doença.

Muitas culturas já abordaram o tema de diferentes maneiras, sempre com especial cuidado e dedicação, isso porque compreendiam que na anatomia sutil sempre estava a chave da cura, não só do corpo físico, mas da alma.

Convivemos em um universo em que os homens já compreendem que tudo que existe é energia em diferentes estados de condensação. A matéria, por exemplo, é a própria energia condensada, e a energia é a matéria em estado disperso. Tudo o que é energia interage com a matéria, e da mesma forma, a matéria interage com a energia, porque tudo é uma só essência fundamental, primordial, que vem da mesma Fonte.

É de crucial importância, para a compreensão e aplicação das técnicas vibracionais de cura, que o estudante conheça o mecanismo básico de funcionamento da energia humana. Esse campo energético já foi denominado de diferentes formas, em várias regiões do mundo, por diversos povos e seus pesquisadores. Alguns nomes: Bioenergia, Corpo de Luz, Aura, Perianto, Corpo Bioplasmático, Perispírito, Psicossoma, entre outros. O corpo físico de todos os seres possui esse envoltório energético que interpenetra a matéria, mostrando claramente uma força superior, uma força de vida, uma energia vital que anima os seres e que, sem ela, não haveria vida ou movimento.

Nossos corpos físicos são veículos de manifestação dessa energia divina, que é a verdadeira essência. Mais uma prova de que a causa da maioria das doenças não está no físico e sim na alma.

No final do período de uma vida, ou encarnação, a alma abandona seu veículo (conhecido como corpo) e volta para a Fonte, ou o plano das dimensões mais sutis. O corpo físico morre, mas a consciência presente naquela alma jamais, isso porque ela está armazenada no nível energético, portanto é imperecível.

A alma do indivíduo habita e anima o corpo físico o tempo todo do período de uma existência, é ela quem dá vida e movimento, é a força motriz por trás de tudo que, quando em desequilíbrio, pode provocar grandes dificuldades, tanto em nível físico quanto emocional, mental e espiritual.

O entendimento de que a anatomia física é sustentada e vitalizada por uma anatomia sutil que a reveste e alimenta expande ilimitadamente o campo das possibilidades de cura, pois permeia no nível da consciência imortal, da alma, que é a essência divina em todos nós. Compreender esse campo de energia é aceitar o papel de Deus nos nutrindo de vida, mas, infelizmente, para muitas pessoas esse fato é algo inaceitável, inconcebível.

Essa força vital que interage conosco e nos alimenta é absorvida pela anatomia sutil ou aura. Assim como o corpo físico possui seus arranjos e sistemas em suas diferentes funções atuantes simultaneamente, o corpo energético também os possui, totalmente sincronizados com as funções do corpo físico.

A anatomia sutil é organizada com diferentes funções em toda sua extensão, que se diferem do ponto de vista da frequência energética de sua vibração. Cada frequência vibracional diferente corresponde a funções específicas. Um dos maiores mistérios que tem sido revelado ao homem, à medida que seu nível de consciência evolui, é que os pensamentos e emoções afetam diretamente a aura, logo, tudo que pensamos ou sentimos possui a capacidade de melhorar, manter ou piorar o equilíbrio dos fluxos que compõem esse corpo energético.

A descoberta desse fato (que não é um fato novo para os orientais, em especial os hindus) estimula uma mudança de atitude condizente a esse conhecimento, que pode ser a chave para nossa cura essencial e para a evolução em todos os sentidos. Revela-nos uma compreensão mais precisa do poder do livre-arbítrio, em um sentido mais íntimo. Simplesmente porque esse conhecimento descortina a possibilidade de sermos senhores de nosso equilíbrio, conquistando saúde ou doença em função do controle ou descontrole dos pensamentos e emoções, tudo dependendo diretamente da forma como usamos nosso livre-arbítrio.

Na prática, o corpo de luz que nos envolve pode se expandir em média até um metro além do corpo físico. Quanto mais afastada do corpo, mais sutil é a frequência de vibração. Quanto mais próxima, mais densa. Tudo que acontece no físico reflete no energético e vice-versa, porque tudo está intimamente ligado.

Ao longo desse corpo, formam-se concentrações de energia no formato de vórtices e filamentos, existindo milhares deles na aura de qualquer pessoa, no entanto, alguns são considerados os principais, porque estão ligados às mais importantes questões conscienciais pertinentes à existência humana e à missão espiritual de cada um.

São sete os principais vórtices ou centros energéticos e, por se assemelharem a rodas de energia, receberam dos hindus, há milhares de anos, o nome chacra que, em *sânscrito*, significa Roda ou Roda de Luz. De acordo com algumas tradições, são também chamados de plexos.

No campo de energia, temos os chacras; no corpo físico, seus correspondentes são as glândulas endócrinas. Já as veias e artérias da fisiologia, no campo energético, são representadas pelos nadis, ou meridianos de energia.

Os nadis também são milhares espalhados pelo corpo, no entanto, o principal deles é conhecido como canal Sushumna, que é o ponto de interseção entre todos os chacras, representado, no físico, pela coluna vertebral. Como a aura se distribui em camadas com diferentes frequências, nos pontos em que as diferentes vibrações se concentram em maior fluxo, há o aparecimento desse vórtice de energia, ou seja, nas áreas onde os principais nadis se entrecruzam estão os chacras. Eles têm a função de abastecer os campos de energia para que as funções físicas, o sistema nervoso (central e periférico) e as glândulas endócrinas do organismo sejam abastecidas e estimuladas.

Os chacras agem como pontes de conexão entre a energia da vida (o fluido vital presente no universo, conhecido como Prana, Ki,

Chi, entre outros nomes) e o corpo físico, que necessita dessa força para se manter também saudável.

Quando os chacras não se abastecem com qualidade e quantidade suficientes de energia vital, as funções físicas não são estimuladas e, com isso, a química do corpo, os impulsos elétricos e a produção de substâncias e essências naturais não acontecem suficientemente, dando início ao aparecimento de doenças, como, por exemplo, a depressão.

É fundamental compreender a anatomia sutil para que possamos atingir o equilíbrio. Quando conhecemos a causa origem da doença, imediatamente, procuramos uma alternativa com capacidade de agir nos chacras em desequilíbrio, estimulando para que o corpo físico volte a produzir suas substâncias essenciais, naturalmente curativas.

Cada um dos sete chacras mais importantes estão ligados a uma glândula endócrina principal, o que possibilita dizer que eles são os seus reflexos energéticos. Essas glândulas estão ligadas à específica região da aura, que pode ser dividida em sete camadas, sendo cada camada associada a um dos chacras.

Cada chacra, juntamente com sua camada de energia correspondente, desenvolve funções específicas nos diversos aspectos do indivíduo, porque vibra em frequências diferentes e definidas.

A vibração característica de cada chacra, quando em equilíbrio, tende a produzir uma cor; sendo assim, cada centro energético produz uma vibração que produz uma coloração como sua identidade. Especificamente falando, os chacras contêm as vibrações de todas as cores do espectro solar, no entanto, em cada um deles há a predominância de uma dessas cores. Nas pessoas mais evoluídas e desenvolvidas espiritualmente, essas cores tendem a ser bem definidas e irradiantes; já nas pessoas materialistas envoltas em vibrações mais baixas e primitivas, tendem a ter nuances de cinza, cores escurecidas e opacas, além de apresentarem substancial estreitamento no diâmetro do redemoinho energético que forma o chacra.

A atuação de técnicas alternativas de cura sempre será eficaz quando conseguir atingir toda essa extensão dos pontos em desequilíbrio do campo energético, obtendo, assim, níveis profundos de cura e equilíbrio.

Chacras, portais da consciência

São tantos os desafios da humanidade com respeito à missão de cada um, às necessidades de evolução e à cura das mazelas da alma, que aprofundamos a linha de estudo dos chacras sob o ponto de vista das causas geradoras de doenças associadas aos pensamentos e sentimentos que podem desestabilizá-los. Contudo, deixamos em segundo plano o foco na compreensão de que os chacras principais são portais para sete níveis de consciência que devem ser despertados nos momentos propícios, no decorrer das sucessivas existências. Cada chacra, ou portal da consciência, carrega consigo uma missão, que é uma tarefa bem específica para ser desempenhada. Quando direcionamos o foco dos estudos para a questão das doenças, é porque nossos atos falhos são os responsáveis por comprometer a missão que cada chacra tem, não permitindo que eles despertem e se desenvolvam equilibradamente. A abertura plena de todos esses portais da consciência é sinônimo de iluminação, segundo alguns mestres e santos hindus.

Esses plexos são vórtices giratórios de energia que formam um diâmetro médio entre cinco e dez centímetros, mas sua irradiação pode estender-se além disso em função do nível evolutivo de cada um. Pode se dizer que, quanto maior for o nível de consciência de alguém, maior e mais irradiante serão os seus chacras. É também através dos chacras que perdemos vitalidade quando estamos em sofrimento emocional, ou quando sob a influência de obsessões.

Na representação oriental, os chacras são vistos como uma flor de lótus com números variados de pétalas, segundo suas localizações e vibrações, fazendo uma metáfora com a necessidade que temos de aflorar nossos avanços conscienciais. Ainda nessa ótica, cada flor com suas diferentes quantidades de pétalas tem um nome em sânscrito que traz um significado, manifestando a sua missão, tanto na consciência quanto no corpo físico. Além do nome, em função de suas vibrações, são associados a um bija mantra, uma nota musical e um elemento.

Os chacras atuam em movimento constante e equilibrado quando em harmonia, podendo ser horário ou anti-horário. Há frentes de estudo que dizem que estará em equilíbrio quando girando no sentido horário e em desequilíbrio no sentido anti-horário. Já outras linhas consideram que os chacras da mulher apresentam sentido do giro invertido em relação ao do homem. Nessa visão, o chacra básico do homem gira no sentido horário e o da mulher no sentido anti-horário. No caso do chacra sacral (segundo), no homem gira no sentido anti-horário, já, na mulher, no sentido horário e assim sucessivamente, permitindo uma troca constante de energia entre os dois sexos.

Os sábios antigos do Oriente sempre souberam da importância em zelar para que forças contidas em cada chacra fossem despertadas harmoniosamente, daí o exercício da meditação, do yoga, dos mantras e tantas outras práticas realizadas que ajudam no despertar equilibrado desses centros de consciência.

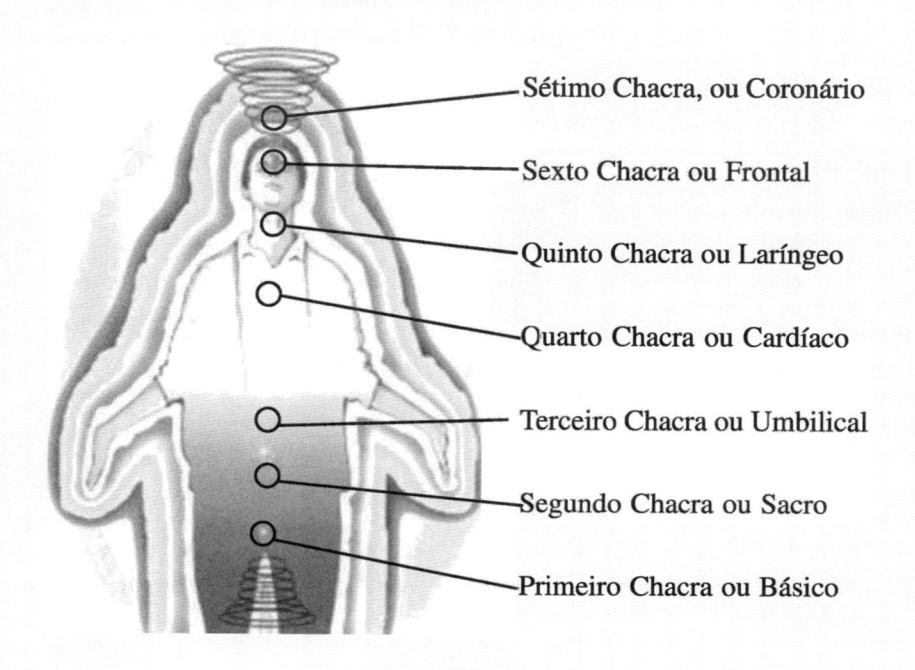

- Sétimo Chacra, ou Coronário
- Sexto Chacra ou Frontal
- Quinto Chacra ou Laríngeo
- Quarto Chacra ou Cardíaco
- Terceiro Chacra ou Umbilical
- Segundo Chacra ou Sacro
- Primeiro Chacra ou Básico

- **Sétimo Chacra ou Coronário**: Quando em equilíbrio, vibra na frequência da cor violeta. Associado à sétima camada do campo energético e à glândula pineal ou epífise.

- **Sexto Chacra ou Frontal**: Quando em equilíbrio, vibra na frequência da cor azul índigo. Associado à sexta camada do campo energético e à glândula pituitária ou hipófise.

- **Quinto Chacra ou Laríngeo**: Quando em equilíbrio, vibra na frequência da cor azul. Associado à quinta camada do campo energético e à glândula tireoide e paratireoides.

- **Quarto Chacra ou Cardíaco**: Quando em equilíbrio, vibra na frequência da cor verde. Associado à quarta camada do campo energético e à glândula timo.

- **Terceiro Chacra ou Umbilical**: Quando em equilíbrio, vibra na frequência da cor amarela. Associado à terceira camada do campo energético e à glândula pâncreas.

- **Segundo Chacra ou Sacro**: Quando em equilíbrio, vibra na frequência da cor Laranja. Associado à segunda camada do campo energético e às glândulas sexuais.

- **Primeiro Chacra ou Básico**: Quando em equilíbrio, vibra na frequência da cor vermelha. Associado à primeira camada do campo energético e às glândulas suprarrenais.

Os chacras dentro de uma concepção filosófica

Por estarem intimamente ligados à nossa fisiologia, podemos dizer que os chacras existem para que certos aspectos filosóficos sejam despertados em nosso ser, de modo a encontramos equilíbrio constante. Para que possamos ouvir essas vozes presentes nos chacras, basta que estejamos em estado profundo de meditação. Através do yoga, meditações, relaxamento e outras formas de cura vibracional conseguimos ouvir a voz de nossos centros de consciência.

Em nossos chacras encontram-se milhares de perguntas e abaixo selecionamos algumas, como, exemplo, apenas para elucidar:

As perguntas que nossos chacras nos fazem:

1º Chacra ou Básico (Mulhadhara) – Vermelho – Suprarrenais

a) Como eu caminho sobre a Terra?

b) Minha forma de andar sobre a Terra me traz felicidade?

c) Como está minha estrutura de vida?

d) Amo o lugar onde moro, me sinto bem na minha casa?

e) Sou feliz com minhas origens, antepassados e relações familiares?

2º Chacra ou Sacro (Swadhistana) – Laranja – Glândulas Sexuais

a) Como me relaciono com o mundo?

b) Minhas relações com as pessoas são equilibradas?

c) Como está minha autoestima?

d) Consigo exercer a criatividade com equilíbrio?

e) Consigo sentir prazer em estar vivo? A vida é alegre e prazerosa para mim?

3º Chacra ou Umbilical (Manipura) – Amarelo – Pâncreas

a) Como exerço meu poder pessoal sobre a Terra?

b) Sou feliz com minhas conquistas terrenas?

c) Como controlo o ego?

d) Consigo dominar os instintos primitivos?

e) Como me relaciono com as questões materiais?

4º Chacra ou Cardíaco (Anahata) – Verde – Timo

a) Como exerço meu amor?

b) Consigo expressar o amor em toda sua plenitude?

c) Como respiro a vida?

d) Consigo compreender e exercer sentimento de compaixão com os demais seres?

e) Como compreendo o amor?

5º Chacra ou Laríngeo (Vishuddha) – Azul Anil – Tireoide e Paratireoide

a) Como me comunico com o mundo?

b) Consigo expressar o que sinto de forma equilibrada?

c) Consigo realizar meus projetos e metas pessoais?

d) Consigo falar de forma equilibrada?

e) Consigo transmitir boas mensagens ao mundo?

6º Chacra ou Frontal (Ajña) – Azul Índigo – Pituitária ou Hipófise

a) Como vejo o mundo?

b) Consigo enxergar através de minha consciência divina?

c) Vigio meus pensamentos constantemente?

d) Fortaleço minha mente através da meditação constante?

e) Considero-me parte de uma consciência coletiva e espiritual?

7º Chacra ou Coronário (Sahashara) – Violeta ou Branco – Pineal ou Epífise

a) Como compreendo Deus?

b) Consigo enxergar a consciência divina atuando em tudo o que existe?

d) Me vejo como parte de um eu superior, de uma Fonte Divina?

e) Como exerço minha fé e meu poder espiritual?
f) Como está minha evolução espiritual?

Resumo

- Em nosso corpo físico existem centros energéticos denominados chacras, que possuem a função de captar, receber e distribuir energia para que as glândulas produzam todos os componentes necessários para uma saúde perfeita e equilibrada.

- Os sete chacras principais estão associados às sete glândulas, responsáveis pela produção de hormônios, vitaminas, enzimas etc. que proporcionam equilíbrio ao nosso organismo.

- Os chacras são gerenciadores da quantidade de energia que cada glândula recebe e esse fluxo energético pode ser afetado pelo nosso descontrole emocional, fazendo com que as emoções inferiores e não processadas se transformem em doenças físicas. Por exemplo, uma crise de raiva ou fúria se instala no chacra umbilical, associado à região do estômago.

- Esse descontrole gera descargas enormes de adrenalina em nossa corrente sanguínea, e também a produção exagerada de ácido gástrico, que se acumula nas paredes do estômago, causando feridas (gastrites), tumores ou mesmo a famosa "úlcera nervosa", que possui esse nome justamente em função do desequilíbrio emocional.

- Nossos chacras são como gavetas energéticas que ao longo dos anos acumulam sentimentos inferiores e não processados por nossa mente. A tendência pessimista gerada pelo inconsciente coletivo e também por uma dimensão de polaridade negativa onde residem sentimentos como medo, raiva, ódio, insegurança, ambição etc. fazem com que uma pessoa, já ao acordar pela manhã, sinta-se cansada e desanimada. Essa nuvem de carga negativa aliada à nossa falta de consciência da missão pessoal e dos motivos pelos quais estamos aqui nessa vida levam ao sofrimento e a doença. Em invés de lidarmos com nossos desafios diários, vendo sob uma ótica de que nossa existência é cíclica, e aproveitando nossa vivência atual para o desenvolvimento espiritual, não fazemos isso simplesmente fazendo "vista grossa" para esses sentimentos, que podem nos levar à doença e até à morte;

- Identificando o problema já quando acontece, e enxergando-o como aprendizado, a vida se torna muito mais leve e essa energia é transmutada em invés de acumular-se nos chacras.

- Quando buscamos nossa espiritualidade, acontece uma sutilização em nossa energia, como se fôssemos invadidos por uma onda de polaridade positiva; nossa sensibilidade aumenta e somos capazes de aumentar nossa frequência vibratória, aproximando as boas coincidências, saúde e boas vibrações.

- Qualquer matéria existente em nosso plano tratava-se de um quantum de energia desagrupado, que, passando pela mente de alguém foi se moldando até atingir a densidade necessária para se transformar em matéria.

- A doença trata-se de muitas partículas de sentimentos negativos que soltos no ar começam a invadir o nosso campo de energia.

- A escolha de como processar esses sentimentos é do indívíduo: é aí que mora o livre-arbítrio, que é a maior dádiva que recebemos. Nosso poder de escolher como vamos pensar, sentir, viver. Podemos escolher enxergar nossa vida de forma superior ou inferior.

- Quando a vida se apresenta de forma difícil para nós, normalmente nos sentimos vítimas, uns coitadinhos. A vitimização não faz parte da mente superior. É uma inferioridade, pois somente nós mesmos somos os causadores do cenário em que nossa vida se encontra hoje; não devemos direcionar nossas frustrações a outras pessoas, pois elas tratam-se de instrumentos evolutivos em nossas vidas.

- Essa consciência se dá através da Mente Superior, e quando isso acontece o caminho de volta à nossa essência divina já começou, proporcionando o equilíbrio dos chacras e evolução espiritual.

Perguntas e respostas sobre o tema

1. O que é um chacra?

A palavra chacra em sânscrito significa roda, ou seja, algo que roda. No nosso caso de estudo, significa um eixo rotativo de energia. Em nosso corpo existem milhares de chacras. Sete são os chacras principais, os gerenciadores dos chacras menores. Os chacras são os reflexos energéticos das nossas sete glândulas endócrinas principais: suprarrenais, gônodas, pâncreas, timo, tireoide, hipófise e pineal. Poderíamos dizer que cada uma delas está conectada a um centro de energia (chacra) que tem a função de captar, receber e distribuir energia, para que a glândula funcione na frequência necessária para produzir todos os componentes e nutrientes necessários ao nosso corpo. As glândulas endócrinas são responsáveis por toda a produção de nossos "remédios" internos. Se os chacras estão em equilíbrio perfeito, temos saúde e escudo imunológico também perfeito, não sendo necessário recorrer à medicação alopática.

2. O que causa desequilíbrio nos meus chacras?

Os chacras são portas de entrada para a saúde ou para a doença e isto depende da nossa maneira de lidar com nosso corpo emocional. Os desequilíbrios nos chacras são causados por qualquer tipo de emoção negativa (raiva, ódio, mágoa, tristeza, desejo, paixão, curiosidade, euforia). As emoções possuem polaridades distintas que afetam os chacras, gerando grandes descargas de ácidos e hormônios num momento em que muitas vezes o corpo não necessitava. Essas descargas geram os desequilíbrios que levam à doença. Vamos citar como exemplo uma úlcera nervosa. Normalmente, quando sentimos raiva ou estresse, geramos grandes quantidades de ácido gástrico (o mesmo ácido utilizado para digerir os alimentos). Muitas vezes, na hora desta descarga de ácido gástrico, o estômago está vazio e o ácido corrói as paredes do estômago, causando gastrite e em seguida a úlcera nervosa.

3. Onde estão localizados meus chacras?

Os sete chacras principais se localizam na extensão da coluna, sendo:

1º Chacra ou Básico (Muladhara) – Está associado às glândulas suprarrenais e à cor vermelha, localizando-se no períneo (ponto localizado entre o ânus e o aparelho genital).

2º Chacra ou Sacro (Swadhistana) - Está associado às glândulas sexuais e à cor laranja e localiza-se na região sexual.

3º Chacra ou Umbilical (Manipura) - Está associado ao pâncreas e à cor amarela e localiza-se na região do umbigo.

4º Chacra ou Cardíaco (Anahata) - Está associado ao timo e à cor verde e localiza-se na região do coração, parte central do peito.

5º Chacra ou Laríngeo (Vishuddha) - Está associado à tireoide e paratireoide e à cor azul anil e localiza-se na região da garganta.

6º Chacra ou Frontal (Ajna) - Está associado à glândula pituitária ou hipófise e à cor azul índigo e localiza-se na região entre as sobrancelhas.

7º Chacra ou Coronário (Sahashara) – Está associado à glândula pineal ou epífise e às cores violeta e branco, localizando-se no topo da cabeça.

4. Como faço para equilibrar meus chacras?

Existem muitas maneiras de buscar o equilíbrio dos chacras, através de técnicas alternativas de cura como reiki, yoga, meditação, relaxamento, biodança, tai chi chuan e muitas outras. Embora existam muitas maneiras de buscar, cada um de nós possui uma maneira muito particular de equilibrar-se. A melhor maneira é o autoconhecimento e o monitoramento constante dos pensamentos, sentimentos e emoções.

5. Como faço para proteger meus chacras contra energias densas?

Uma dica eficaz é a autodefesa psíquica. Esta técnica consiste no seguinte: cria-se com a mente um escudo de luz que envolve o corpo e protege contra energias densas. Deve ser aplicada sempre que se achar necessário, no dia a dia, antes de dormir (contra pesadelos), ao acordar e em situações de perigo. Imaginamos um cilindro de luz protegendo nosso corpo, conectado à energia cósmica. Esse cilindro deve conter a cor ou as cores que sua mente intuir. Acima desse cilindro de luz, podemos imaginar uma pirâmide de luz, com as cores que surgirem em nossa mente. A pirâmide reforça a proteção e complementa a energia necessária para o equilíbrio e o bem-estar, trazendo vitalidade e alinhamento energético.

NA PRÁTICA

A meditação, o relaxamento, a yoga e o reiki são excelentes técnicas para o equilíbrio dos chacras. A seguir um excelente exercício de meditação que você pode fazer em qualquer lugar:

- Para fazer a meditação e limpar todos os chacras, é necessário que haja uma forte intenção mental, ou seja, o desejo de equilibrar-se.

- Sente-se num lugar, de preferência calmo e tranquilo. Durante ou após o banho, os resultados são mais significativos; pois a água é um dos maiores instrumentos de purificação e limpeza.

- Após sentar-se, inspirar e expirar lentamente até esvaziar a mente de todos os pensamentos nocivos.

- Imaginar que existe uma luz violeta (cor do 7º chacra) bem embaixo do nariz, e esta luz emana uma nuvem violeta de cor intensa.

- Então inspire a cor violeta e imagine essa cor entrando pelo nariz e preenchendo todo o corpo lentamente.

- Depois, expire lentamente.

- Repetir dez vezes.

- Fazendo esse exercício você limpou o sétimo chacra, de cor violeta.

- Depois basta repetir com os outros chacras e todas as outras cores. O resultado é imediato: uma sensação de paz, leveza e conexão com seu "Eu Divino".

Obs: Lembre-se que somente a prática traz resultados satisfatórios. Pratique e persista, que as respostas que você sempre procurou virão!

CHACRAS, SUAS CARACTERÍSTICAS, CLASSIFICAÇÕES E RELAÇÕES

Chacra	Nome em sânscrito	Aspecto da consciência	Cor	Mantra	Localização	Zonas do corpo correspondentes	Glândulas	Hormônios	Elemento	Nota musical	Nº de pétalas
7. Coronário	Sahasrara: significa lótus das mil pétalas	Ligação com a essência da alma, vontade e propósito espiritual, missão da alma sentido da vida	violeta	-	Alto da cabeça	Parte superior do cérebro	Pineal ou epífise	Serotonina	-	Si	972
6. Frontal	Ajna: significa centro de comando	Responsabilidade por si mesmo, discernimento, inteligência, consciência, intuição, clarividência, co-criação do universo	índigo	Om	Centro da testa a aprox. 1cm. acima das sobrancelhas	Olhos, têmporas, sistema nervoso	Hipófise ou pituitária	Vasopressina	-	Lá	96
5. Laríngeo	Vishuddha: significa o purificador	Autoexpressão, criatividade, materialização de idéias, realizações, inteligência em ação	índigo	Ham	Garganta	Garganta, boca, ouvidos	Tireoide e paratireoide	Tiroxina	Éter	Sol	16
4. Cardíaco	Anahata: significa o inviolável	Sentimentos, altruísmo, amor, amor por si mesmo, intuição, sabedoria, compaixão, discernimento	Verde	Yam	Região central do peitoral	Coração, sistema circulatório, sangue	Timo	Hormônio do timo	Ar	Fá	12
3. Umbilical	Manipura: significa cidade das jóias	Poder pessoal, alegria, autoconfiança, coragem, emoções, desejos, equilíbrio, tolerância, perdão, gratidão, respeito	Amarelo	Ram	Estômago	Fígado, baço, estômago, intestino delgado, vesícula biliar	Pâncreas	Insulina	Fogo	Mi	10
2. Sacro	Swadhistana: significa morada do prazer	Sexualidade, vínculos e relacionamentos, prazer pela vida, autorrespeito, autoestima	Laranja	Vam	Abdome inferior, 3cm abaixo do umbigo	Abdome inferior, útero, intestino grosso, sistema reprodutor	Gônadas, ovários e testículos	Adrenalina e neuroadrenalina	Água	Ré	6
1. Básico	Muladhara: significa base	Energia de sobrevivência e funcionamento físico, estrutura de base, forças de base, relacionado ao dinheiro, trabalho, percepção de si mesmo	Vermelho	Lam	Base da coluna	Rins, bexiga, reto, coluna vertebral, quadris, ossos	Suprarrenais	Testosterona	Terra	Dó	4

DOENÇAS/DESEQUILÍBRIOS X CAUSAS X CHACRAS RELACIONADOS

LOCALIZAÇÃO NA AURA	LOCALIZAÇÃO NO CORPO FÍSICO	ALGUNS COMPORTAMENTOS QUE PODEM GERAR DESEQUILÍBRIOS	ALGUMAS DOENÇAS QUE OS DESEQUILÍBRIOS PODEM GERAR
7. Coronário	Alto da Cabeça	Negligência espiritual, alienação da causa e missão pessoal, falta de fé, incredulidade, não aceitar o mundo, não se ligar a uma consciência divina, não crer em Deus, brigar com Deus, rejeitar sua origem e criação etc.	Desequilíbrio do relógio biológico e do sono, estado de torpor constante, estado de espírito alterado. Desarmonia nos vínculos entre corpo físico e corpos sutis. Não integração total da personalidade c/ a vida e aos aspectos espirituais. Tumores no cérebro. Obsessões espirituais. Depressões, epilepsia, esquizofrenia, Mal de Alzheimer, Mal deParkinson, influência à função de todos os outros chacras.
6. Frontal	Centro da testa a aprox. 1cm acima das sobrancelhas	Ceticismo, materialismo excessivo, excesso de preocupações na vida, não saber dar limites na vida, excesso de negatividade, raiva do mundo, futilidade, dificuldade em viver a vida, excessiva visão racional e lógica de tudo etc.	Incapacidade de visualizar e compreender conceitos mentais. Incapacidade de por idéias em prática. Influência a função de todas as outras glândulas. Dores de cabeça, sinusite, confusão mental, dificuldade de concentração, memória ruim, otites, hiperatividade mental.
5. Laríngeo	Garganta	Não conseguir falar, não conseguir opinar, não conseguir verbalizar ou expressar os sentimentos, "engolir" os sentimentos reprimidos, não conseguir por em prática os projetos, etc.	Falta de criatividade para verbalizar pensamentos, principalmente em público, asmas, artrites, alergias, laringites, dores de garganta, problemas menstruais, herpes e aftas na boca, problemas de cabelo e pele, descontrole do crescimento do corpo na infância, bócio, herpes, câncer na garganta, perda da voz, surdez, problemas nos dentes e gengivas.
4. Cardíaco	Região central do peitoral	Sentimentos reprimidos, tristeza, não achar graça da vida, materialismo excessivo, falta de compreensão, falta de sensibilidade, excesso de apego por tudo, dores de perda e abandono etc.	Infartos, angina, taquicardia, paradas respiratórias, deficiência pulmonar, circulação precária, baixa imunidade, eczema pulmonar, câncer de mama, lúpulos, doenças do sangue em geral, doenças arteriais, gripes.
3. Umbilical	Estômago	Raiva, medo, insegurança, mágoa, tristeza, remorso, arrependimento, não engolir a vida, falta de aceitação, intolerância, desejos não realizados, ansiedade, angústia, pânico, não perdoar, se vitimizar, excesso de infantilidade, falta de flexibilidade, carência afetiva, vergonha, culpa.	Deficiência digestiva e estomacal, úlcera, gastrite, oscilações de humor depressões, introversão, hábitos alimentares anormais, instabilidade nervosa, câncer de estômago, desequilíbrio emocional, inseguranças, medos e pânicos, agonias, ansiedade, diabetes, obesidade, pancreatites, hepatites, compulsão por consumo, hérnia de hiato.

DOENÇAS/DESEQUILÍBRIOS X CAUSAS X CHACRAS RELACIONADOS

LOCALIZAÇÃO NA AURA	LOCALIZAÇÃO NO CORPO FÍSICO	ALGUNS COMPORTAMENTOS QUE PODEM GERAR DESEQUILÍBRIOS	ALGUMAS DOENÇAS QUE OS DESEQUILÍBRIOS PODEM GERAR
2. Sacro	Abdome inferior, 3 cm abaixo do umbigo	Dificuldades nos relacionamento com cônjugues, parentes, amigos etc. Autopodar-se de realizações na vida, falta de aceitação do corpo, baixa autoestima, dificuldade em viver a vida etc.	Deficiências no sistema linfático, falta de orgasmo, incapacidade de ereção, ejaculação precoce, descontroles no fluxo menstrual, acúmulo de gordura acentuado na região do quadril, obesidade em geral, cistos nos ovários, infertilidade.
1. Básico	Base da coluna	Problemas familiares, excessos de responsabilidade, pessoal, profissional, familiar etc. Dificuldades na estrutura de vida, falta de dinheiro, falta de emprego, etc.	Indisposição física, falta de vitalidade, dores nas juntas, torcicolo, nervo ciático, desânimo de viver, falta de entusiasmo, falta de aterramento no plano Terra, problemas nos ossos, hemorróidas, unha encravada crônica, infecção de rins e bexiga.

Capítulo 10

As formas de pensamento

"Cada pensamento produz uma forma. Quando visa uma outra pessoa, viaja em direção a essa. Se é um pensamento pessoal, permanece na vizinhança do pensador. Se não pertence nem a uma, nem a outra categoria, anda errante por um certo tempo e pouco a pouco se descarrega, se desfazendo no éter. Cada um de nós deixa atrás de si, por toda parte onde caminha, uma série de formas-pensamentos. Nas ruas flutuam quantidades inúmeráveis. Caminhamos no meio deles."

Charles Webster Leadbeater

Entendendo as formas de pensamento

Nosso corpo físico é a manifestação densa de um conjunto de corpos energéticos mais sutis, ou seja, corpos de luz. Essa essência que cada ser humano possui está viva e presente, a todo instante, e costumamos chamá-la de alma. Essa é a manifestação da energia de onde viemos. A nossa verdadeira identidade é essa energia primordial, moldando-se de acordo com os nossos sentimentos, emoções e pensamentos.

É possível concluir que o corpo físico de qualquer ser é apenas o veículo para a alma, ou seja, onde a essência se aloja e mora por um período para que ela possa adquirir conhecimento e evoluir. Esse período é conhecido como vida ou encarnação.

O corpo denso é a resultante física manifestada do nível evolutivo do nosso espírito, dos nossos pensamentos, nossas emoções. Não é o corpo físico que molda o nosso espírito ou nossa essência, mas o nosso espírito que molda nosso corpo físico, isso graças à capacidade que nossas emoções e pensamentos têm de modificar esse padrão vibrátil a todo instante. Como o nosso espírito sofre influência direta dos nossos pensamentos e sentimentos, tudo o que pensamos e sentimos fica impregnado em nossa essência. Dessa forma, se pensamos coisas boas, expandimos e ampliamos a nossa energia. Obedecendo à mesma regra, se nos ligamos e pensamos coisas negativas, perdemos energia, vitalidade. Assim sendo, temos a nossa essência alterada negativamente pela influência de aspectos pessimistas, densos, mesquinhos, materialistas, entre outros.

O corpo físico é apenas o sinalizador das condições em que o espírito se encontra. Se ele está bem e saudável, indica que o espírito também está. A doença é a indicação de que algo está errado, pois, mesmo se manifestando no corpo físico, a causa primária sempre será uma desarmonia no espírito, que se impregnou (somatizou-se) de energias negativas oriundas dos sentimentos e pensamentos conflitantes.

As causas espirituais de doenças também são de ordem vibrátil. Se o campo energético desses corpos de luz estiverem abalados pela influência dos sentimentos e pensamentos que rebaixam suas frequências vibratórias, consequentemente assumirão padrão similar aos intrusos espirituais.

É importante entender que o espírito é o "molde" ou a "forma" do corpo físico. Se essa forma apresenta defeito ou falhas, o corpo físico também vai se manifestar. O corpo físico é a exposição da essência interior, é uma espécie de "mapa" da alma, pois externa o que ocorre no nosso "Eu Interior".

A aura ou anatomia sutil é a condensação das energias da alma. Pode se expandir, tornar-se maior ou menor de acordo com o nível de consciência, evolução espiritual e estado de espírito. Quanto menos expandido é esse campo energético, mais sensível e delicada é a saúde física do indivíduo. Uma pessoa com qualquer doença física tem seu campo de energia debilitado, frágil e com falhas energéticas (causa primária). Essas falhas ou falta de energia na aura é o início da doença que muitas vezes ainda nem se manifestou no corpo físico. Analisando por esse ponto de vista, quanto mais expandido e irradiante for a aura de uma pessoa, mais saúde em todos os aspectos ela terá. O contrário será igualmente verdade, quanto mais reprimida e menos expandida a aura for, maior será a tendência da pessoa adquirir doenças de qualquer espécie.

Quando se atinge uma expansão da energia pessoal, naturalmente obtida através de uma prece sincera, uma meditação, entre outras, possibilita-se uma conexão com a consciência divina, presente em uma frequência muito mais sutil da qual vivemos. Essa sintonia torna a aura mais sutil também, e isso a compatibiliza com as energias superiores, o que traz para a pessoa bem-estar, equilíbrio, plenitude, autorrealização, saúde geral, criatividade, felicidade e muito prazer pela vida. Em resumo, a sintonia mental tem o poder de moldar o corpo de luz, criando vibrações específicas que se manifestam ao ponto de criar formas condensadas.

Essas formas energéticas produzidas pelo pensamento, a partir desse corpo mental do emissor, se revestem da energia circundante no plano extrafísico, onde se manifestam, tornando-se, assim, entidades artificiais temporariamente vivas que podem influenciar as pessoas de maneiras variadas. Uma esplêndida gama de cores o acompanha, com intensidades e variedades incrivelmente intensas. O corpo mental projeta para o exterior uma porção energética vibrante de si mesmo, que toma uma forma determinada pela própria natureza dessas vibrações. Essa atividade mental produz uma espécie de atração da matéria elementar do mundo mental, cuja natureza é particularmente sutil.

Dessa maneira, temos uma forma de pensamento pura e simples, uma entidade vivente, de atividade intensa, criada por uma ideia que lhe deu nascimento. Se essa forma é constituída pela matéria mais sutil, será tão poderosa quanto enérgica, e poderá, sob a direção de uma vontade definida, equilibrada e firme, desempenhar um papel de alta transcendência.

"Formas de pensamento são causadas pelo pensamento atuante que gera uma forma. Essa forma passa a ser uma energia acoplada ao campo energético. Quando combinadas com a projeção das emoções interiores, tendem a se potencializar e se vitalizar como entidades pensantes. Ocorrem normalmente na região dos chacras principais. Se instalam na aura da pessoa, exercendo forte influência em seu modo de agir e atrair acontecimentos."

Toda forma de pensamento criada ganha potência e intensidade de acordo com a natureza dos desejos do campo emocional, que amplifica a significância da entidade criada pelo mentalismo, ou seja, a combinação da projeção do pensamento com os desejos, que fortalecem e vivificam a forma pensamento ativa.

O corpo emocional desse campo energético ou aura é constituído de uma matéria mais densa, porque é peculiar ao homem de pouca evolução espiritual, de baixo nível de consciência, ainda viciado nas paixões mundanas, nos sentimentos de caráter animalizado e egoísta. À medida que a evolução espiritual e o altruísmo vão fazendo parte da essência dessa pessoa, seu corpo emocional, antes delgado e predominante, refina-se e clarifica-se dos tons sombrios característicos dos desejos primitivos e das paixões terrenas. A consequência nesse caso é que as nuances escurecidas se dissipam, manifestando elevação de consciência.

"O poder da forma de pensamento depende da energia mental combinada com a força da paixão ou desejo."

Particularidades das formas de pensamento

Três princípios gerais governam a produção de todas as formas de pensamento:

- A qualidade dos pensamentos determina a sua cor;
- A natureza dos pensamentos determina a sua forma;
- A precisão dos pensamentos determina a nitidez dos seus contornos.

Cada pensamento bem definido produz um duplo efeito:

- Uma vibrante radiação (energia);
- Uma forma suscetível de flutuar pelo espaço.

Os tipos de formas de pensamento. Podemos dividi-las em três tipos de formas principais:

- As formas que produzem a imagem do pensador;
- As formas que se produzem à imagem de alguma pessoa ou objeto material;
- As formas com formação inteiramente própria, que mostram as qualidades específicas da matéria que atraem ao seu redor.

A composição das formas de pensamento pode ser dividida em dois tipos, sendo elas:

- Forma de pensamento pura;
- Forma de pensamento composta.

O campo de ação das formas de pensamento pode ser classificado em três tipos:

- Formas de pensamento que gravitam em torno do seu próprio criador;

- Formas de pensamento que gravitam em torno de egrégoras (quando positivas) ou holospensene (quando negativas) compatíveis com o seu padrão energético;

- Formas de pensamento que gravitam em torno de um alvo específico.

Influência das formas de pensamento

Cada emoção súbita produz um efeito energético no corpo emocional: acrescenta sempre algo de sua própria cor à matiz do corpo emocional. De maneira que, cada vez que o homem cede a uma emoção determinada, ele torna mais fácil ceder de novo, pois o seu corpo astral toma, então, o costume de vibrar de maneira análoga. É mais uma visão que demonstra que os vícios emocionais tendem a escravizar o homem e sua condição limitada e egoísta, e que precisamos aprender a vencer para seguir nossa jornada evolutiva.

As energias tendem a produzir-se sempre que a ocasião seja favorável. Quando atuam em outro corpo mental, têm uma tendência imediata a sintonizá-lo com o seu próprio tipo vibratório. Isso significa que, no homem em que o corpo mental seja afetado por essas ondas, as vibrações tendem a produzir em sua mente pensamentos do mesmo caráter que os já formados anteriormente pela mente do pensador emissor da onda primitiva (Lei da atração). Essa visão também comprova que, se uma atitude provocada por uma pessoa o afeta emocionalmente a ponto de lhe causar um desgaste emocional, se dá simplesmente pelo fato de que você se tornou compatível, que estava predisposto a tal acontecimento. Somos nós que atraímos!

À distância em que atuam as correntes de pensamento, a força e o poder com que penetram na mente de outra pessoa, dependem da força e da nitidez do pensamento original.

A clareza e a precisão do pensamento são mais importantes do que a força de emissão.

Cada tipo de forma de pensamento emitida influi com mais intensidade nas pessoas já habituadas às energias similares (outra peculiaridade da lei da atração).

Se o pensamento emitido não se põe em contato com outros corpos mentais, esta vibração diminui gradualmente em energia e termina com a dissolução da forma criada. Isso ocorre porque as energias emitidas debilitam-se à medida que se afastam do centro que as produziu. Veja aí a confirmação da teoria de que não se deve dar atenção a um pensamento negativo, para que não ganhe maiores proporções.

Se, ao contrário, essa energia consegue despertar num corpo mental próximo uma vibração simpática, as duas vibrações se atraem e a forma criada é, geralmente, absorvida por este novo corpo mental. A energia emitida leva consigo o caráter do pensamento que a anima, mas não o assunto desse pensamento (mais uma confirmação do princípio de funcionamento da lei da atração).

O caráter do pensamento determina a sua cor. Se o pensamento é egoísta, se o ser que o cria não pensa senão em si mesmo, a forma criada vagará próximo ao seu criador, sempre pronta a atuar sobre ele próprio, sempre que o encontre em estado passivo.

Eis a confirmação de que a prece egoísta não surtirá efeitos benéficos ou elevados a dimensões divinas, que tem por característica básica a consciência coletiva (veja mais detalhes no capítulo "O poder da oração"). Somos todos um, absolutamente!

As cores produzidas pelas formas de pensamento

Cada forma de pensamento produz uma condensação de energia que manifesta uma ou mais cores, podendo ser bem definidas ou não.

Pensamento simples: Cor definida.

Pensamento complexo: Várias cores.

Exemplos:
Afeição – afeição + ciúme – afeição + ciúme + medo.
Desejo – desejo + medo – desejo + medo + ciúme.
Bondade – bondade + orgulho – bondade + orgulho + medo.

TABELA: SENTIMENTO OU EMOÇÃO X CORES CARACTERÍSTICAS

Sentimento ou emoção	Cores características
Ódio	Preto
Cólera	Vermelho Vivo
Cólera Brutal	Vermelho Misturado com Cinza
Paixões Animais	Vermelho-Escuro
Avareza	Moreno-Claro (como a terra queimada)
Egoísmo	Cinzento-Escuro
Depressão	Cinzento-Escuro e Sombrio
Medo	Cinzento-Claro Lívido
Suspeição, desconfiança	Verde-Cinzento
Ciúme	Verde-Escuro Misturado com Escarlate
Simpatia	Verde-Brilhante
Afeição	Carmesim ou Rosa
Sentimento Egoísta	Rosa-Cinzento Opaco
Amor Desinteressado	Rosa Pálido
Devoção	Azul
Devoção Fraterna pela Humanidade	Rosa-Azul
Orgulho e Ambição	Alaranjado-Escuro
Intelectualidade Egoísta	Amarelo-Ocre Escuro
Intelectualidade Espiritualizada	Amarelo Luminoso
Pensamento Amoroso	Azul Profundo
Afeição com Adoração	Violeta

Resumo

- Da mesma forma que quando cozinhamos temos a tendência de impregnar o aroma dos alimentos em nossos corpos, quando pensamos ou sentimos produzimos energias corpóreas em nossas auras que ficam impregnadas em nós, gravitam ao nosso redor ou são, através da projeção dos pensamentos, enviadas à distância, com alcance transcendental.

- Da mesma forma que uma pessoa quando entra com os pés sujos em sua casa suja o piso, uma pessoa que adentra um ambiente, contendo em sua aura formas de pensamento negativas, originadas por seus sentimentos conflitantes e baixo padrão moral, impregna essa vibração pelo local, contaminando-o energeticamente.

- As formas pensamento não são ruins ou são boas, elas simplesmente são formadas por nossas composições de emoções e pensamentos. Se essa composição for positiva e elevada, as formas de pensamentos serão benéficas. Contudo, se os sentimentos e emoções forem negativos, as formas de pensamento serão maléficas.

- Grande parte das doenças neurológicas manifestadas no corpo físico têm em sua base energética uma forma de pensamento negativa que alimenta o desequilíbrio. Assim sendo, com uso da medicina alopática apenas, jamais trataremos a verdadeira causa, atuando apenas de forma paliativa.

- As orações em grupo, com objetivos altruístas, com base moral e consciencial elevadas, são remédios eficientes para higienizar as formas pensamento negativas dos integrantes da oração, do lugar onde a oração é realizada, bem como aos focos para onde ela (oração) é direcionada.

- Os padrões de comportamento negativo enraizados na personalidade congênita do indivíduo são sustentados e mantidos por suas formas de pensamento. Uma vez detectada essa natureza, a pessoa tem condições de por ela própria modificar esse padrão. Quando isso não acontece, mas existe mérito espiritual daquela pessoa para a remoção de tal influência, é comum haver ocorrência de acidentes, com traumas físicos fortes, com choques emocionais intensos, que objetivam retirar a pessoa do transe hipnótico que a forma de pensamento negativa exerce sobre ela.

- As formas de pensamento negativas são obsessores de alto grau de intensidade e gravidade. Em primeiro lugar, porque estão intimamente e integralmente ligadas ao obsediado. Em segundo lugar, porque são criadas e alimentadas pela própria pessoa ou emissor, que se "envenena" sem saber, e, convicto de seus comportamentos desalinhados (da Fonte Divina), através do fascínio, segue alimentando essa forma densa.

Perguntas e respostas sobre o tema

1. Todos produzimos formas de pensamento?

Sim, sempre que projetamos um desejo e o mantemos por algum tempo, plasmamos essas energias. Elas podem ser formadas conscientemente, no entanto a maioria das vezes são criadas de forma espontânea, inconsciente.

2. Com que frequência produzimos uma forma de pensamento?

Sempre que disparamos os desejos e mantemos o foco mental, portanto, a todo momento!

3. Como as formas de pensamento são criadas?

A ideia ou intenção do pensamento agrupa no corpo mental e emocional da pessoa a energia dispersa (força de vida). Essa energia é modelada de acordo com a natureza do pensamento (se bom o ruim), com a intensidade e nitidez (se dispersa ou focada). Assim a energia vai se modelando de acordo com a base do desejo e pensamento.

As formas de pensamento se estruturam na aura, principalmente ao redor dos chacras que tenham afinidade. Se a pessoa está criando uma forma de pensamento que tenha afinidade com as questões de relacionamento, essa energia será plasmada na região do segundo chacra. Se a natureza da forma de pensamento for relacionada ao egoísmo (negativa) ou à compaixão (positiva), gravitará na região do quarto chacra, e assim por diante, de acordo com a consciência da forma emanada.

4. Como elas são?

São verdadeiras manchas que envolvem a aura da pessoa, às vezes em pontos específicos ou nas regiões próximas aos chacras. Em muitos casos, toma a forma da aura toda, envolvendo completamente o emissor ou o foco da emissão.

São formações que aparentam como pontos luminosos ou escurecidos na aura, borrões ou clarões, desenhos geométricos bem definidos ou estruturas amorfas, sempre variando em função da natureza, intensidade, tipo de ação e composição.

5. É possível visualizar uma forma de pensamento?

São dificilmente visualizadas por pessoas destreinadas. Contudo, com a prática de exercícios de leitura de auras, podem ser detectadas e analisadas. Algumas raras pessoas possuem essa habilidade natural.

6. Como remover uma forma de pensamento?

Através da consciência, da oração correta, das técnicas energéticas de cura, da meditação e dos estilos de vida saudáveis.

7. A forma de pensamento pode ser enviada de uma outra pessoa para mim?

Sim. Toda forma de pensamento tem a capacidade de ser enviada para o foco concentrado pelo emissor. Mesmo assim, ela só terá capacidade de se estabelecer diante do foco se encontrar afinidade de vibração (semelhante atrai semelhante). Desta forma, quando alguém lhe ferir com palavras, insultos e ofensas, quanto mais você der atenção, mais estará deixando essas entidades energéticas vivas se estabelecerem na sua aura, e alterarem seu estado de espírito.

Na prática
Ações concretas para utilizar esse conhecimento

- O efeito das formas de pensamento negativas pode devastar a vida de uma pessoa. Como é uma forma energética condensada, tem que ser tratado em mesmo nível. Dedique-se ao estudo e aplicação das terapias energéticas, como reiki, radiestesia, fitoenergética, yoga, entre outras.

- Mais uma vez, conscientize-se da importância de não criticar, não emanar fluídos de raiva, revolta, reclamação sobre qualquer situação ou pessoa com quem você esteja insatisfeito(a). Essa atitude inconsequente vai reforçar e cristalizar as formas de pensamento negativas que gravitam sobre o alvo de suas críticas, julgamentos ou reclamações.

- Somos corresponsáveis pelas coisas que acontecem ao nosso redor. Nosso pessimismo projetado sobre qualquer situação ou pessoa tem poder intenso e muitas vezes destruidor. Muitas pessoas se gabam por terem avisado um amigo para não fazer isso ou aquilo. O amigo fez mesmo assim e tudo deu errado. Não demora e aquele que se diz conselheiro comenta: "Viu! Eu te disse". Na maioria dos casos esse que avisa foi o principal causador da ocorrência, porque sua insegurança, seu desequilíbrio e mentalismo intenso foram disparados sobre a questão como forma de pensamento negativa. Portanto cuide-se ao dar um conselho. Aprenda a distinguir se o que você pensa é baseado em sua crenças e suas inseguranças, ou se é realmente o melhor para a pessoa.

- Aprenda a rezar. A maioria das pessoas não sabe rezar. Tenha disciplina espiritual, medite, reflita, exercite-se. A prática de atividades físicas, o contato com a natureza, a boa leitura, a boa música, a alimentação saudável são algumas das boas fontes de equilíbrio.

Capítulo 11

A mensagem que a mediunidade nos traz

"Todos os homens são médiuns."

Allan Kardec

A MEDIUNIDADE COMO UM INSTRUMENTO DE EVOLUÇÃO

Uma alma que vem para esse mundo, com o propósito de evoluir, acomoda-se em um corpo físico. E isso varia com a necessidade que se tem para realizar seus resgates e aprendizados.

Esse comentário é para lembrar que a mediunidade não é boa nem ruim! Ela simplesmente é a condição que a pessoa precisa para evoluir, estando muito vinculada à sua forma de utilização.

A mediunidade é um termo que vem do latim e significa intermediário. É uma faculdade psíquica ou sensibilidade extrafísica. Está presente em todas as pessoas. Sempre! O que difere é que em algumas ela aparece pouco evidente, enquanto que em outras se mostra desenvolvida, aguçada.

Em resumo, todos somos médiuns, alguns mais desenvolvidos, outros menos. A maior parte das pessoas desconhece esse fato.

A mediunidade pode ocorrer de várias formas. A exemplo da vidência, clarividência (enxergar com os olhos da mente), clariaudiência (ouvir sons extrafísicos), psicografia (a canalização e escrita de mensagens vindas de planos extrafísicos), entre outras diversas formas.

Mas para que serve a mediunidade? Como usá-la? Quais os desafios que enfrenta uma pessoa que apresenta sua mediunidade desenvolvida?

O indivíduo evoluído nessa faculdade, principalmente com consciência disso tudo, aprende a aproveitar as percepções do plano espiritual, trazendo esse conhecimento das dimensões superiores para o plano físico. A pessoa consegue acessar informações que para a maioria é algo místico, esotérico, desconhecido. E é aí que começam os grandes desafios, afinal, essa mediunidade acarreta aumento de sua responsabilidade, no sentido de utilizar com sabedoria suas percepções extrafísicas. Afinal, esse dito "dom" da mediunidade acaba tornando a pessoa alguém "diferente", o que não é verdade... Essa "diferença" diante o estilo de vida aqui na Terra pode gerar muitas consequências. A seguir, algumas delas:

Rejeição

Das pessoas em relação ao médium, por considerá-lo, louco, insano etc. Do médium em relação à mediunidade, por não querer enfrentar a responsabilidade, por insegurança etc.

Medo

Das pessoas em relação ao médium, afinal, ele é alguém que se "comunica" com o mundo dos "mortos".

Do médium em relação a essa faculdade psíquica. Por desconhecer e por não ter confiança, por não saber o que fazer e como fazer. Afinal os impactos que implicam o uso dessa mediunidade podem ser desastrosos, quando sem sabedoria e discernimento.

Admiração

A admiração das pessoas em relação ao médium. Por ser considerado alguém "diferente", que pode ter acesso a alguns mistérios ocultos para a maioria das pessoas. Essa admiração pode gerar a idolatria. Pode também gerar a vaidade excessiva por parte do médium, originando fascínio.

Fascínio

O médium se fascina pelos acontecimentos e por seu "dom". Ele pode se achar especial, sentindo-se superior aos demais. O fascínio pode ser considerado uma das piores formas de obsessão. Uma porque cega a pessoa, e outra porque é alimentada por ela mesma, distante de sua essência, cheia de ego e alienação. Nesse caso, as consequências podem ser desastrosas.

A pessoa que nasce com elevado desenvolvimento mediúnico só vem com esse "projeto de vida", pela necessidade que tem de aprender a lidar com esses aspectos inferiores da personalidade, que somente assim poderiam ser aflorados para gerar o aprendizado. O desafio é grande, porque a chance da pessoa incorrer nesses deslizes é muito constante. Isso porque, aos olhos do leigo, distanciado do entendimento da missão da sua alma, a mediunidade é um poder "digno dos reis". Grande armadilha!

Ser médium não é ser melhor ou pior do que ninguém! Trata-se apenas de fazer parte de um projeto de evolução, que precisa da mediunidade como um instrumento de crescimento. Uma técnica pedagógica específica, para um tipo de aprendizado também específico.

Muitas pessoas, com níveis elevados de mediunidade, costumam cometer os seguintes equívocos:

- Usar o "dom" de forma inadequada, negativa, voltado para interesses apenas pessoais;

- Fascinar-se, cair no ego, na vaidade, pelo fato de iludir-se com os acontecimentos;

- Renega sua mediunidade completamente, pelo medo que têm de enfrentar os desafios que virão, que realmente são vários.

A maior meta

Usar a mediunidade como um instrumento para melhorar a humanidade.

Aprender a utilizá-la de forma honesta, idônea, voltada para o bem maior.

Colocando-se permanentemente como instrumento de ajuda para a evolução da humanidade.

Deixar a energia grandiosa de Deus fluir, pela bondade e pelo amor.

Se o médium souber trilhar sua vida com humildade, constância de propósito, usando essa força com discernimento, também poderá viver inserido em uma atmosfera espiritual linda, agradável, amorosa, verdadeiramente encantadora. É preciso ficar atento, sempre, a todo instante. Orai e vigiai funciona bem, pense nisso!!!

Quando alguém lhe diz: **Você precisa desenvolver sua mediunidade!** Quantos já ouviram essa expressão?

É uma frase típica, muito utilizada nos centros espíritas/espiritualistas, que possui um significado amplo. No entanto, o sentido que essa palavra produz nas pessoas que ouvem muitas vezes é distorcido em relação ao seu verdadeiro significado.

Como sabemos, a mediunidade é um instrumento de evolução. Ela nos possibilita um crescimento mais rápido, na direção da realização de nossa missão. O que seria de nós sem as possibilidades mediúnicas que ganhamos de Deus?

Então pense. Certo dia, lá em cima no plano astral, o Papai do Céu nos escalou. Isso mesmo, como um técnico de futebol, que chama seu jogador para entrar em campo. Ele veio e falou:

"*Você vai descer, vai voltar para a escola (planeta Terra). Precisa aprender, evoluir, resgatar muitas coisas, por isso precisa descer... Mas você sabe que sua necessidade é grande, possui muitas coisas para curar, muitos erros de outrora para corrigir. Dessa forma, uma existência apenas não seria tempo suficiente para tanto. Por isso filho, vou te proporcionar a mediunidade, como um instrumento para ajudar você a fazer muito mais coisas em menos tempo. Sem essa faculdade, isso não seria possível, pois ela lhe ajudará a otimizar sua encarnação, ou seja, sua experiência no plano físico, que é tão necessária para a reforma íntima.*

Essa dádiva vai lhe permitir fazer grandes tarefas, o que será muito importante para que consigas aproveitar muito bem sua encarnação e seu propósito nessa descida. Entenda que ela é uma grande aliada na sua empreitada, é um presente para lhe ajudar. A mediunidade é como a betoneira para o pedreiro. Ajuda a virar a massa, mexer o cimento com muito mais facilidade. Sem ela, a obra demoraria muito mais tempo, geraria muito mais desgaste..."

E assim nascemos no plano físico, nos desenvolvemos e chegamos à maturidade (física apenas). E em meio a tantas ilusões e tanto distanciamento com relação à nossa essência divina, acabamos considerando a mediunidade um "fardo"! Esquecemo-nos do seu real objetivo... Isso é "cuspir para cima". Um equívoco sem igual! Desperdiçamos uma oportunidade incrível.

Centros espíritas/espiritualistas, através de seus orientadores, trabalhadores e monitores, alertam para as pessoas sobre a necessidade de trabalhar a mediunidade e desenvolver a espiritualidade. Normalmente, atuam de maneira amorosa, respeitando o livre-arbítrio de cada um. No entanto é normal as pessoas fazerem mau uso dessa liberdade de escolha. Alienadas de sua finalidade aqui na Terra, acabam que por rejeitar a sugestão para desenvolver a sua mediunidade. A recebem como uma coisa ruim, algo incômodo, realmente um fardo.

Se essas casas de amparo e desenvolvimento espiritual pudessem interferir na escolha das pessoas, seus orientadores diriam assim: *"Meu irmão, se liga, você recebe um presente de Deus, chamado mediunidade, não porque você é um ser iluminado ou puro, tampouco porque você possui dons extraterrestres; mas simplesmente porque você está abarrotado de coisas (carmas) para curar... Você tem a obrigação de mergulhar nesse entendimento, mas o azar é seu se você virar as costas para essa necessidade, e quiser desperdiçar mais essa oportunidade de evolução (vida)"*.

Então, amigo leitor, pense a respeito: Quando alguém lhe disser a fatídica frase: **Você precisa desenvolver a sua mediunidade!** Entenda de uma vez por todas: isso quer dizer que chegou a hora de você utilizar esse poderoso recurso, como um instrumento para dinamizar a sua tarefa de curar-se! Redimir-se de erros do passado e evoluir. Essa é a meta de todos! Com isso, se você fizer bom uso desse instrumento, quando o ciclo dessa vida se finalizar e o desencarne chegar, você voltará ao Grande Pai, O Supremo Técnico de futebol, e ele terá o prazer em lhe dizer: *"Parabéns, que ótima partida você realizou, que grande jogo! Agora descanse um pouco e prepare-se para a próxima, temos um Campeonato inteiro pela frente!"*.

A MEDIUNIDADE QUE INCOMODA E ATRAPALHA

É muito comum ouvirmos o relato das pessoas que se dizem incomodadas com os ditos "fenômenos mediúnicos". Um tanto quanto frequente, as pessoas manifestam suas inquietações com esse tipo de ocorrência. Demonstram através desse comportamento aguda imaturidade com relação ao entendimento dos mecanismos da mediunidade.

A mediunidade, assim como é largamente conhecida aqui no Ocidente, deve ser interpretada e entendida como um sentido extra, que todos, sem exceção, temos. O fato é curioso! Existem muitas formas de mediunidade, no entanto algumas são mais conhecidas, como por exemplo, a clarividência.

É a faculdade de enxergar extrafisicamente, para isso utilizando não a visão física, mas o olho da mente, conhecido como chacra frontal (terceiro olho). As pessoas que não enxergam dessa forma já se avaliam e logo chegam à conclusão: *"Eu não sou médium, não enxergo nada..."*. Mas não é tão limitado assim, existem tantas formas de captar, ou melhor, intermediar, os impulsos ou vibrações provenientes das dimensões mais sutis, tantos...

Nosso próprio corpo físico tem natureza mediúnica. Através dele, nosso espírito se faz presente para viver uma experiência, uma vida. Esse veículo carnal da consciência nada mais é do que um transmissor de impulsos e vibrações, em diferentes frequências. Ocorre que na dimensão física a densidade aumenta muito, o que o torna "grosseiro" perante a sutileza do espírito. Na prática, é como se alguém estivesse nos chamando a quinhentos metros de distância. A probabilidade de não ouvirmos nada é muito grande. Fazendo essa analogia, podemos dizer que o corpo físico é uma parede de energia condensada (sólida) que se transpõe à passagem de certas ondas de vibrações características dos planos sutis.

Se todos nós aprendêssemos a silenciar a mente, o coração, as emoções, os ruídos externos do meio ambiente em que vivemos, poderíamos com certeza ouvir o chamado, mesmo havendo quinhentos metros de distância. Sabendo da existência desse som, concentraríamos a atenção de tal modo que facilmente conseguiríamos amplificar essa voz. É isso que o treino, que se traduz na busca espiritual constante, e a reforma íntima, produzem...

A mediunidade é um sentido, assim como a visão, o tato ou paladar. Só que não está associada ao corpo físico, é uma faculdade da mente superior, da consciência, não do cérebro. O que explica por que muitos cegos enxergam imagens, bem como surdos ouvem sons. Curioso? Simplesmente efeito da sensibilidade da alma, ou melhor, dos sentidos do espírito.

Quando vivemos sem nenhuma consciência espiritual, o cérebro não pode conceber a ideia de tais faculdades extrafísicas, por isso cria um padrão limitado. O único raciocínio aceito é de que temos cinco sentidos essencialmente físicos. Mesmo porque, quando se vive distante da consciência crística, jamais se pode conceber o fato de que a consciência é imortal.

Portanto, se eu não aceito essa ideia de um corpo espiritual ser a morada de minha consciência, ou o único responsável por animar um corpo físico, como poderei permitir que meu espírito exprima suas sensibilidades? Isso seria loucura pela ótica da comunidade cética e materialista, não é mesmo?

Assim sendo, desenvolver a mediunidade é apenas permitir que sua experiência neste planeta seja guiada pela sua parte superior, por sua própria consciência espiritual.

Ignorar essa faculdade natural por não conceber a ideia, ou mesmo por medo, comodismo ou insegurança, não vão fazer com que o universo mude seu mecanismo. Até pode ser cômico, imagine: o universo olha para aquela pessoa na Terra e diz: *"Aquele ali não quer que eu aja naturalmente com ele, então vou deixá-lo para lá"*.

Não temos como impedir os ciclos naturais, não dá para trancar a evolução do universo. O normal de um gato é miar, de um cão, latir, da água ser molhada e do fogo ser quente. Quem pode mudar isso?

E o mecanismo da mediunidade precisa ser entendido para que não haja rejeição, medo ou insegurança. Se você desistiu de desenvolvê-la, lapidá-la, irá também arcar com a consequência, inegavelmente.

Espera aí, longe de nós instigarmos a ideia de que o universo é punitivo, que usa as leis de um Deus que castiga e pune. Nada disso.

Nosso livre-arbítrio sempre é respeitado, melhor ainda, sempre nos é permitido recomeçar, refazer, consertar os erros. A isso chamamos de misericórdia divina e tolerância também. Às vezes brincamos, pensando que um dia essa paciência do Grande Pai poderá se esgotar, hehe! Esperamos que nunca.

Então pense no que acontece na maioria das pessoas que se dizem "vítimas da mediunidade" (esse termo nos é tão absurdo que até relutamos em escrevê-lo neste texto, mas vamos utilizá-lo apenas para fins didáticos).

Todos somos médiuns, isso é fato, pela natureza essencial de cada alma existente aqui neste plano. Todos nós temos missões a cumprir, ou, ainda, estamos encarnados dentro de uma proposta de evolução constante, normalmente ignorada por mais de 90% das pessoas.

De uma hora para outra, a pessoa, totalmente distante e alienada dessa consciência, começa a sentir, ver ou perceber impulsos nada convencionais para sua mente engessada na terceira dimensão. Capta pensamentos sem que sejam ditos verbalmente, tem sonhos reveladores, premonições, palpites muito fortes (leia-se como intuição para um leigo), sente presenças, vultos, ouve vozes. Típicos indícios da mediunidade se expressando, melhor ainda: o espírito querendo fluir, se sensibilizar no plano físico, dando sinais de que está na hora de ler nas entrelinhas da vida.

E a pessoa, cheia de paradigmas nocivos, com sua mente bloqueada para a verdade divina, sofre, mas sofre muito. Isso porque ela quer reter uma enxurrada da natureza universal. Simplesmente impossível sem que haja consequências sérias.

É total negligência ignorar esse fato, dando-o muitas vezes o rótulo de uma doença mental ou síndrome, que com frequência assumem nomes complicados e elaborados.

O pior de tudo é que dá tanto trabalho e gera tanta dor ignorar esse fluxo mediúnico, que é difícil entender o motivo que leva a pessoa a relutar tanto. Mas, como sabemos, cada um está no seu estágio evolutivo e precisamos saber aceitar.

Alguns remédios tarja-preta são usados em larga escala pra tentar estancar tais manifestações (que, pelo olhar da ciência ocidental, apresentam causas incertas), mas não o fazem, porque apenas ensurdecem os sentidos físicos, anulando suas percepções. Só que elas continuarão por lá, povoando suas formas astrais e pairando sobre o corpo espiritual da pessoa, inegavelmente.

Procure pensar: se você caminha por uma rua muito movimentada, andando por uma calçada, junto com milhares de pessoas, necessita saber as horas e percebe que está sem relógio. Não enxerga nenhum relógio em painéis eletrônicos ou similares. Então, em meio a milhares de pessoas, decide perguntar para alguém.

Quem, normalmente, procuramos em meio à multidão?

Alguém que visivelmente tenha um relógio, não é mesmo?

Pois bem, a mediunidade aflorada é como um relógio no pulso de alguém, à vista dos espíritos desencarnados. É uma sinalização que atrai a atenção de tantas vibrações diferentes.

A comunicação acontece pelo simples fato de haver uma referência, ou seja, uma via de acesso fácil. Como a mediunidade de comunicação com os espíritos é uma das mais corriqueiras, acaba gerando muitos danos para quem não está preparado para lidar com tais situações.

O que ocorre normalmente é que muitos desencarnados, que em vida na Terra eram pessoas alienadas, quando desencarnam, sofrem, demoram para compreender.

Quando começam a entender que não mais habitam um corpo físico, em desespero, procuram se comunicar. É normal que estejam com padrão vibratório baixo, gerado por seus apegos materiais, sentimentos mundanos e paixões animalizadas, ainda ancoradas em suas auras.

E com quem querem se comunicar ou pedir ajuda? Obviamente, com todos que tenham um "relógio", ou, melhor, qualquer pessoa (qualquer mesmo) que tenha a mediunidade aflorada, o que é facilmente notado pelo espírito perdido, que assim reconhece ao visualizar o campo energético do indivíduo desavisado.

Como a pessoa não concebe a ideia, não está educada, não se conhece (e ainda falamos tanto de autoconhecimento, que ironia!), não sabe o que fazer quando começa a sentir verdadeiras perturbações em seus estados psíquicos, no seu humor e equilíbrio emocional.

E isso acontece porque o espírito desencarnado (sofredor), próximo ao médium inconsciente, acopla-se em seu campo áurico, alterando, desvitalizando e desequilibrando por completo o fluxo natural dos chacras, já que sua aura está em péssimo padrão vibratório.

Mesmo a pessoa rejeitando com todas as suas forças essa hipótese, ignorando a iminente necessidade da jornada evolutiva do espírito a se iniciar, nada resolverá seu influxo prânico (bloqueio do fluxo de energia vital) senão a busca de sua consciência espiritual. Nem remédios alopáticos, nem psicologia ou psiquiatria materialista, nada disso surtirá efeitos. Na realidade, não causarão nem cócegas.

O fato poderá ser ignorado o quanto quiser, mas é bom que se reitere que nada além da busca consciencial, da reforma íntima, do desenvolvimento das sensibilidades do espírito, servirão de remédio eficaz. Nada!

Já algumas pessoas conhecem superficialmente esses mecanismos e os aceitam. Mesmo assim, consideram um fardo a mediunidade e, de forma equivocada e negligente, a rejeitam. Grande erro, que às vezes dói... Dói em todos os sentidos, porque, se é fome que uma pessoa tem, é comida que deve ingerir. Nada, por hora, poderá substituir a necessidade emergente de alimento que a pessoa tem.

Se você sofre com a mediunidade, é porque nem começou a sua busca por reforma íntima. Se já iniciou, não se iluda... Perceba que ainda está no ensino básico, nas séries primárias. Os pensamentos e intenções altruístas ainda não lhe povoaram a mente, muito menos o coração. A ignorância espiritual e alienação com seu propósito ainda lhe tomam as rédeas.

Se esse for seu caso, pode ser que recuse veementemente o conteúdo dessas palavras, pois é normal a reatividade de nossa mente em negar o novo ou inabitado. Nós também já sofremos com a mediunidade, a ponto de nos estafarmos com o enfrentamento. Foi quando desistimos de encará-la como uma inimiga, sombria e implacável. Isso seria semelhante à tentativa de impedir que o sol nascesse todas as manhãs. Iniciativa insana, diga-se de passagem.

Abra seu coração para a consciência de sua missão aqui na Terra, ejete sua consciência das alienações do mundo materialista. Volte-se para a necessidade de evolução que você tem. Dedique tempo para nutrir sua alma, leia assuntos correlatos, participe de grupos afins, mantenha contato com a natureza e seus elementos, aprenda a meditar diariamente. Assuma e cumpra compromissos rotineiros com a sua espiritualidade. Foque no sentimento de amor existente nas pessoas. Não há segredo, é só isso mesmo!

Mas você pode não dar a mínima para isso tudo, está certo, livre-arbítrio sempre! No entanto, lembre-se, o universo não vai cessar o fluxo dele em função da sua escolha. Nesse caso, acho sensato que busquemos um alinhamento na direção da vontade divina (do universo), abandonando "um pouco" a vontade própria, baseada somente nos interesses do ego e do eu inferior. Pense nisso!

É POSSÍVEL DESENVOLVER A MEDIUNIDADE FORA DO CENTRO ESPÍRITA?

Já sabemos que a mediunidade na verdade é um instrumento de evolução na vida de qualquer pessoa, por isso não se resumiria a uma ou outra maneira de ser desenvolvida.

Mas a temática, tendo sido amplamente abordada por Allan Kardec, na codificação do espiritismo, acabou sendo correlacionada ao estudo espírita, como se fosse uma terminologia própria da linha de estudo. Não é à toa, pelo menos aqui no Ocidente ninguém teve a coragem que ele teve, de abordar um assunto tão polêmico até pouco tempo atrás (polêmica que perdura até os dias de hoje) com tanta seriedade e aprofundamento.

Foi um movimento muito importante e construtivo para a humanidade, já que abriu novos horizontes e batizou inúmeras linhas de estudo e aprendizado.

Assim sendo, é natural falar de mediunidade vinculando o termo às práticas espíritas, como consequência da herança e do pioneirismo kardecista. O que provocou uma crença coletiva de que a mediunidade somente poderá ser desenvolvida em casas espíritas.

A reencarnação, por exemplo, foi exposta amplamente ao Brasil, através dos ensinamentos do grande mestre. Através da influência de preciosa literatura kardecista, surgiram muitas obras importantes, que contribuíram em muito para o crescimento espiritual de tantos.

Com seus livros e ensinamentos, o ilustre mestre alertou, orientou e alinhou os estudos, na sua maioria, na direção do Plano Espiritual. Com intenso foco orientado para o socorro aos espíritos sofredores, que atrasados em sua evolução e ligados ao mundo da matéria necessitam de amparo para aprender e se libertar, Allan Kardec impregnou na comunidade ocidental uma nova forma de pensar a espiritualidade.

Seus ensinamentos, desde então, são passados adiante pelos trabalhadores da doutrina, que se utilizam de determinadas faculdades mediúnicas para servir de intermediário na comunicação com os espíritos. Sempre com o objetivo de contribuir na senda da educação espiritual, da tão falada "doutrinação" entre outras atividades corriqueiras nos centros espíritas.

Isso quer dizer que, da forma com que o trabalho nas casas espíritas estão orientados, sempre haverá um maior estímulo no sentido de desenvolver a mediunidade voltada para a interação com espíritos. Normalmente se utilizando das mensagens transmitidas pelo plano espiritual, que podem ser escritas ou verbalizadas. Também por imagens transmitidas na tela mental do médium, que relata suas visões. Uma outra maneira corriqueira, e para muitos polêmica, é a incorporação. Prática na qual o espírito desencarnado acopla seu corpo espiritual ao corpo espiritual do médium, e se utiliza do seu corpo físico e seus sentidos para transmitir suas mensagens.

Também não podemos deixar de falar do tão valente e útil passe magnético, das vibrações de energias e de outras formas de aplicar a mediunidade largamente utilizada nos centros.

Como algumas dessas práticas citadas acima requerem conhecimento de causa, sabedoria, maturidade e intenso preparo, não são recomendadas para o desenvolvimento individual, ou seja, sem a colaboração de um grupo preparado, como exemplos as casas espíritas. E é aí que começa uma grande confusão.

É que a mediunidade pode se manifestar de muitas formas. Através da oração, da telepatia, da cura pelas mãos, da premonição, e até mesmo a comunicação com espíritos seja pela escrita, clarividência, vidência ou clariaudiência. São inúmeras formas.

Ocorre que, mesmo com a doutrina espírita sendo fundamentada nos ensinamentos do Evangelho, produzindo uma base idônea, séria e de moral elevada, mesmo assim não agrada a todos. Simplesmente por questão de afinidade, algo normal, natural, afinal, "nem Jesus Cristo agradou a todos".

Portanto, muitas pessoas até aceitam a mediunidade, mas não se interessam nesse formato de estudo e desenvolvimento, por falta de afinidade, algo que deve ser respeitado.

Pois, então, como fica? A pessoa é obrigada a transitar por uma via única? Não há forma de desenvolver essa mediunidade senão pelo exercício na casa espírita?

Claro que não! Ainda mais no século XXI, característico pela liberdade de expressão e de religião, evidenciando a era do universalismo, da união do Ocidente com o Oriente, da ciência e da espiritualidade. Observe que nunca em toda a história da humanidade houve tantas oportunidades de crescimento espiritual e tantas possibilidades para o desenvolvimento de uma consciência mais expandida.

É exemplar o trabalho sério e idôneo de tantas casas espíritas, no entanto, não é só através delas que a mediunidade pode ser desenvolvida. Se você quiser seguir esse caminho, tudo bem. Leve consigo discernimento, leveza e amorosidade e vá em frente!

Sempre que possível, é recomendável participar de grupos, porque facilitam o aprendizado, dão suporte e tornam a prática muito agradável. Mas, lembre-se, o determinismo pode lhe deixar arrogante e cego, então é preciso um "Orai e Vigiai" constante.

O foco principal é entender que a mediunidade se manifesta com o objetivo de ajudar as pessoas e o universo a evoluírem, inegavelmente!

Por isso, todas as vezes que uma pessoa estiver aprofundando o estudo e a prática da mediunidade, no entanto não estiver se transformando em uma pessoa melhor, por consequência também não estiver melhorando a humanidade, fique alerta, pois algo estará em desequilíbrio! Use isso como uma bússola interna porque funciona bem, você pode apostar. Não lhe parece sensato? Medite sobre isso.

Qual é a mensagem que a mediunidade nos traz?

Quando a mediunidade aparece, é um sinal dizendo: *"Está na hora de evoluir espiritualmente e sair do sono evolutivo em que sua alma está"*. É um sinal que avisa que chegou o momento de se tornar útil para o universo, ajudando Deus Pai, Nosso Criador em Sua missão, que é a evolução espiritual em massa. É por isso que ela aflora. Simplesmente porque todos nós temos que trabalhar nossa mediunidade, já que temos que contribuir para a evolução consciente do universo.

Existem muitas pessoas que sentem um impulso interior e, por sua natureza particular, acabam se integrando ao fluxo evolutivo do universo, desenvolvendo atitudes altruístas, mostrando força de vontade espiritual, porém muitas vezes nem se dão conta de que existe esse termo: mediunidade.

Por que isso?

Simplesmente porque uma consciência altruísta (que é e sempre foi a mensagem presente como pano de fundo, toda vez que o assunto é a mediunidade) já está impregnada na essência da pessoa.

A mediunidade manifesta um sinal do universo, que indica sutilmente que ela precisa se alinhar à vontade maior de Deus. O aviso acontece como uma leve "dica" que o Grande Pai nos dá, se mostrando como um chamado da consciência do indivíduo para uma causa maior. Digo leve, porque naturalmente, quando não há compreensão, os avisos continuam a surgir, no entanto com maior nível de cobrança e rigor, que podem se manifestar por dores, crises, conflitos e desequilíbrios de toda ordem. Não porque Deus é punitivo e castiga, mas porque "trancar a correnteza do rio, nadar contra a maré" sempre gerará consequências.

E a Mente Superior por diversas vezes dá indícios ao indivíduo, que já passou da hora de se reconhecer plenamente como um ser espiritual, que é o momento de aprofundar o estudo e praticar um estilo de vida voltado para a evolução e a expansão da consciência. Principalmente, compreender que o mundo físico, materialista e alienado do Todo, é apenas um teatro necessário para nossa experiência e evolução.

Precisamos evitar o enfoque de nossa atenção nos conceitos e paradigmas (às vezes tão complicados) relacionados à temática. Isso porque toda forma de mediunidade sempre será um convite para entrarmos na jornada da reforma íntima.

Como desenvolver a mediunidade?

Como a mediunidade é um sinal que essencialmente nos traz a mensagem de que precisamos evoluir e contribuir para a evolução da humanidade, nada mais sensato que aceitar o convite e mergulhar fundo na proposta. Por isso tudo que fizermos nessa direção, não de maneira leviana ou desinteressada, mas com intenção e dedicação, será também um passo condizente ao fluxo do universo. O que é muito apropriado, já que não cria barreiras a essa corrente intensa de energia.

Altruísmo consciente é um belo estilo de vida. Ajudar as pessoas a se ajudarem, respeitar o tempo de cada um e não dar o peixe, mas ensinar a pescar.

Essa forma de ajuda foca na humanidade, no coletivo, mas sabendo dar limites, com equilíbrio e sabedoria. O mais interessante disso tudo é que o universo não está pedindo muito de nós apenas simples atos, sem exigências incabíveis, totalmente sensatas. Mesmo assim, somos negligentes!

O resumo disso: a mediunidade pede consciência espiritual, ou seja, desenvolvimento de nossa espiritualidade.

Espiritualidade na prática

O texto abaixo foi extraído do livro *Sintonia de Luz – Buscando a espiritualidade no século XXI*, de Bruno José Gimenes – 2007 – Luz da Serra Editora.

Tudo é simples mesmo!

Desenvolver a espiritualidade não é somente se abrir para um novo mundo, mas fechar a porta para um mundo de coisas negativas que temos o tempo todo ao nosso redor. A mídia contaminada, as notícias ruins, os hábitos negativos, a atitude vitimista, a reclamação constante, as drogas, o álcool, os vícios em geral e a destruição do planeta.

Os passos práticos para se tornar uma pessoa espiritualizada inicialmente se dá pela eliminação de coisas pequenas em nossas vidas, que mesmo sem percebermos são tão nocivas. O mau humor, a ironia, a falta de paciência e a falta de gratidão são algumas delas.

A necessidade de se espiritualizar não é somente desenvolver um aprendizado consciencial, haja vista que a nossa essência original é angelical e pura. A realidade é que desenvolver a espiritualidade é descontaminar o espírito de cargas tóxicas do psiquismo denso e nefasto, criado pelos próprios homens através de seus desvios, suas ilusões, desejos materiais, futilidades e vaidades.

A espiritualidade é presente na pureza do espírito, que na realidade terrestre se esquece do seu Eu verdadeiro, e para que volte a se lembrar acaba por enfrentar adversidades geradas no próprio meio físico, já que muito provavelmente é apenas através dessa via que o homem consegue se comunicar com ele mesmo. E isso é triste porque mostra o quanto a natureza angelical de cada ser está invadida pelos equívocos do plano material, dos pensamentos infortuitos e da mente mesquinha do universo inferior.

Nós fazemos nosso próprio inferno, bem como nosso próprio paraíso, e isso independe de ambientes externos, é tudo dentro de nossa própria consciência.

Toda a malha magnética desse organismo doente e afetado que é o planeta Terra necessita de um movimento de regeneração que se dá através de cada célula. Cada célula precisa trabalhar em prol do corpo. Se isso não acontece, as doenças são geradas por tanto desequilíbrio e descontrole de cada célula. E adivinha quem são as células?

Cada ser vivo que habita a Terra é uma célula desse grande organismo e, assim dizendo, podemos concluir que nosso planeta está padecendo de câncer no cérebro, no coração, no estômago etc. Estamos deixando que essa doença se alastre, tudo por uma questão de negligência consciencial que estamos praticando disciplinadamente durante séculos e séculos. Nós nem sabemos mais o que é certo e o que é errado, estamos deixando a maré levar o barco para onde as ondas quiserem.

Quantas coisas acontecem que fariam qualquer um chorar de tristeza pela dor alheia, mas preferimos nos preocupar com nossos problemas e só. Quanto materialismo, quanta destruição, quantos tráficos; de drogas, armas, animais, crianças, de órgãos, e tantos outros. Estamos destruindo a nossa chance de sermos melhores, estamos consumindo a capacidade de amar e praticar a caridade. Ainda assim as pessoas perguntam: para que se espiritualizar?

Eu teria tantos argumentos que ficaria exausto se tivesse que responder todos, ou seja, jamais conseguiria, porque desconheço a maioria deles.

Por isso se espiritualizar mais do que tudo é se descontaminar de qualquer ato ou pensamento anticristão, antinatural. É muito mais do que fazer isso ou aquilo, na verdade, é focado no não produzir internamente as densidades, drenando as inferioridades e nos tornando focos de luz frente a essa escuridão em que vivemos. Logo, se transformarmos nossas atitudes, com gestos simples, nos tornaremos no mínimo vários candelabros acesos com lindas velas, e assim já poderemos enxergar um pouco mais à frente.

É importante perceber que se espiritualizar não é uma tarefa louvável de múltiplos aplausos, é uma obrigação e uma necessidade emergente! Essa é a ferramenta que vai libertar o homem da condição de escravo de si mesmo. Porque tanto ricos como pobres, crianças ou idosos, brancos ou negros, pela natureza do universo, vão sofrer um dia, vão desenvolver doenças e enfrentar graves crises, por que isso faz parte do mecanismo pedagógico do grande arquiteto do universo, que se utiliza de situações inusitadas para nos aproximar da real missão na Terra, a evolução, o crescimento e a harmonia em todos os aspectos.

Pois bem, olhe para qualquer, qualquer pessoa mesmo, e veja se ela já não sofreu um dia, perceba que as pessoas enfrentam a vida, cada uma à sua moda. No entanto, no sofrimento da enfermidade, das crises e dores da alma e do corpo, a forma de agir faz toda a diferença. E isso graças aos estados de consciência de cada ser.

O homem que se conhece e conhece as leis imortais torna-se livre, pois, como disse Jesus: "Conhecereis a verdade e ela vos libertará".

O homem, sabendo quem é, de onde veio e para onde vai, deixará de ser um cego para a vida e encontrará o rumo que deve seguir, desenvolvendo as suas potencialidades e tornando-se plenamente feliz por saber-se ilimitado!

Se espiritualizar é aprender definitivamente a criar luz internamente, se tornando preenchido, completo e, sobretudo, capacitado para ajudar a quem precisa com muita propriedade. Estamos tão distantes de nossa essência espiritual que não sabemos nem ajudar ao próximo, mesmo quando queremos. Não temos sabedoria para praticar a caridade, somos definitivamente lesados nesse quesito, temos tanto para aprender...

Tanta ignorância, não enxergamos um palmo sequer à nossa frente e ainda temos o ego de nos considerarmos sabichões, ai ai ai, é para rir de desgosto, como somos limitados! E é por isso que precisamos transcender as ilusões da terceira dimensão e desse universo tão desorientado, para que possamos nos tornar, ou melhor, conhecer-nos e revelar-nos como seres ilimitados, pois somos partícula de Deus e obedecemos à mesma capacidade de sermos abundantes e iluminados. As respostas devem ser encontradas dentro de cada ser, pois quando aprendemos a nos abrir e nos conectar com o Divino passamos a nutrir o divino dentro de cada célula, e por isso poderemos ter as resposta internamente também, sem a necessidade de gurus (apenas facilitadores) dessa dimensão. Precisamos viver um momento de unicidade e não dualidade. Precisamos acender essa chama que há dentro de cada um, aprender a buscar constantemente o silêncio de uma oração e a paz da meditação. Definitivamente, as respostas não são encontradas nas outras pessoas, no entanto na intimidade espiritual de cada um que questiona. Deus está em cada indivíduo, assim como cada um está em Deus, e isso deve ser aprofundado.

A espiritualidade vai fluir a passos largos quando aprendermos a buscar informações direto da Fonte Divina, e assim utilizá-la diariamente como uma diretriz angelical, orientando a missão única e intransferível de cada ser.

Falar menos, agir mais, e quando falarmos, devemos lapidar e adoçar as palavras para que propaguem o bem e a paz. Precisamos povoar as nossas ideias com vibrações da melhor qualidade, e isso jamais conseguiremos com os noticiários, jornais, internet publicando o tempo todo tanta discórdia e dor. Não conseguiremos jamais sintonizar as nossas ideias nos mais elevados padrões energéticos ouvindo músicas densas, apelativas e com sentido moral totalmente deturpado.

É importante dar muito mais foco para a competição interior em querer ser uma pessoa melhor a cada dia, do que ser melhor que o seu próximo nas típicas competições e batalhas do dia a dia de nós seres humanos. Essa deve ser a única e real competição a participarmos e principalmente sairmos vencedores.

É importante tirar o foco dos pensamentos somente nos problemas, transferindo para a compreensão da verdadeira causa da existência e definitivamente encontrar e realizar a missão da alma de cada um, que é o propósito maior de cada pessoa que aqui vive. Só existe uma única missão para cada ser neste plano, aquela que Deus quer...

É importante estender a mão para que o universo nos estenda, é importante amar mais para que sejamos mais amados. Se compreendemos essas leis naturais, como, por exemplo, a da ação e reação, não há mais tempo a perder, já é do nosso conhecimento que essa conduta antiga é muito prejudicial a todos, principalmente para nós mesmos.

Resumo

- A mediunidade não é boa nem ruim! Ela simplesmente é a condição que a pessoa precisa para evoluir.
- Todos somos médiuns, alguns mais desenvolvidos, outros menos.
- A mediunidade pode ocorrer de várias formas. A exemplo da vidência, clarividência (enxergar com os olhos da mente), clariaudiência (ouvir sons extrafísicos), psicografia (a canalização e escrita de mensagens vindas de planos extrafísicos), entre outras diversas formas.
- O "dom" da mediunidade acaba tornando a pessoa alguém "diferente", o que não é verdade... Essa "diferença", perante o estilo de vida aqui na Terra, pode gerar muitas consequências: rejeição, medo, admiração, fascínio etc.

A maior meta

- Usar a mediunidade como um instrumento para melhorar a humanidade.
- Aprender a utilizá-la de forma honesta, idônea, voltada para o bem maior.
- Colocar-se permanentemente como instrumento de ajuda para a evolução da humanidade.

- Deixar a energia grandiosa de Deus fluir, pela bondade e pelo amor.

- A mediunidade é um instrumento de evolução. Ela nos possibilita um crescimento mais rápido na direção da realização de nossa missão. O que seria de nós sem as possibilidades mediúnicas que ganhamos de Deus?

- Chegou a hora de você utilizar esse poderoso recurso, como um instrumento para dinamizar a sua tarefa de curar-se! Redimir-se de erros do passado e evoluir. Essa é a meta de todos!

- A mediunidade, assim como é largamente conhecida aqui no Ocidente, deve ser interpretada e entendida como um sentido extra que todos, sem exceção, temos. O fato curioso! Existem muitas formas de mediunidade, no entanto algumas são mais conhecidas, como, por exemplo, a clarividência.

- Se todos nós aprendêssemos a silenciar a mente, o coração, as emoções, os ruídos externos do meio ambiente em que vivemos, poderíamos com certeza ouvir o chamado, mesmo havendo quinhentos metros de distância. Sabendo da existência desse som, concentraríamos a atenção de tal modo que facilmente conseguiríamos amplificar essa voz.

Assim sendo, desenvolver a mediunidade é apenas permitir que sua experiência neste planeta seja guiada pela sua parte superior, por sua própria consciência espiritual.

- Ignorar essa faculdade natural por não conceber a ideia, ou mesmo por medo, comodismo ou insegurança, não vão fazer com que o universo mude seu mecanismo.

- Abra seu coração para a consciência de sua missão aqui na Terra, ejete sua consciência das alienações do mundo materialista. Volte-se para a necessidade de evolução que você tem. Dedique tempo para nutrir sua alma, leia assuntos correlatos, participe de grupos afins, mantenha contato com a natureza e seus elementos, aprenda a meditar diariamente. Assuma e cumpra compromissos rotineiros com a sua espiritualidade. Foque no sentimento de amor existente nas pessoas. Não há segredo, é só isso mesmo!

- A mediunidade se manifesta com o objetivo de ajudar as pessoas e o universo a evoluírem, inegavelmente!

- Todas as vezes que uma pessoa estiver aprofundando o estudo e a prática da mediunidade, no entanto não estiver se transformando em uma pessoa melhor, por consequência também não estiver melhorando a humanidade, fique alerta, pois algo estará em desequilíbrio! Use isso como uma bússola interna porque funciona bem, você pode apostar.

- A mediunidade manifesta um sinal do universo, que indica sutilmente que ela precisa se alinhar à vontade maior de Deus.

- Toda forma de mediunidade sempre será um convite para entrarmos na jornada da reforma íntima.

- A mediunidade pede consciência espiritual, ou seja, desenvolvimento de nossa espiritualidade.

- Nós fazemos nosso próprio inferno, bem como nosso próprio paraíso, e isso independe de ambientes externos, é tudo dentro de nossa própria consciência.

- Se espiritualizar é aprender definitivamente a criar luz internamente, se tornando preenchido, completo e, sobretudo, capacitado para ajudar a quem precisa com muita propriedade.

- É importante estender a mão para que o universo nos estenda, é importante amar mais para que sejamos mais amados. Não há mais tempo a perder, já é do nosso conhecimento que essa conduta antiga é muito prejudicial a todos, principalmente para nós mesmos.

PERGUNTAS E RESPOSTAS SOBRE O TEMA

1. O que é a mediunidade?

É a faculdade que todos, sem exceção, temos de intermediar. Médium é uma expressão que vem do latim e significa intermediário. É uma faculdade psíquica ou sensibilidade extrafísica. Está presente em todas as pessoas. Sempre! O que difere é que em algumas ela aparece pouco evidente, enquanto que em outras se mostra desenvolvida, aguçada. Em resumo, todos somos médiuns, alguns mais desenvolvidos, outros menos. A maior parte das pessoas desconhece esse fato.

2. Quais os tipos mais comuns de mediunidade?

A mediunidade pode ocorrer de várias formas, vamos citar apenas algumas mais comuns como a vidência – enxergar com os olhos físicos, clarividência – enxergar com os olhos da mente, clariaudiência – ouvir sons, psicografia – a canalização e escrita de mensagens, a projeção astral – quando o corpo espiritual da pessoa sai consciente de seu corpo físico em repouso, podendo viajar para outros espaços ou dimensões. Em todos os casos, sempre há captações sensoriais de vibrações, imagens, inspirações, palavras, que vêm de fontes extrafísicas, nunca anímica.

A premonição, que é a capacidade de sentir o que está por acontecer, antes mesmo que aconteça, é uma típica forma de mediunidade. Além da leitura de pensamentos, que muito fazemos, sem mesmo saber que estamos fazendo. Isso acontece com frequência, quando se sabe o que o outro vai falar, antes mesmo de começar a verbalizar.

3. Como a mediunidade se manifesta na vida da pessoa?

A manifestação da mediunidade ocorre na pessoa assim como qualquer outro aspecto da personalidade. A pessoa que dança, faz por sentir afinidade com a prática. Quem pratica um esporte é a mesma coisa. Existem muitas coisas que afloram em nós a qualquer momento, vontades, tendências, iniciativas e principalmente aspectos da personalidade como alegria, amor, ciúme, posse, fé, confiança, comodismo etc. Os dons ocultos também surgem o tempo todo nas pessoas, quando elas percebem muita aptidão para uma prática específica. Ocorre que a mediunidade é exatamente igual, aflora naturalmente de nossa essência. Mas, como ignoramos o fato de sermos espíritos tendo experiências no plano físico, criamos toda uma polêmica e uma atmosfera de medo quando ela surge.

4. É bom ou ruim desenvolver a mediunidade?

A mediunidade não é boa nem ruim! Ela simplesmente é a condição que a pessoa precisa para evoluir. Boa ou ruim pode ser sua forma de utilização, que depende da moral e da integridade de cada um, ou seja, dos princípios e valores da pessoa.

5. Qual é a minha responsabilidade quanto à mediunidade?

A mediunidade acarreta aumento de sua responsabilidade, no sentido de utilizar com sabedoria suas percepções extrafísicas. Afinal, esse dito "dom" da mediunidade acaba tornando a pessoa alguém "diferente", o que não é verdade... Essa "diferença", perante o estilo de vida aqui na Terra, pode gerar muitas consequências negativas se a moral e os princípios do médium não forem voltados para o bem maior da humanidade e sua evolução pessoal.

6- O que é um médium?

Todo espírito presente neste planeta, que se manifesta fisicamente em um corpo denso, é um médium. O que ocorre é o fato de que poucos são médiuns conscientes e dedicados. O médium aplicado na busca da evolução espiritual individual e coletiva pode ser considerado um ponto de luz no universo, um ser desperto na sua missão de contribuir para a evolução do planeta.

7. Como saber se sou um médium?

Todos somos médiuns, alguns mais desenvolvidos, outros menos. A maior parte das pessoas desconhece esse fato. É uma faculdade psíquica ou sensibilidade extrafísica. Está presente em todas as pessoas. Sempre! O que difere é que em algumas ela aparece pouco evidente, enquanto que em outras se mostra desenvolvida, aguçada.

8. Um médium é alguém que trabalha na casa espírita?

Os grupos espíritas, aqui no Ocidente, foram os primeiros a abordar esse tema, que para muitos era assunto ocultista e até alvo de rejeição e preconceito. Os centros espíritas foram os pioneiros a popularizar o termo mediunidade, trazendo informação, esclarecimento e oportunizando que as pessoas interessadas pudessem estudar e aplicar a mediunidade em práticas específicas. Desde que começou esse movimento e se estabeleceu essa forma de ajuda oferecida pelos centros, muitas pessoas têm vinculado o termo mediunidade unicamente ao estudo espírita.

Volte o pensamento para a história da humanidade. Pense no mestre Jesus. Ele foi um incrível médium! Dotado de percepções e sensibilidades incríveis. Ele não ia na casa espírita. E na Índia, berço de Grandes Mestres da Humanidade: não havia centros espíritas. Pois, então, como esses Grandes Seres desenvolveram suas faculdades mediúnicas?

Através de diversas práticas, com disciplina, dedicação e muito altruísmo consciente. Portanto, é muito legal a pessoa procurar locais que possam proporcionar ajuda para o médium compreender esse mecanismo todo, no entanto não é imprescindível e depende da vontade e da afinidade de cada ser, pois existem muitas formas de lapidar a mediunidade.

9. Como desenvolver a mediunidade?

Mergulhando na proposta que a mediunidade traz, que é: evolução, crescimento, reforma íntima, ou seja, a busca pela espiritualidade. Fazendo da busca pela consciência espiritual um estilo de vida, com aplicação, dedicação e disciplina.

10. Qual é a mensagem por trás do afloramento da mediunidade em qualquer pessoa? O que o universo quer dizer quando a mediunidade se manifesta?

Quando a mediunidade aparece, é um sinal dizendo: está na hora de evoluir espiritualmente e sair do sono evolutivo em que sua alma está. É um sinal que nos avisa que chegou o momento de se tornar útil para o universo, ajudando Deus Pai, Nosso Criador, em Sua missão, que é a evolução espiritual em massa. É por isso que ela aflora. Simplesmente porque todos nós temos que trabalhar nossa mediunidade, já que temos que contribuir para a evolução consciente do universo.

11. E se eu não quiser essa mediunidade?

Não temos como impedir os ciclos naturais, não dá para trancar a evolução do universo. O normal de um gato é miar, de um cão, latir, da água ser molhada e do fogo ser quente. Quem pode mudar isso?

O mecanismo da mediunidade precisa ser entendido para que não haja rejeição, medo ou insegurança. Se você desistiu de desenvolvê-la, lapidá-la, irá também arcar com a consequência, inegavelmente. Nosso livre-arbítrio sempre é respeitado, no entanto a nossa decisão nunca terá o poder de reter o fluxo evolutivo do universo. Como já sabemos, se não aprendemos pelo amor, precisamos provar da dor, a escolha é sempre de cada um.

12. Quais são os maiores desafios para quem desenvolve e utiliza essa mediunidade no dia a dia?

Usar a mediunidade como um instrumento para melhorar a humanidade; aprender a utilizá-la de forma honesta, idônea, voltada para o bem maior; colocar-se permanentemente como instrumento de ajuda para a evolução da humanidade; deixar a energia grandiosa de Deus fluir, pela bondade e pelo amor.

Se o médium souber trilhar sua vida com humildade, constância de propósito, usando essa força com discernimento, também poderá viver inserido em uma atmosfera espiritual linda, agradável, amorosa, verdadeiramente encantadora. É preciso ficar atento, sempre, a todo instante. Orai e vigiai é a cartilha que o médium deve seguir.

13. Como usar essa mediunidade na prática?

O indivíduo com a consciência e o discernimento aprende a aproveitar as percepções dos outros planos mais sutis, trazendo esse conhecimento das dimensões superiores para o plano físico. Acessando informações, mensagens, percepções e orientações que podem contribuir muito na evolução pessoal e coletiva.

NA PRÁTICA

Normalmente os desequilíbrios começam quando:

- Você se afasta da sua real essência, quando a interação mente e corpo se desorganiza, fazendo você deixar de ser você mesmo, e de fazer as coisas que você verdadeiramente ama, que são as que mais te fazem bem;

- Você se esquece que o seu propósito divino é evoluir, que você é uma consciência que através das diversas experiências pode aprender e crescer constantemente;

- Você se esquece que o que importa realmente é o que menos está aparente;

- Você se apoia em coisas que não são afins com a sua essência;

- Você rejeita a sua espiritualidade e desiste de encontrar e realizar a missão da sua alma;

- Você se perde nas ilusões do ego, acreditando que sua existência está basicamente fundamentada no plano físico, no seu corpo, na sua aparência, nos seus bens e assim se afunda nas armadilhas da terceira dimensão;

- Você acha que sabe tudo;

- Você não se ama, tampouco ama seu próximo;

- Por essas e outras razões que buscar a espiritualidade pode ser uma ótima maneira de você superar todas essas armadilhas, se mantendo sintonizado em um equilíbrio constante, evoluindo naturalmente.

QUER SE ESPIRITUALIZAR?

É preciso vontade, inciativa, ação

Esse processo pode ser motivado pela dor ou pelo amor, ou seja, pela necessidade emergente que você tem de se curar, de mudar algo, de conseguir ajuda para amenizar seu sofrimento, quase uma questão de sobrevivência.

Quando o fator motivador for a dor e o sofrimento, é muito importante que você perceba isso rapidamente, entendendo que foi esse sofrimento o instrumento de sua busca por espiritualidade, isso vai ajudar bastante.

Um segundo motivo pode lhe trazer vontade de se espiritualizar; é a sua própria consciência e bom senso lhe trazendo simplesmente uma sensação de que está na hora de trilhar esse caminho de crescimento e evolução da consciência. Infelizmente, esse segundo grupo é mais raro. Que pena que tem que ser assim, já que o próprio ciclo da natureza pode nos ajudar a refletir todos os dias. O fato de acordar e dormir todos os dias já manifesta que nascemos e morremos também, diariamente.

A manhã é naturalmente a manifestação da energia nascente, do novo, cheio de vida. A noite manifesta o recolhimento, a meditação, a introspecção. Só normalmente não nos permitimos aproveitar com equilíbrio os ciclos naturais da vida.

Assistimos todos os dias a casos de pessoas que buscam se espiritualizar, utilizando-se de meios totalmente complexos. Só que a espiritualidade está no simples, no leve e natural. E veja a complexidade da mente humana, até na hora de buscar a Deus percorremos os caminhos mais difíceis e tortuosos, procuramos em tantos lugares sem percebermos que tudo está dentro de nós.

Esperamos que você esteja buscando a sua espiritualidade, guiado ou guiada por um chamado interior, desenvolvendo a competência de evoluir sem que o universo precise lhe lembrar que você necessita fazer mudanças. É importante lembrar que todos somos imperfeitos, se não fôssemos não estaríamos residindo no planeta Terra.

O momento atual do planeta exige que cada ser, na sua individualidade, evolua e faça a sua parte. Essa tarefa não é simples para a maioria das pessoas, visto o estado de alienação espiritual em que estamos. Na verdade, esse crescimento espiritual seria em tese algo muito simples, quem sabe até banal, sem mistérios, por ser inerente à natureza do ser. Mas o universo em que vivemos é tão contaminado pelos interesses do ego, materialismo e outras inferioridades que até a busca pela espiritualidade acaba se tornando algo complicado, cheio de regras, técnicas, dogmas e determinismos. E o pior é que estamos transferindo essa façanha para os outros, achando mestres, gurus, salvadores, religiões incríveis, técnicas infalíveis, esquecendo que somos nossos próprios mestres, senhores de nosso livre-arbítrio. Gerando tanta complexidade fica difícil!

Acessar Deus é uma das coisas mais fáceis de se fazer, só querer já basta. Se você não se mexer, não buscar e não agir, esse crescimento espiritual não vai acontecer. Aja, comece agora!

Desalienação

Quando se começa a ter iniciativa, criar novas atitudes em prol da busca pela espiritualidade, seja pelo amor ou pela dor, é preciso que as coisas fiquem bem esclarecidas! Você vai precisar se descontaminar completamente, olhando de maneira nova as antigas coisas. Nesse momento vai ser necessário criar uma nova rotina, focada plenamente em você. Assumir e cumprir compromissos com você é o ponto alto disso tudo. Nos referimos aos compromissos com a sua essência, com o seu espírito e Eu interior. Não confunda, não estamos falando de se tornar uma pessoa egoísta, pensando apenas em você e mais ninguém. Nos referimos à necessidade de aprender a separar na sua rotina diária espaço para o seu Eu.

A prática de "leituras edificantes" constantes, cursos, vivências, participação em palestras, encontros, grupos, vivências em prol dessa busca consciencialmente a ponto de levá-lo a uma saturação positiva por conta de tanto envolvimento no tema. Isso é exatamente o que a mídia contaminada e o inconsciente coletivo nocivo geram em nossa vida. O processo é o mesmo, é saturação dos temas que se objetiva aprender, para que isso gere um mergulho consciencial.

Já falamos nesse trabalho sobre os perigos das palavras negativas proferidas, que afetam significativamente o equilíbrio das pessoas e dos ambientes. Sabemos que as pessoas doentes "adoram" falar sobre doenças. O contrário disso é verdadeiro; pessoas espiritualizadas falam sobre espiritualidade, pensamentos superiores, amor e temas edificantes, construtivos.

Lembre-se: é importante que isso ocorra de maneira universalista, "com os pés bem calçados no discernimento", não se engane, não julgue, não questione com a mente, questione com o coração aberto! O filtro é seu coração, o responsável por lhe dizer o que é ou não é bom para você. Ele é o regente desse processo.

Nessa fase impera a necessidade de realizar uma mudança de atitude. Temos que ser sinceros, requer persistência e pode lhe dar um pouco de trabalho no começo. Toda mudança de hábito gera resistências, mas quando você começar a sentir os benefícios dessa conduta, sentindo mais energia e leveza, isso tudo vai ser mais do que suficiente para você se motivar a continuar.

É importante que você sempre priorize as suas tarefas, compromissos ou até mesmo diversões. É desejável que sejam condizentes a esse novo hábito, que possam sempre trazer conhecimento, sabedoria e evolução espiritual. Tome consciência de quantas coisas fazemos o tempo todo que não servem para absolutamente nada.

Quando você se interessar em fazer as coisas que apenas estejam voltadas direta ou indiretamente para o crescimento espiritual, você vai naturalmente acelerar esse processo e viver melhor, porque dessa forma não há tanto desperdício de energia.

Profundidade e amorosidade

A superficialidade destrói

É muito importante a pessoa se tornar universalista (religião é a do coração e a filosofia é de fazer o bem), senão fica impossível aprofundar qualquer coisa, pois quando você acreditar que as coisas acontecem de acordo com uma religião, doutrina ou filosofia somente, aí você se torna superficial.

O determinismo é a bactéria que pode infectar essa etapa da sua vida, e o antibiótico é a humildade e o discernimento do coração. Por isso alertamos sobre o perigo de se fascinar com uma só doutrina, religião ou filosofia, achando que definitivamente decifrou todos os mecanismos do universo. Grande erro!

Estamos todos, sem exceção, imersos em uma atmosfera plena de ignorância. Todos nós temos uma missão, cada ser com um propósito bem específico e definido, que se diferem de pessoa para pessoa. No entanto, todos nós, seres presentes na Terra, unanimemente viemos curar a ignorância. Pois bem, então, se a ignorância é o mal da humanidade, dizer que os fenômenos do universo obedecem a apenas uma lei, regra ou fórmula, isso é arrogância.

Por isso, sejamos inteligentes pelo menos uma vez e definitivamente vamos abrir o coração para nos espiritualizarmos de maneira universalista, em que a melhor religião é aquela da orientação interior.

Existem ilimitados caminhos para acessar a luz divina, nós não conhecemos quase nada desse universo de possibilidades. Com muita humildade, sem determinismos e sem arrogâncias, podemos aprender um pouco de tudo. Se você "fincar o pé" em uma única religião ou doutrina, certamente você vai cometer o erro grave e destrutivo de ser superficial. Mesmo que você seja extremamente conhecedor dos ensinamentos que segue, ainda assim, perante a grandiosidade do universo, se você apenas se aprofundar nessa linha, você será superficial. Você pode e deve aprofundar o seu conhecimento sobre uma filosofia ou religião, mas, se você ficar só nesse meio, isso pode ser um atraso de vida. Como dizia São Tomás de Aquino: *"Cuidado com o homem de um livro só"*.

Vá criando a sua conduta interna baseada em quantas filosofias forem necessárias ou úteis, orientais, ocidentais, universais. Aprenda um pouco de tudo que tem por aí, vá se conscientizando das formas diferentes de ver Deus, mas lembre-se de usar seu leme, que é seu coração. Ele possui internamente a programação de cada ser e, assim sendo, só ele tem a capacidade de dizer o que é melhor para cada pessoa.

É importante aprofundar, mergulhar na essência da espiritualidade, sentir o coração pulsar nessa vibração, e com isso expressar esse amor em todas as células do seu ser.

Capítulo 12

A oração como um elevador do psiquismo

"Amados! Vocês não sabem rezar. Em invés de as orações ajudarem no psiquismo da Terra, elas acabam atrapalhando, pois vocês pensam que rezar é se lamentar! A energia da lamentação destrói o planeta, enquanto a verdadeira oração eleva a energia de quem reza e do planeta inteiro. Existe uma rede de orações na Terra e vocês podem se conectar a ela antes de rezarem para quem está mal. É preciso entrar na rede para se fortalecer, assim a oração ganha mais força e, quando direcionada para quem precisa, pode resolver as piores situações, até aquilo que vocês julgam impossível. Porém, de nada adianta rezar com o coração cheio de crítica: primeiro é preciso vencer essa barreira."

Mensagem Canalizada – Senhor de Arcturus

Se tudo neste universo é matéria ou energia, e aquilo que penso ou sinto também gera uma energia, que é a essência básica do nosso corpo espiritual, todos os pensamentos e emoções que temos podem melhorar ou piorar essa frequência vibratória.

O tempo todo estamos interagindo com diferentes vibrações energéticas, também as produzindo, ou seja, emitindo e recebendo esses variados padrões.

Dentro desse contexto ou visão, baseada no conceito do universo de energia, podemos classificar uma oração ou prece como o agente capaz de produzir uma elevação do psiquismo individual e coletivo, que resulta na capacidade de alterar positivamente nossas energias de forma geral. A oração tem a capacidade de sutilizar vibrações.

A oração é a capacidade que temos de buscar um padrão vibratório muito mais elevado do que a condição natural na qual estamos inseridos. Por conta dessa observação, o ser humano dificilmente conseguirá evoluir em sua experiência física, se não desenvolver um estilo de vida em que o estado de prece lhe seja uma constante. O grande desafio é manter internamente um psiquismo de caráter mais sutil do que seu corpo físico esteja impregnado, dessa maneira proporcionando-lhe uma evolução natural constante, baseado na sua capacidade interior de cocriar um padrão mais sutil, a todo momento, ilimitadamente. Do ponto de vista prático e energético, esse é o fenômeno da ascensão, porque possibilita ao indivíduo que ele siga crescendo em sua evolução, minuto a minuto, sem limites. Inegavelmente nos é dada a possibilidade de sermos melhores a cada instante.

A oração, sem dúvida, é uma criação psíquica para nos tornar os cocriadores das bênçãos universais. Pela sintonia criada na intenção e no pensamento focado, passamos então a nos conectar com as atmosferas sutis, fontes de energias superiores, que respeitam a lei do semelhante que atrai semelhante, ou lei da ressonância, também chamada de lei da atração.

Analisando por esse ângulo, sempre, em todos os casos, o primeiro passo para a fundamentação de uma prece é a criação interior de uma vibração elevada, de moral superior, com bases amorosas e de natureza leve. Uma condição que nos permite "preparar o terreno" para que a semente germine. Sempre somos nós os responsáveis, cada um preparando o seu terreno.

Perceba a importância do entendimento do "Orai e vigiai" do grande mestre Jesus. Provavelmente Ele já queria nos trazer o entendimento que cada emoção positiva ou sentimento superior é um agente gerador de novos acontecimentos e virtudes, alertando também que as emoções negativas, tão comuns e abundantes, são orações invertidas. Deus nos concede a façanha de sermos cocriadores de nossa própria condição, de sermos obreiros de nós mesmos, e isso está claro nas mais antigas escrituras e nos ensinamentos dos Grandes Mestres, que em função do modernismo e futurismo até mudaram a roupagem, mas nunca o sentido ou conteúdo, isso porque os princípios divinos nunca ficam obsoletos.

O mais importante, no entendimento dos mecanismos envolvidos na oração, é entender que ela é um portal para a consciência suprema, de luz e elevadíssimas vibrações. Que poderemos ter acesso e abastecermo-nos a qualquer momento, no entanto a negligência com esses fluxos naturais podem gerar grandes catástrofes na vida dos leigos, alienados de suas consciências espirituais.

É claro que os Grandes Mestres, que viveram em ambientes e civilizações embebidas na ignorância, nos misticismos contraditórios, na fé cega e descabida, não podiam falar do universo como um ser único, vibrante, ordenado e preciso. Tampouco de forma sofisticada. Os níveis de consciência não estavam devidamente cristalizados para capacitar tamanha carga de verdades universais. Suas mensagens precisaram ser adaptadas, assim como a pedagogia infantil precisa ser hábil para ensinar aos pequenos, por fontes criativas e simplistas. Mas em que época estamos atualmente?

Estamos vivendo um movimento evolutivo no que se refere à tecnologia, informação e avanços que jamais podíamos conceber se voltássemos cinquenta anos antes.

Cada vez mais se comprova que somos responsáveis por nossas realidades de vida, ora pelo cientificismo da física quântica do século XXI, ora pelos avanços espiritualistas dos estudos universalistas, bem como pelas almas evoluídas que encontram verdade nas leis da intuição e do coração.

Não importa o mecanismo, nem tanto a época, a força da oração se mantém intacta, inviolável, pois não sai de moda. Nenhum avanço tecnológico, cultural, espiritual, pode negar essa realidade imperecível. No entanto, a experimentação e a observação nos mostram que podemos alterar as bases que fundamentam essa geração do padrão vibratório, pois sempre estaremos sensíveis pela lei do semelhante atrai semelhante, assim como estamos pela lei da gravidade. E o que isso significa?

Que exatamente o que você vibra e produz através do seu psiquismo, intenção focada e sentimento é o que você sintoniza. E qual é a importância da constatação dessa lei natural?

Que uma oração mal feita pode produzir resultados também de mesmo padrão.

Então é possível fazer uma oração de forma incorreta?

Sim!

Pense que, se suas preces são realizadas com fundamentos e bases egoístas, a vibração ficará pairando apenas ao redor do gerador dessa energia, produzindo uma frequência que tem por característica o egoísmo. Muitas pessoas relatam: "Eu rezo, rezo e rezo, mas nada acontece, Deus não me ouve". Isso manifesta que o foco da energia gerada é apenas a própria pessoa, ou seja, mesmo que ela não perceba, trata-se de um sentimento egoísta e não altruísta, que não gera fluxo e refluxo com o universo. Nessa conduta, a pessoa não se abre às vibrações das ilimitadas fontes de Deus, pois está voltada apenas para seus interesses de ordem pessoal, e como sabemos "semelhante atrai semelhante ", que nesse caso quer dizer: egoísmo atrai mais egoísmo.

"Deus não ouve suas preces, ele responde energeticamente às suas vibrações!"

Por isso as máximas "orai e vigiai", "ama teu próximo como a ti mesmo" e "a cada um será dado conforme suas obras" sempre tiveram e têm tanto fundamento, porque nos é livremente permitido construir internamente tudo aquilo que queremos que ocorra. Assim sendo, podemos concluir que muitos de nós não sabemos rezar. Isso porque concentramos um padrão de vibração, sempre voltado para pedir, pedir, pedir. Orientado a interesses pessoais, já que não temos a consciência altruísta que poucos povos ou culturas no mundo tinham ou têm. Somos todos um! Se pensamos no todo, no coletivo e de forma altruísta, não nos limitamos a um sistema fechado, mas nos conectamos a um universo infinito.

A força da boa oração

A oração com intenção egoísta, apenas voltada para interesses próprios, manifesta um circuito fechado e limitado do fluxo energético, ao passo que a prece feita com intenções altruístas, calçada em princípios como "amar ao próximo" conecta a pessoa às mais elevadas esferas das dimensões divinas. A prece altruísta, consciente e amorosa, sintoniza o indivíduo com a Fonte Divina. Promove uma higienização de suas energias psíquicas, dos seus corpos áuricos e desintoxica os pensamentos negativos e expande a consciência, equilibrando as emoções e trazendo discernimento.

O homem na experiência terrena, sem o hábito da oração sincera e bem-intencionada, é como o peixe fora da água, tornando-se impossível sobreviver. Qualquer pessoa sem essa via de acesso a sua essência divina se afoga no mar das ilusões da realidade material, e se intoxica com as impurezas de sua alma bruta, que ainda engatinha na sua caminhada evolutiva.

Se todos os seres humanos tivessem um "manual do usuário", no item referente ao abastecimento de combustível estaria escrito em letras garrafais: **"VIVER EM ESTADO DE PRECE. MAS, ATENÇÃO, PRECE SOMENTE DO TIPO ADITIVADA"**.

Entenda-se prece aditivada como aquela feita com intenções amorosas, voltada não apenas para interesses individuais, mas coletivos também. Uma prece que não se inicia através das lamentações ou choramingos. Uma oração em que o agradecimento está presente acima de tudo. Esse tipo de conexão com Deus é capaz de nos permitir abastecermo-nos das melhores virtudes, dos mais puros sentimentos. Mesmo tendo noção das dificuldades que encontramos na existência terrena, mesmo concordando unanimemente que somos inseguros, imperfeitos e até ingênuos no que tange ao conhecimento do saber espiritual e dos mistérios da criação, ainda assim, nos limitamos a focar tudo no "Eu", ou seja, na individualidade, na separação do todo. Grande erro!

O homem que extingue de sua rotina a estimada oração, pratica suicídio em gotas. E isso todos fazemos, quando utilizamos de forma equivocada o abençoado livre-arbítrio. Essa permissão manifestada na prática pelas más escolhas da vida, sempre baseadas nos apegos e ilusões, potencializa a absorção das impurezas mundanas na alma da pessoa, desviando-a de seu projeto evolutivo e da missão da sua alma, porque dessa forma, por sua negligência espiritual, o ser humano se permite ser governado pelos interesses da dimensão física e de seus equívocos conscienciais.

Cada um de nós, quando afastado da prática divina da boa oração, consente se afundar, em doses sutis, no universos das densidades expurgadas do inconsciente coletivo, ou seja, o lodo resultante das imperfeições humanas. Quando percebermos que viver em estado de prece é tão essencial quanto a alimentação diária ou a água que bebemos, manteremo-nos alinhados a Deus, sintonizados na essência divina, por isso vivendo para evoluir espiritualmente, e não apenas voltados para interesses materiais e nefastos.

A prece isenta da ignorância e do egoísmo proporciona uma via de acesso expressa, ou melhor, uma linha aberta com o ramal da consciência divina. Rezando dessa forma, nos permitiremos e nos deixaremos influenciar pelas leis do supremo, pela verdade que a divindade quer, conhece e segue!

A ausência dessa conexão amorosa e clarificante atira a pessoa no mar da ignorância, no abismo do egoísmo, que lhe faz acreditar de forma equivocada que ela é separada do todo, e que o que acontece às demais pessoas, em todas as partes do universo, nada tem a ver com sua experiência de vida. E a destruição da angelitude da alma sempre se inicia por essa porta: a separatividade ou o Ego separatista, que fascinado e iludido não compreende que TODOS SOMOS UM!

Perguntamos: que prece é essa que as pessoas fazem para que seus times de futebol vençam? Que prece é essa que dá foco no pedido de que seu amante se separe de seu cônjuge para que fique "livre"?

Acha que estamos brincando? Que essas coisas não existem?

Então saia por aí e faça uma enquete. Pergunte para o número máximo de pessoas que encontrar se elas acreditam que o sofrimento no Oriente Médio pode influenciar a qualidade de vida aqui no Brasil. Pergunte para as pessoas como elas rezam, ou melhor, pergunte se elas rezam. Mas não se assuste com as respostas.

O que choca é o fato de que muitas pessoas frequentam assiduamente suas igrejas, seus grupos religiosos, suas fraternidades ou sociedades, mas que não sabem rezar! Gostaria muito de ser combatido nessa afirmação, de estar completamente equivocado, mas não dá, simplesmente por causa dessa grave imperfeição humana chamada egoísmo.

Muitos dizem, eu sei rezar sim! **"Peço todos os dias luz para MEUS filhos, MINHA família e MEUS amigos, eu não penso só em mim."**

Eis alguns outros graves problemas: Meu, Minha, Eu... Nosso planeta está doente, e rezar somente para os Meus e Minhas não resolve nada.

Essas preces distorcidas existem no mundo da mesma maneira que o egoísmo, a ganância e a ignorância existem também.

Você realmente sabe rezar? Como é feita a sua oração? Você sabe o que representa uma prece? Só reza quando está em apuros?

Todos precisamos entender que a boa prece é a mais simples e eficaz forma de desenvolver a sua consciência espiritual, alcançando felicidade, e essencialmente: Ajudar a coletividade e o planeta a evoluir!

Isso porque o psiquismo denso do planeta se manifesta extrafisicamente como uma fumaça cinza que gravita no globo terrestre, dificultando a inegável missão de evoluirmos. A prece coletiva consciente e focada pode higienizar nossa morada, fazer uma verdadeira assepsia em nossos corações e emoções confusas. No entanto, assistimos todos os dias as pessoas recusarem suas buscas evolutivas. Negam a necessidade emergente de viver uma vida voltada para a evolução espiritual. Ridicularizam as pessoas envolvidas nessa senda e combatem com a alienação o movimento da Nova Era, como se fosse algo nocivo. Nada disso é raro, tudo tão comum na realidade atual e iludida. Tão comum quanto as águas de março ou o frio no inverno do Sul do Brasil.

Jesus dizia *"Não dê pérolas aos porcos"*, manifestando que cada um só pode compreender aquilo que permite seu nível de consciência. Inquestionável ensinamento do Sublime Peregrino. No entanto, como somos seres também imersos na atmosfera de ignorância do planeta, não conseguimos reter nossa rebeldia e a inquietude de nossas almas para perguntar: Nos dias de hoje, no caos em que vivemos, há realmente tempo para esperar ainda mais o despertar daqueles que ainda não estão prontos? Nossa "casa" está uma bagunça no que tange à finalidade de cada um na existência física e mesmo assim temos que respeitar a alienação espiritual de nossos amigos, familiares e vizinhos?

Temos mesmo que compreender que no mínimo 90% das pessoas estão dormindo quanto à necessidade de desenvolver seus projetos evolutivos?

Temos mesmo que compreender que as pessoas adoram se enganar, na atmosfera alienada e fútil das programações continuadas da TV e mídia em geral?

Até que ponto a arrogância inevitável de uma mente irriquieta que questiona a consciência dorminhoca é pior que as atitudes meramente materialistas, acomodadas e iludidas daqueles que negam a busca por evolução espiritual?

Sinceramente, não sabemos se uma das duas atitudes estão corretas, talvez nenhuma delas. Nem arrogância e inquietude, tampouco comodismo e rejeição à natureza espiritual. Precisamos arranjar um meio termo. Talvez em um passado distante tenha havido muito tempo para poder esperar o despertar evolutivo de cada alma, mas será que ainda há esse tempo?

Infelizmente, é fácil constatar que, para uma humanidade iludida com relação a sua essência, "normal e natural" é seguir vivendo de acordo com um molde social, que quer dizer: **Viver, se divertir, casar, ter filhos, prosperar financeiramente, ter casa própria, carro próprio, pagar as contas. Só ser bonzinho definitivamente não resolve os problemas do mundo!**

Perdoe-nos os Grandes Mestres e o Plano Espiritual, mas, do jeito que andamos, com a necessidade emergente que temos, pensamos que seja preferível correr o risco de "dar pérolas aos porcos" com a chance de obter algum êxilo, que se resume no incentivo à busca da espiritualidade, em invés de esperar o "tempo de cada um" assistindo o declínio do planeta azul sem fazer nada. Nesse caso, e de acordo com nosso nível de consciência, afirmamos: preferimos errar pela arrogância do que pelo comodismo e alienação e esperar para arcar com as consequências. Reflita qual será o seu papel.

Muito se fala de movimentos religiosos ou crenças, que vêm até ganhando muito espaço na mídia televisiva. Ora pelo mercantilismo disfarçado pelas partes interessadas, oora pela latente carência de uma população confusa que gera audiência, em raros casos pelo real valor. Só que precisamos de muito mais do que isso!

Não precisamos de cultos, rituais, fraternidades, missas, crenças, irmandades, se essas não produzirem evolução espiritual para a grande massa. Não importa o caminho de busca pela espiritualidade, o que importa é a evolução que se consegue, esse é o indicador principal que mostra se os esforços valem ou não a pena.

Não adianta mais só filosofar ou conhecer intelectualmente, precisamos melhorar nossos estados de espírito. Menos mágoa, apego, raiva, ignorância, pessimismo, intolerância, medo, insegurança, vaidade, orgulho, ego e tantas outras inferioridades. Se a busca de qualquer um produzir o efeito admirável da evolução em itens como esse, ótimo! A meta será alcançada. O que mais importa é a evolução, a melhoria nos aspectos da personalidade. Se sua filosofia, crença, religião ou doutrina está lhe proporcionando ser uma pessoa melhor, ou agregando amor incondicional e abnegado a cada dia, o caminho estará certo. Cuide-se, muito pouco se fala em amor verdadeiro, muito pouco se fala da necessidade de evoluir. Quase nada se fala da missão de cada um nesta vida, o que é realmente essencial. Por isso não caia em armadilhas.

Se o homem, mesmo equivocado em suas escolhas e vítima de seu próprio descaso consciencial, soubesse rezar direito, a realidade seria outra. No entanto, não é novidade para muitos o "estilo" do universo nos ensinar. Se não aprendemos pela consciência e amor, aprendemos pela dor, e as vezes dói muito mesmo. Então, como em quase cem por cento dos casos buscamos Deus pelos tortuosos e inefáveis caminhos da dor, quando esta lhe for companheira, lembre-se de IMEDIATAMENTE se abrir para Deus em preces sinceras, com gratidão, altruísmo e intenção coletiva, porque, se não for assim, as complicações surgirão. Não porque Deus é punitivo, mas porque somos donos do nosso livre-arbítrio e cocriadores dos fluxos que nos interpenetram.

A busca incessante por consciência e evolução possibilita ao espírito aqui encarnado driblar alguns métodos pedagógicos que envolvem o sofrimento como receita única da expansão de nossos limites e cura de nossas inferioridades. Buscar essa espiritualidade e focar a vida na consciência de nossa missão é navegar em águas mansas. Temos sempre a chance de evitar as tormentas e os mares revoltos, causadores de sérios naufrágios.

OBSERVAÇÕES:

A devoção das pessoas ignorantes produz uma atmosfera de formas de pensamento características (dessa ignorância) mesmo que sejam fiéis a uma religião. Fé com pouca consciência não configura um padrão elevado, não resolve os problemas e crises, pois não eleva o psiquismo a sintonias superiores, tampouco não higieniza os níveis vibracionais densos a que todos os homens e ambientes da terceira dimensão estão sujeitos. A verdadeira profilaxia de nossas almas só é alcançada com a fé raciocinada, altruísta, consciente e sincera.

"A devoção ignorante cria formas de pensamento semelhantes às formas de pensamento de medo e egoísmo."

Quanto mais altruísta o emissor da forma for, mais clara, límpida e cristalina será sua formação. A prece focada é a incubadora da forma de pensamento elevada. A comunicação com os planos mais sutis não se dá pelas palavras, mas através de senhas, que são as formas de pensamento. O que você emana é o que você atrai, por que sempre o que você produz retorna para você. Essas formas são sinalizadoras da natureza, pureza e intenção da prece. Os planos mais sutis se utilizam também dessas formas para criar as conexões, sempre por compatibilidade.

"A fonte de uma boa e pura forma de pensamento é intenção focada somada à pureza e à consciência dos fatos."

É preciso saber orar, porque, se você começa com lamentações, choros, egoísmos, você gera uma forma de pensamento também egoísta, que não se dispersa para o universo. Ficará gravitando ao redor do emissor. Quando o alicerce da oração é altruísta, sempre haverá uma troca com o universo, que inevitavelmente responderá, devolvendo formas energéticas ao gerador, em um fluxo contínuo ilimitado.

Oração altruísta = Fluxo ilimitado
Oração egoísta = Fluxo limitado, fechado

Quem não sabe rezar, cria um círculo vicioso de energias, que paira sobre a própria pessoa, impedindo-a de receber o fluxo do universo, e sabe por quê?

Porque seu foco mental é apenas egoísta. Dessa maneira a forma criada girará também em torno da pessoa, obedecendo ao mesmo padrão de sua atmosfera psíquica, ou seja, não há circulação e dispersão e por isso não há retorno energético nesse tipo de prece, pois estamos sujeitos a diversas leis naturais, como, por exemplo:

"A semeadura é opcional, mas a colheita é obrigatória."

"Semelhante atrai semelhante."

"A cada um será dado conforme suas obras."

"Cada ação gera uma reação, com mesma intensidade, mas com sentido oposto."

Resumo

- A oração é uma conexão que prima por elevar nosso psiquismo e transformar a condição energética geral em uma realidade mais elevada e sutil.

- Como o simples fato de pensar e sentir gera uma energia, e esta tem a capacidade de atrair mais sintonias de mesmo padrão, "orai e vigiai" dentro desse contexto manifesta a necessidade vital que todos temos de não permitir prejudicarmo-nos em nossas vibrações, mesmo porque sentimentos e emoções inferiores são preces ao contrário, ou seja, orações de polaridade invertida.

- A chave da boa oração é aprender que todos somos um. Podemos e devemos pedir bênçãos pessoais ou individuais, mas primeiro devemos lembrar de contribuir com a Fonte Divina para que ela contribua conosco.

- Algumas pessoas relatam que não têm suas preces atendidas pelo simples fato de seus focos serem egoístas, evolvidos em súplicas, lamentações, que só atrairão vibrações de mesma semelhança.

- A boa intenção, altruísta, amorosa, é voltada para si e para o todo, proporcionando uma conexão de qualidade vibrátil compatível com as vibrações das esferas mais angelicais. Inegavelmente, quando a pessoa faz a prece, ela está emitindo um sinal vibratório para os planos de energias mais qualificadas. Por isso a oração é a possibilidade, ou melhor, a bênção que temos de usufruir do abastecimento contínuo na Fonte Maior.

- O espírito encarnado, que cuida de sua reforma íntima e procura a evolução constante, está naturalmente desenvolvendo um estado de oração.

- Sentir amor por si próprio, amor ao próximo e amar a Deus sobre todas as coisas é o mesmo que rezar para cada célula do seu ser, mesmo que você não saiba. Quem tem em seu coração esse estado de consciência amoroso, é aluno nota dez na arte da oração. Mais importante que rezar algumas vezes ao dia, em uma prece mecânica, é se permitir amar a cada instante da vida. Dessa forma, a prece será como respirar, automática e natural.

- Se a sua oração for mecânica e mental, não produzirá a vibração que você precisa para elevar a sua energia e contribuir com o universo. Por isso, se não consegue rezar com o fervor da alma, é melhor que tire um tempo para admirar o pôr do sol, a beleza de uma árvore, ou quem sabe o voo dos pássaros, pois surtirá infinitas vezes mais efeito do que sua oração insensata.

PERGUNTAS E RESPOSTAS SOBRE O TEMA

1. Resumidamente, qual o objetivo da oração?

A oração é uma conexão que prima por elevar nosso psiquismo e transformar a condição energética geral em uma realidade mais elevada e sutil. É o momento em que nos conscientizamos que somos "filhos da Fonte" e que precisamos estar sempre conectados a Ela. Com a oração nos mantemos sempre conectados às energias sublimes de Deus, do Grande Espírito ou da Existência.

2. É possível fazer uma oração de forma incorreta?

Sim. Pense que, se suas preces são realizadas com fundamentos e bases egoístas, a vibração ficará pairando apenas ao seu redor, produzindo uma frequência que tem por característica o egoísmo.

3. Por que algumas pessoas relatam: "Eu rezo, rezo e rezo, mas nada acontece, Deus não me ouve"? O que ocorre nesses casos?

O mesmo problema: o foco da oração é egoísta. Acontece também quando a pessoa começa a oração se lamentando, enquanto que deveria começar exercitando a gratidão.

4. Quais os principais efeitos resultantes de uma boa oração?

Conecta a pessoa às mais elevadas esferas das dimensões divinas, promove a higienização de suas energias psíquicas, dos seus corpos áuricos, e desintoxica os pensamentos negativos. Expande a consciência, equilibra as emoções, traz discernimento, ajuda a aflorar nossa missão aqui na Terra, traz proteção espiritual, saúde em todos os aspectos, felicidade e plenitude. Esses são apenas alguns dos ilimitados benefícios produzidos pelo efeito da prece.

5. O que dizer da prece mecânica, aquela em que a pessoa reza apenas com a mente?

A prece mecânica manifesta efeito nulo! Para melhor responder a essa pergunta, vamos transcrever um comentário do Mestre Paramahansa Yogananda sobre esse assunto.

"A única oração eficaz é aquela em que sua própria alma esteja ardendo de desejo por Deus. Sem dúvida, você orou dessa maneira algumas vezes; talvez quando necessitava muito de algo, ou precisava de dinheiro urgentemente – então você incendiou o éter com seu desejo. É isso que você precisa sentir em relação a Deus."

Esse comentário explica a necessidade de gerarmos uma forma de pensamento em relação as nossas orações. Com o tempo você será conhecido como alguém que tem uma prece eficiente, simplesmente porque coloca toda sua intenção e foco na oração e sabe fazê-la de forma a manter o fluxo ilimitado com Deus. A prece mecânica jamais alcançará essa condição.

Na prática
Ações concretas para utilizar esse conhecimento

É importante entender definitivamente que:

- A prece mecânica é o mesmo que nada na busca de uma conexão com Deus;

- Não precisamos ir às igrejas, templos ou lugares especiais para rezar. O único templo de que temos a obrigação de acessar é o nosso coração. "Esse é o lugar perfeito para comunicar-se com Deus".

- As palavras na oração só são necessárias porque têm o poder de, através das suas intenções, alterar o estado de espírito de qualquer pessoa. Essa condição energética é o cartão de visitas de qualquer pessoa. É uma condição vibracional que manifesta seu nível de evolução espiritual, normalmente conquistado por pessoas que se mantêm em estado de prece a todo momento, em um eterno "orai e vigiai".

Criando conexões de orações

Existe um costume muito enraizado na cultura das pessoas no geral. Quando não gostamos ou não concordamos com o comportamento de uma outra pessoa, tecemos a nossa infalível crítica, que, mesmo não sendo expressada verbalmente, apenas no pensamento, já tem uma energia e direção.

Não estamos dizendo que os comportamentos inferiores das pessoas à nossa volta devem ser simplesmente ignorados, tampouco dizendo que esses aspectos não sejam perturbadores. O que queremos expor aqui é o fato de que, mesmo que a pessoa não esteja agindo de forma adequada, seu comportamento seja negativo, nunca deveremos tecer comentários igualmente críticos ou negativos, já que isso irá reforçar esse padrão de comportamento. É óbvio e natural que haja uma reação, mesmo que silenciosa em nossas mentes. Quando somos insultados, afrontados, ofendidos, magoados etc. é disparada internamente uma resposta para aquele fato. Precisamos aprender a controlar essa reação!

Quando alguém nos faz algo de ruim, alguma coisa realmente imprópria ou inferior, é por que essa pessoa, mesmo que momentaneamente, está em uma vibração baixa que a faz pensar, sentir e produzir essas inferioridades. Quando impiedosamente manifestamos verbalmente ou mentalmente a nossa crítica para aquela pessoa, estamos projetando nela mais energia negativa e por consequência reforçando ainda mais essa vibração baixa.

E, vamos falar honestamente, é muito difícil para qualquer pessoa nessas condições conseguir segurar os comentários ou reações naturais pertinentes. Só que o resultado desse processo natural é que não conseguimos nunca ajudar a quem precisa evoluir, e o pior é que pessoas que produzem constantemente inferioridades são as que mais precisam crescer espiritualmente. Consequentemente, a pessoa recebe essa vibração inconscientemente e vai se mantendo cada vez mais nessas vibrações densas que tanto geram problemas.

Trazendo isso para a prática, se você não concorda com o comportamento da sua cunhada, não manifeste sua crítica, não comente e nem verbalize. Se você não suporta a arrogância do seu chefe, por favor, não perca seu tempo em criticá-lo, isso vai fortificá-lo ainda mais nessa arrogância. Se você não aguenta mais a sua sogra, está cansado do seu marido ou esposa, não tem mais paciência com seus filhos, pelo amor de Deus! Não os critique, não reclame pelos comportamentos de que você não gosta, isso só vai reforçar ainda mais esses aspectos negativos. É claro que ninguém gosta desse tipo de coisa, mas projetar a sua crítica, mentalmente ou verbalmente mesmo, isso vai realimentar esse ciclo negativo que tende a ficar cada vez pior. Com o tempo, quando os comentários, críticas ou reclamações continuam a acontecer, um campo energético consistente nessa vibração característica vai sendo criado. Esse campo energético vai gerando uma rede de impulsos vibratórios na frequência das inferioridades, e isso ancora comportamentos negativos no indivíduo que recebe a crítica. Essa energia concentrada dificulta muito a evolução da pessoa; mesmo que ela um dia se dê conta de que precisa melhorar e se redimir de seu comportamento inadequado, ela vai sentir uma dificuldade muito grande. Isso porque essa energia criada pelas críticas vai dificultar muito o processo e raramente a pessoa vai evoluir e melhorar, e purificar seus aspectos inferiores da personalidade.

A vantagem desse processo é que o mesmo mecanismo, no entanto com intenção oposta, pode ser um instrumento poderoso de ajuda para quem precisa evoluir, mesmo que não tenha por si só compreendido isso.

Quando sentimos algo ruim provocado pelo comportamento inferior de qualquer pessoa, seja ela alguém muito próxima na sua convivência ou alguém bem distante, a reação necessária para ajudar essas ocorrências a não se repetirem é bem simples.

É preciso aprender a controlar os impulsos das emoções, controlar a impulsividade, respirar fundo (a respiração é um recurso importantíssimo), e buscar dentro da pessoa que seria alvo da sua crítica a presença do seu EU Superior, da divindade dentro dela, que por medos e armadilhas do ego, se distanciou da sua verdadeira essência. É preciso encontrar na pessoa o entendimento de que ela é alguém que, mesmo sem ter consciência, precisa muito de ajuda. É preciso entender que as pessoas normalmente impertinentes são seres distanciados de sua essência divina e espiritualidade.

No começo esse processo precisa de um pouco de treino, já que é necessário vigiar constantemente os nossos atos, pensamentos ou projeções mentais em relação às pessoas. É preciso vigiar os pensamentos e perceber se o que falamos a respeito das pessoas é positivo ou não, porque tudo é muito sutil.

Escutamos todos os dias as pessoas criticarem seus governantes, políticos, órgãos públicos e tantos outros, sem perceber que isso só intensifica as dificuldades, reforçando esses acontecimentos negativos graças ao psiquismo poluído e negligente das pessoas que desconhecem as consequências desses atos, pois os percebem como sem importância. Com certeza isso é decorrente da alienação e da ignorância consciencial.

Precisamos aprender a constantemente encontrar partículas de Eu Superior, ou de Deus em cada pessoa, fazendo o exercício diário de perceber que, quanto mais inferior for a personalidade do indivíduo, mais distante de sua espiritualidade e desequilibrada ele está.

Quando se concentra em perceber essa energia que cada um tem, mesmo sendo ela quase imperceptível ou parcialmente apagada, uma força positiva em prol da evolução daquela pessoa começa a crescer. Ter a consciência de que quem vive com esses hábitos comportamentais negativos é alguém em desequilíbrio já é uma atitude positiva, porque traz o entendimento da situação, e isso diminui muito a intensidade dessa projeção reativa natural.

Em seguida, projetar na pessoa um pensamento positivo contrário ao que está em evidência também é providencial, pois gera grande enfraquecimento na personalidade negativa. Isso é muito simples, você pode fazer em silêncio, mentalmente e às vezes até na frente da própria pessoa, ou também em um segundo momento, nesse caso distante dela. Faz-se apenas uma mentalização rápida, imaginando a pessoa serena, feliz, consciente de seu erro, compassiva, cheia de amor, despertando para sua evolução.

Em alguns casos, em função da pessoa ser já de longa data conhecida pela sua personalidade difícil e negativa, alguns duvidam do poder dessa prática simples, no entanto, basta um pequeno exercício mental nesse sentido que você poderá ver resultados nítidos aparecerem. Quando se leva a sério essa conduta, coisas incríveis acontecem. A criação desse hábito é o comprometimento com um mundo muito melhor e sem grandes esforços, pois acontecem no silêncio de nossos pensamentos e projeções mentais.

Quantas pessoas vivem dentro de igrejas, templos, centros, meditando, rezando, no entanto adoram criticar outras pessoas, e dedicam algum tempo de seus dias para reclamar e achar defeitos. Definitivamente, isso não é uma conduta de alguém que se considere espiritualizado.

Toda a população mundial precisa adquirir esse hábito, construir uma rotina de consciência espiritual, porque quando isso acontecer vamos conseguir avançar consistentemente degraus importantes de nossa evolução.

Depois de desenvolver habilidade nessa prática, passamos a criar uma concentração de energia parecida com aquela quando tecemos críticas constantes, só que dessa vez com polaridade invertida, o que quer dizer positiva. O resultado disso é a construção de um campo de energia sutil muito benéfico à evolução de cada ser. Isso cria uma conexão de energias de orações, diga-se de passagem, uma meta maravilhosa para cada pessoa que se considera espiritualizada, isso porque se trata de uma vibração positiva concentrada. Essa rede de energia criada torna a prece da pessoa mais poderosa e mais intensa. Quanto mais prática nesse hábito, mais intenso e positivo é esse campo de energia, e consequentemente aumenta o estado de consciência, magnetismo pessoal e carisma. Quando criamos esse campo energético, propagamos conexões de energias de orações, ajudando na evolução das pessoas, do planeta e de nós mesmos como consequência bem-vinda desse processo.

Quando várias pessoas ao mesmo tempo começam a se dar conta dessas possibilidades, suas energias se conectam mesmo que inconscientemente. Quando essa conexão começa a reunir mais e mais pessoas a cada dia, uma linda rede de energia se forma. Essa rede, cada vez mais coesa e estendida, vai estimulando também mais pessoas a evoluírem. Quando alguém que está conectado a essa conexão de orações, pois ajudou a criá-la e a ajuda a mantê-la, passa a ter mais força e mais poder pessoal, que possibilitam que sua capacidade de ajudar ao próximo fique cada vez mais lapidada. Essa é a chave!

Existe tanta gente alienada neste mundo, pessoas infelizes e mesquinhas, que sem uma força muito intensa, ajudá-las não seria tarefa fácil. A criação dessas redes de orações podem melhorar muito o psiquismo das pessoas em desequilíbrio. É importante saber que sempre que alguém que está conectado a essa rede fizer uma oração ou mentalização positiva em prol de uma pessoa, o foco da prece recebe energia de quem a faz, bem como de todo esse campo de energia criado pela conexão.

Estamos falando de uma energia tão poderosa que silenciosamente já ajudou a evitar muitos conflitos, guerras, catástrofes. Uma energia tão linda e intensa, que constantemente vem tirando pessoas dos leitos de morte, gerando curas espetaculares. São inúmeros os benefícios, no entanto não são apenas lindos e incríveis, são imprescindíveis para a condição atual do planeta. Queremos alertar que sem a construção dessas conexões de energias de orações vai ser difícil mudar a mentalidade aqui na Terra.

O passo principal é eliminar a crítica, concentrando a projeção da divindade que há em cada ser. Em seguida, precisamos aprender a projetar pensamentos positivos contrários aos aspectos inferiores das pessoas. O próximo passo é manter continuamente esse hábito, para que o campo de energia se faça, se fortifique e se estenda.

Após a construção dessa energia, é importante estimular mais e mais pessoas a fazer o mesmo. Nesse estágio as orações devem ser enviadas não só para quem precisa, mas para as outras pessoas que estão na mesma caminhada. Quando as pessoas que conseguem criar esses campos de energia de orações passam a projetar energia uns para os outros, essa corrente se fortifica e se expande mais ainda. É importante perceber que o foco não é só as pessoas e situações que precisam de prece, mas também as outras pessoas que rezam. O tipo de oração, a religião e a crença não importam, somente a intenção. Quando você não se liga às conexões de orações antes de rezar para algo ou alguém, sua energia fica menos intensa e você não contribuirá para potencializar e realimentar a rede energética.

Crie esse campo energético, estenda-o para o número maior de pessoas possível, troque energias e bênçãos entre todos e continue a mandar vibrações positivas para todas as pessoas, lugares e situações que necessitam. Você vai começar a acessar um universo similar, coexistente com a realidade atual, inacreditavelmente próspero e abençoado, que vai banhar a sua vida com tanta luz e paz que seu estado de graça será algo natural, você vai viver em plena sintonia com Deus, uma Sintonia de Luz.

Abaixo, um resumo dos principais passos para você criar um campo energético de oração, se ligar às conexões de orações e permanecer na Sintonia de Luz.

1. Suspenda toda a crítica, lamentação ou reclamação, para você ou para qualquer coisa ou pessoa, tanto verbal quanto mentalmente.

2. Comece a buscar dentro das pessoas ou situações que seriam alvo da crítica uma chama divina. Isso quer dizer, compreenda que ela está bem distante de seu equilíbrio e consciência espiritual.

3. Projete mentalmente uma visão de que a pessoa se dá conta de sua necessidade de evoluir e que ela desperta para a evolução.

4. Use essa prática constantemente, isso vai manifestar um campo energético pessoal de energia positiva, alimentando um estado de espírito positivo e equilibrado.

5. Mantendo constantemente esse hábito, foque as suas orações e mentalizações positivas para todas as pessoas que fazem parte de sua rede de amigos e pessoas que também realizam essa prática.

6. Foque suas orações e mentalizações positivas para todas as correntes de orações do mundo, de todas as religiões, filosofias, crenças etc. Quando há esse foco a energia se expande e se potencializa muito.

7. Com essa conexão, com mais força e confiança, inicie suas orações ou mentalizações positivas, dessa vez focando para as pessoas ou situações que precisam.

Oração sincera

Deus (ou Cristo ou Buda, ou Mente Divina, ou Grande Espírito, ou qualquer foco supremo que queira, não importa).

Obrigado pela oportunidade de estar nessa experiência de vida. Compreendo que meu saber não alcança as dimensões superiores, mas espero que minha intenção em emanar luz seja alcançada.

Peço que Sua luz ilumine minha consciência para que eu possa seguir evoluindo e contribuindo também para mais pessoas evoluírem.

Se hoje sofro é porque não entendo bem as leis que regem o universo, por isso agradeço a tudo e a todos que me fizeram chegar até aqui, porque sei que mesmo qualquer dificuldade ou adversidade só existiram pela necessidade que tenho de ter mais consciência.

Agradeço por todos esses acontecimentos, pois compreendo que fazem parte de meu projeto evolutivo, e, sendo assim, abro meu coração para servir como instrumento divino, porque, quando consciente de Deus, não abrigarei o sofrimento ou apego que escraviza e maltrata a alma.

Mesmo sentindo essa dor e esse aperto no meu coração, compreendo que muitos estão sofrendo por coisas maiores.

Agradeço a Deus pelos meus passos, agradeço porque, olhando para trás, tudo foi vencido, mesmo quando houve dor. Reconheço minha essência espiritual como algo a que tenho respeito e admiração.

Reconheço que só sofro porque estou distante de Sua luz.

Permito nesse instante que Sua clareza e discernimento habitem meu coração e minha mente, para que se faça a Sua vontade.

Nesse instante entrego em Suas mãos o meu livre-arbítrio, para que Sua luz me conduza para o caminho certo de minha evolução.

Peço a força de servir como um foco luminoso para expandir minha luz a todos que sofrem.

Que neste instante a luz do meu coração se ligue a todos os corações acesos do universo infinito, que possamos gerar uma grande corrente de luz e amor.

Que esse amor paire sobre a Terra e transmute toda a ignorância que causa o egoísmo e a dor.

Todos somos um nessa corrente, que de forma luminosa e ascendente aqueça os corações das pessoas aflitas e distantes da luz divina.

Que essa luz ilumine toda a humanidade, eleve nosso psiquismo e traga amor, amor sem fronteiras e limites.

Obrigado, pois mesmo com tantas falhas de caráter, ainda assim reconheço que eu, como todos, somos parte de Sua Luz e por isso podemos ser luz sempre, ilimitadamente.

Que essa luz ilumine também meu caminho, minhas decisões e aniquile minha ignorância.

Agradeço por poder me sintonizar com sua luz, e percebo que posso fazer isso a cada instante. Por isso agradeço ainda mais em me sentir um filho querido.

Muito obrigado!

Eu Sou Nós!

Meu Pai!

Agora eu não quero pedir nada, apenas existir, no aqui e no agora! Cansei de pedir, cansei de reclamar, cansei das emoções perturbadas, por isso agora sintonizo-me com o Seu coração, na tentativa de me purificar de antigos hábitos densos.

Ilumino-me quando tolero, perdoo, aceito e amo. Mesmo assim não tenho conseguido agir sempre assim. Por isso me entrego agora ao pulsar do Seu coração.

Quero agora ser uno Contigo! Cansei de me separar da sua luz! Cansei de aprender pela dor.

Não aguento mais a minha vaidade, intolerância e cegueira. Quero enxergar através dos Seus olhos, quero amar através do Seu coração e respirar pelos Seus pulmões.

Essa separação me cansa, essa ilusão me trai, essa ganância me adoece... Chega! Não quero mais nada além de viver baseado na Sua vontade. Sua luz está em mim e neste momento permito-me senti-la em todo o Seu esplendor. Seu amor está em mim!

Permito-me agora expressá-lo e usá-lo como antídoto para todo meu sofrimento...

Pai... Me ensina a ser melhor.....

Pai... Toma as rédeas da minha vida e me ensina a ser conduzido, a aceitar Sua tutela...

Pai... Rompe minha arrogância, aniquila meu controle e abre meu coração...

Não quero mais viver separado, não quero mais que minha vontade seja diferente da Sua...

Quero, hoje, agora e sempre, viver com a consciência clarificada, pela ação do Seu amor.

Eu agora sou Nós...

Eu sou Nós...

Eu sou Nós...

Porque nós somos a luz que o mundo precisa, porque nós somos a consciência que o mundo carece, porque sempre que sofro é porque sou o Eu e não sou o Nós....

Nós somos abundantes e ilimitados, o Eu é limitado e sofredor!

Nós somos o universo em expansão amorosa!!

O Eu sozinho é decadente e cego.

Eu só sou completo e iluminado quando sou Nós.

Sou Nós.

Somos um só.

Eu sou Nós! Eu sou Nós! Eu sou Nós!

Capítulo 13

Meditação
A arte de serenar a mente

*"Levantados os véus de luz e sombra, evaporada toda a bruma da incerteza,
Singrando para longe todo o amanhecer de alegria transitória,
Desvanecida a turva miragem dos sentidos,
Tu és Eu, Eu sou Tu, O Conhecer, o Conhecedor, o Conhecido, unificados!
Palpitação tranquila, ininterrupta, paz sempre nova, eternamente viva.
Deleite transcendente a todas as expectativas da imaginação,
beatitude do samadhi!
Om sopra sobre os vapores, descortinando prodígios mais além.
Oceanos desdobram-se revelados, elétrons cintilantes, até que, ao
último som do tambor cósmico
Transfundem-se as luzes mais densas em raios eternos
De bem aventurança, que em tudo se infiltra.
Imaculado é meu céu mental – abaixo, à frente e bem acima,
Eternidade e Eu, um só raio unido.
Pequenina bolha de riso, eu me converti no próprio Mar da Alegria."*

Paramahansa Yogananda

Com a agitação exacerbada dos tempos atuais, fica cada vez mais difícil concentrarmos nossa atenção em algo. A quantidade de informações externas com as quais temos contato todos os dias faz com que nossos pensamentos se desorganizem de tal maneira que nem conseguimos raciocinar de forma lógica.

A mídia televisiva, o trânsito, os problemas do cotidiano e todo o turbilhão de emoções negativas causado pelas cobranças materiais impostas por nós mesmos fazem com que nossos pensamentos estejam focados no passado, em nossas lembranças, mágoas e ressentimentos, ou no futuro, em nossas expectativas, medos e anseios.

E o mais intrigante é que contemplamos a todo instante aquilo que não existe: o passado, o futuro, as questões da matéria, as preocupações, ansiedades e projeções que vamos criando a cada instante, e esquecemos de contemplar o eterno, aquilo que não tem fim: nosso corpo espiritual, que se fixa no presente, o único momento real. O presente, o agora é tudo o que temos.

Com origem no mesmo ponto em que a mente humana se formou, a meditação, do latim *meditare*, nos traz a ideia de voltarmo-nos ao nosso centro, desligando-nos de qualquer fator externo para a contemplação do mundo interno, da voz interior e de nossa centelha divina que tudo sabe e tudo vê.

Quando meditamos acessamos nossa mandala interior, ou o ponto primordial onde fomos criados. Acessando esse ponto central, que muitos estudiosos afirmam ser o nosso coração, onde reside o amor divino, conseguimos expandir esse amor divino para todo o universo.

Com uma prática mais avançada em países orientais, a meditação consiste em esvaziar a mente de qualquer tipo de pensamento, seja ele bom ou ruim. Assim, no estado *"no mind"* conseguimos parar de pensar e treinar a nossa mente para que ela se comporte de maneira firme e poderosa.

Normalmente, a meditação é associada às filosofias orientais, porém meditar não tem nenhum cunho religioso, sendo uma maneira muito pessoal de relacionar-se com o Eu Interior. A meditação é muito comum no Oriente, sendo utilizada por grande parte da população todos os dias para treinar a mente a ter calma, paz e profundidade.

Com a meditação, aprendemos a nos libertar das preocupações diárias, pois compreendendo o conceito de eternidade nossos desafios diários são apenas ilusões, as provas necessárias para nosso desenvolvimento espiritual.

Normalmente, o estado meditativo nos proporciona muitas dádivas, que com o tempo e a prática tornam-se frequentes. Esvaziando nossa mente, nos libertamos de todos os pensamentos, unindo-nos com a Fonte Suprema. Nesse estágio de desaceleração dos pensamentos, conseguimos atingir o momento sagrado de vivenciar o presente. Então começamos a perceber que, se esquecêssemos completamente do passado sem projetar nada para o futuro, seríamos muito felizes com o agora, o único momento existente e real.

Para começarmos a meditar podemos focar a mente em um único objeto (por exemplo: em uma foto de um Mestre, uma estátua de Buda, Shiva, na própria respiração, ou em um mantra). Para principiantes em meditação o ideal é concentrar a mente em algo material.

A meditação proporciona uma abertura mental para o divino, invocando a orientação de um poder mais alto. Dentro do budismo tibetano é comum a meditação dos monges para a contemplação da impermanência de tudo, como uma análise racional de ensinamentos religiosos, também conhecida como lógica tibetana.

Resumo

- Meditar é esvaziar a mente de todo e qualquer pensamento para que possamos encontrar a pureza e a paz do vazio.

- Meditando desenvolvemos nossa concentração e aprendemos a contatar nosso Eu Interior, a conversar conosco e expandir luz e amor a todo o universo.

- A prática diária de meditação nos conduz a elevados estados de vibração. Quando emitimos boas energias ao universo, ele nos devolve essas boas vibrações com maior intensidade.

- Através da meditação conseguimos contemplar o momento presente e vivenciá-lo. Na maioria das vezes, vivemos presos ao passado ou projetando o futuro, o que nos traz grande desgaste psíquico. Contemplando o momento presente nos sentimos libertos e felizes.

- A meditação proporciona uma abertura mental para o divino, invocando a orientação de um poder mais alto. Pratique! Vale a pena.

PERGUNTAS E RESPOSTAS SOBRE O TEMA

1. Em que consiste a meditação?

A meditação consiste em conseguir esvaziar a mente de todos os pensamentos para que possamos contemplar o vazio espiritual, a mente divina. Nesse vazio encontramos todas as respostas das quais precisamos.

2. Qualquer pessoa pode meditar?

Sim. Atualmente, muitos executivos de grandes empresas, líderes, estudantes e professores encontram seu equilíbrio na prática da meditação. Imagine um mundo onde todos os dias as pessoas reservassem trinta minutos para meditar, descansar a mente e contemplar a natureza divina? Certamente, o psiquismo do planeta Terra estaria bem mais leve e equilibrado.

3. Qual a meditação mais recomendada para iniciantes?

Muitas respostas estão na natureza de Deus e por isso devemos "imitá-Lo", começando pelas coisas mais simples. Inicie contemplando a natureza. Concentre-se profundamente na beleza de uma flor, de uma árvore, de um pequeno inseto ou mesmo em sua respiração. Deus está presente em todos os elementos. Quando começamos a percebê-Lo em tudo, começamos a viver em estado meditativo.

4. Quais os benefícios da meditação?

A prática constante de meditação traz paz, equilíbrio, bem-estar, melhora a memória, a inteligência, transmuta sentimentos inferiores, reverte depressões e nos ajuda a encontrar um ponto de equilíbrio em meio ao mundo moderno. Nós como terapeutas acompanhamos muitos casos de cura de doenças graves através da prática de meditação.

5. Em que consiste a meditação em grupo?

A meditação em grupo é muito eficiente quando se necessita fortalecer a energia de um ambiente, pois meditando em grupo unimos forças para transmutar energias de locais densos. Por exemplo, se o grupo de todos os seres que habitam uma determinada cidade inicia uma prática diária de meditação, sempre no mesmo horário, a tendência é que aquela cidade tenha seu psiquismo transmutado, provocando ondas de amor, compreensão, solidariedade, paz. Imagine uma cidade preenchida somente de pessoas equilibradas e sentimentos positivos? É possível através da meditação. No budismo tibetano, as comunidades espirituais que fazem práticas diárias são chamadas de Sangha. Inclusive recomendamos aqui os livros do Mestre Thich Nhat Hanh, um incrível Mestre Budista que possui uma excelente literatura sobre meditação.

Na prática

A meditação é uma prática inerente à condição humana. Meditar é algo que reside em cada um de nós e não requer nenhuma habilidade específica, podendo ser praticada por qualquer pessoa, porém, principalmente aqui no Ocidente não fomos treinados em meditação, o que muitas vezes dificulta a prática.

Uma oração sincera, de olhos fechados, é uma meditação. No capítulo doze que fala sobre "O Poder da Oração", aprendemos que o Universo não escuta nossas preces, mas responde energeticamente às nossas vibrações, então na hora de meditar é importante que não estejamos em estado de lamentação, mas em estado de comunhão com todos os outros seres, sentindo-nos parte do Todo. Nesse estado de vibração atraímos as mais lindas bênçãos.

A posição de lótus ou mesmo a de meio lótus é um tanto difícil para alguns principiantes, então recomendamos que se comece a meditar sentando-se em uma cadeira, com a coluna reta, mãos sobre os joelhos, o queixo levemente erguido e a língua descansando na boca com a ponta encostando atrás dos dentes inferiores. Em primeiro lugar, concentre-se em treinar a mente e, depois de um tempo de prática, comece a evoluir para as posições de lótus ou meio lótus.

Coloque uma música agradável, relaxante e que seja de seu agrado. Acenda um incenso se você preferir ou pulverize um spray aromático. Enfim, crie um ambiente zen, agradável. Não recomendamos deitar para meditar, pois para iniciantes a tendência ao sono é muito grande. E meditar, definitivamente, não é dormir. Durante o sono sonhamos, nos agitamos, e o ideal na meditação é tornar a mente vazia, portanto dormindo não conseguiremos chegar ao nosso objetivo. O melhor para obter sucesso na meditação é que o estômago esteja vazio, por isso o ideal é realizar a prática pela manhã, de preferência bem cedo, ao nascer do sol.

Inicie a meditação concentrando-se em sua respiração, no ar que entra e sai, e vá relaxando todo o corpo, devagar, relaxe todos os músculos, preste atenção em cada um deles, os músculos da face, das mãos, dos dedos dos pés.

E vá relaxando até atingir uma condição ideal de mente vazia.

No início, o ideal é praticar quinze minutos por dia, e a cada semana vá aumentando esse tempo gradualmente. Considere a meditação o momento de conversar consigo mesmo, de obter um descanso total, em todos os níveis e dimensões do seu ser. Esse é o seu momento sagrado.

Encontre seu jeito de meditar, o que é muito particular. Algumas pessoas preferem um espaço reservado para a prática, outros preferem meditar na natureza. Existe a prática de meditação ativa que é realizada caminhando. Enfim, existem muitas maneiras. Vá experimentando e escolha aquela de que você mais gosta.

Encontre seu jeito, mas faça, pratique e sua vida se tornará muito melhor, mais leve e você passará a contar com um estado muito elevado de paz e saúde mental, emocional, física e espiritual.

De acordo com o Mestre Sakyong Mipham Rinpoche, líder da Linhagem Shambala do budismo tibetano, a meditação traz mais calma para nossa vida, aumentando nossa energia vital e bem-estar físico. Além disso a prática constante de meditação ajuda a abrir nosso coração para as outras pessoas e baixa o volume de nossas preocupações.

Abaixo, o mestre nos ensina os princípios de uma técnica básica, a shâmata, que podemos praticar em casa. "As pessoas precisam compreender que a meditação não é só ficar sentado e parado por anos a fio. Meditamos para conhecer quem somos, a natureza real de nossos pensamentos e emoções", diz o Mestre. Para Sakyong, "Meditar ajuda a despertar nossa natureza mais essencial, que é amorosa e iluminada".

Existem vários tipos de meditação: de olhos abertos ou fechados, no claro ou no escuro, em posição sentada ou até caminhando. Elas podem incluir mantras, mudras (gestos sagrados) e visualizações. Mas, na tradição shambala, começa-se com uma técnica básica, chamada de shâmata (que significa "apoiando-se na calma", em sânscrito).

Abaixo, os passos detalhados:

1) Escolha um lugar calmo, onde você se sinta bem e confortável. É preferível que você medite sempre no mesmo espaço – o hábito ajuda você a manter a prática diária.

2) Se desejar, faça ao lado um pequeno altar com imagens de sua devoção, cristais, flores e incenso. Mas, se você não tiver espaço para isso, não tem problema: sua prática não será prejudicada.

3) O melhor horário para fazer a meditação é logo ao acordar, depois da higiene matinal e antes do café da manhã. Logo cedo, a mente está mais calma. Nos momentos que antecedem, procure deixar suas preocupações de lado e, principalmente, evite pensar nos compromissos do dia. Agora é hora de silenciar e ganhar energia.

4) Sente-se numa cadeira com as costas retas ou numa almofada mais dura com as pernas cruzadas, se estiver acostumado a isso. Ajuste o corpo e tente ficar relaxado.

5) Procure ficar com a coluna reta, sem forçá-la. Assim as energias circulam corretamente em todo o corpo. No Oriente, o ser humano é considerado uma ponte entre o céu e a Terra, e o bom posicionamento da coluna facilita a conexão entre as energias celestes e terrestres.

6) Encaixe a cabeça no topo da coluna. Traga o queixo um pouco para trás, de modo que a cabeça fique em linha reta, nem inclinada para a frente nem jogada para trás. Deixe a língua relaxada na boca, com a ponta atrás dos dentes inferiores. Coloque as mãos, bem soltas, sobre as coxas.

7) Olhe para um ponto no chão a cerca de 1,50m a sua frente. A visão deve ficar imóvel. Uma das maneiras de tranquilizar a mente é dar a ela um objeto de atenção físico, como o olhar e a respiração. Nas meditações em grupo, um sininho ou um gongo anunciam o começo e o fim da prática. Em casa, ela começa quando você se sentir preparado para iniciá-la.

8) Preste atenção em sua respiração, no ar que entra e sai. Não interfira em seu ritmo, apenas preste atenção. A respiração será seu apoio principal, as rédeas que vão controlar sua mente.

9) Se perceber que suas emoções ou pensamentos já voaram para longe, gentilmente, mas com firmeza, volte a atenção para a respiração. Quando perceber um pensamento, apenas diga para você mesmo: "Pensando". Com essa "etiqueta mental", você perceberá que existe um espaço entre você e suas preocupações.

10) Ver seus pensamentos é uma ação inédita para sua mente. É como sair de um rio turbulento, turvo, e ver que você é muito mais do que ele. Algo se separa. Dessa nova perspectiva, você pode perceber como esteve submerso no rio de suas ideias sem perceber.

11) Ao distanciar-se dos pensamentos e vê-los de longe como nuvens que passam, você perceberá o quanto a mente é espaçosa e

cristalina. No começo, você terá essa sensação apenas em breves segundos. Depois, a sensação de calma e pureza começa a durar mais tempo. Consciente do espaço que existe entre você e sua atividade mental, você passa a observá-los – e assim eles se acalmarão. Você os verá de longe, como quem olha um cavalo que come sereno no pasto.

12) Os pensamentos ainda insistirão em voltar, são como um potro selvagem que não quer ser domado. Aquilo que chamamos ego quer retornar para assumir seus pensamentos e preocupações.

13) Continue apenas prestando atenção na respiração. Se pensar, coloque a etiqueta pensando e volte à respiração. Sinta o corpo ir relaxando, mas mantenha a postura. Depois do combate inicial, a tendência natural da mente é ir se aquietando, se aquietando...

14) Comece a meditar entre dez e 15 minutos por dia. Chegue aos 20 e, se conseguir, depois de algum período de prática, chegue aos 40 ou 50 minutos. Você também poderá praticar na hora de dormir por mais 20 minutos ou meia hora.

15) Você sairá da meditação em outro estado. As emoções e os pensamentos estarão mais tranquilos e sua mente estará mais alerta. A acumulação dessa força fará muito bem à sua saúde. É como se você se encharcasse cada vez mais de boas e sutis energias.

16) Disciplina e constância são necessárias – a meditação é uma prática diária. Para isso acontecer, é preciso se convencer dos benefícios dela – e eles realmente acontecem ao longo do tempo.

17) Procure se ligar a algum grupo que pratique meditação ao menos uma vez por semana. Assim fica mais fácil manter a disciplina.

Capítulo 14

Mantras e palavras de poder

"No princípio era o Verbo, e o Verbo estava com Deus, e o Verbo era Deus. Ele estava no princípio com Deus. Todas as coisas foram feitas por meio dele."

João 1:1-3

Os mantras têm origem no idioma sânscrito, uma língua muito antiga que nasceu na Índia e Tibet, numa época longínqua, há milhares de anos, quando se formaram os primeiros grupos hindus. Hoje o sânscrito é uma língua falada por muito poucos, pois seu rico alfabeto composto por cinquenta letras necessita de estudo, treino e dedicação por muitos anos para que possa ser aprendido. Somente eruditos muito dedicados se comunicam nessa língua, em que os hindus acreditam: foi enviada pelos deuses para atingirmos a iluminação.

Normalmente, a palavra mantra nos traz a ideia de som, música, meditação, mas em sua raiz mantra é a junção de duas palavras: **manas**, que significa mente, e **tra**, que significa controle. Então, através da prática dos mantras atingiríamos o controle da mente, um dos preceitos mais importantes da filosofia oriental.

Os mantras são palavras poderosas que imitam o momento da criação do universo. Dentro da cosmogonia hindu, por exemplo, o universo é Brahman: o Todo que está em tudo. Acredita-se que Brahman se manifesta através de três forças: Brahma (o princípio da criação), Vishnu (a força mantenedora do universo) e Shiva (o princípio da destruição e encerramento dos ciclos). Em várias filosofias religiosas acredita-se que o universo foi constituído num momento de grande explosão, onde um grande estrondo deu origem à primeira partícula de matéria.

Os hindus chamam esse primeiro pronunciamento divino de OM, representado pela letra abaixo, em sânscrito:

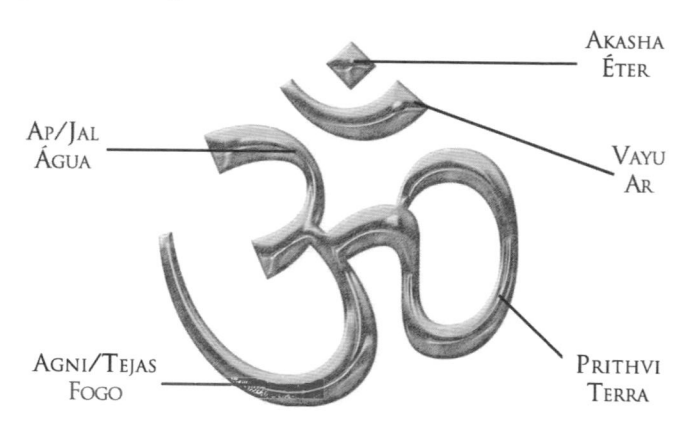

No primeiro livro da Bíblia, o Gênesis, temos a seguinte frase que define a criação: *"Deus disse: Haja luz, e houve luz."* Quando examinamos esse livro com atenção, antes de qualquer ato de criação está a frase *"Deus disse"*, nos levando a crer que a luz da criação divina foi introduzida pelo som.

O Evangelho de São João começa com o versículo *"No princípio era o verbo..."*. Qualquer forma de manifestação criadora se dá através do som, que é a primeira forma material de qualquer energia imaterial. O instrumento primordial da criação é o som.

Na sabedoria antiga oriental, encontramos o mesmo ensinamento: o universo é criado quando Deus decide manifestar a realidade pelo poder do verbo divino: o OM.

A seguir uma definição do momento da criação nos textos sagrados do hinduísmo: *"No princípio era Deus com o poder da palavra. Deus disse: "Que eu possa ser muitos, que eu possa ser propagado". E por sua vontade expressa através de uma fala sutil, ele uniu-se a essa fala e fecundou-se. Prajapathi e Saraswati foram então criados. E Prajapathi é o nome do progenitor de todos os seres."*

O mestre místico da filosofia sufi Hazrat Inayat Khan escreveu: *"O som divino é a causa de toda a manifestação. Quem conhece o mistério do som conhece o mistério de todo o universo."*

Helena Petrovna Blavatsky escreveu no livro *A Doutrina Secreta*: *"O som é um tremendo poder oculto. Ele tem uma força tão estupenda que a eletricidade gerada por um milhão de Niágaras (cataratas) jamais poderia neutralizar nem a menor potencialidade, quando dirigida pelo conhecimento apropriado"*. Helena Blavatsky nos dá a ideia de que podemos nos beneficiar em muito quando utilizamos os mantras da forma correta.

A prática dos mantras pode nos ajudar a nos sentir mais calmos e energizados. Pode nos ajudar a lidar com situações difíceis ou desagradáveis, pripiciando uma ideia do que fazer em determinadas situações ou ajudando-nos a desenvolver a paciência e tolerância para simplesmente permitirmos que as coisas aconteçam. Os mantras podem nos ajudar na realização dos desejos e transformarmos sonhos em realidade. O mantra é um método pessoal ativo e pacífico de enfrentar situações que desejamos mudar. São fórmulas antigas de sons divinos registrados pelos antigos sábios da Índia e mantidos com confiança e segredo durante séculos, tanto na Índia quanto no Tibet.

Porém, precisamos considerar que os mantras não são o único nem o melhor meio de resolver todos os problemas humanos. Nossa vida e carma – efeito acumulado de todos os pensamentos e atos de muitas encarnações – são demasiadamente complexos para serem dominados inteiramente por algumas semanas de trabalho com fórmulas espirituais, por mais poderosas que elas possam ser. Muitas vezes observamos algumas pessoas recitando os mantras e pensando negativamente. Depois disso ainda referem que a prática não funciona. Em todas as questões espirituais é necessário que haja profundidade, respeito e discernimento. A prática do mantra pode solucionar totalmente muitos dos problemas que enfrentamos e proporcionar alívio considerável a outros.

POR QUE CONTROLAR NOSSA MENTE?

Pense no momento atual em que vivemos: estresse, ansiedade, preocupação, medo insegurança... Estamos inseridos num meio ambiente repleto de pensamentos e sentimentos negativos. Esses pensamentos que povoam nossa mente vão para cima e para baixo, de um lado para outro, num ritmo frenético e ansioso. Com pensamentos desequilibrados, afastados de uma vibração de amor, paz e quietude, aos poucos ocorre um desalinhamento com os princípios divinos e com os ritmos do universo, o que traz o desequilíbrio e a doença. A natureza tem seus ritmos e ciclos e como seres pertencentes a ela podemos procurar estar em sintonia com os movimentos naturais. Todos podemos observar que os ritmos naturais não são apressados, mas equilibrados. Ao observar o desabrochar de uma flor, o movimento de rotação da Terra e o ciclo da água, vemos que os elementos vagarosamente vão se transformando, em equilíbrio perfeito.

Ao acalmarmos e controlarmos nossas mentes, atingimos um equilíbrio em nosso lobo frontal, o centro de comando que coordena todas as glândulas do corpo para que essas possam produzir as substâncias que a cada instante são irrigadas em nossa corrente sanguínea. Essas substâncias são inclusive responsáveis pelo bom funcionamento dos órgãos, pela sensação de bem-estar, paz, felicidade e harmonia. Os mantras nos ajudam a atingir esse controle e equilíbrio.

Os chacras e os bija mantras

Cada um de nossos chacras possui um bija mantra correspondente para que ao recitá-los possamos equilibrar nossos centros energéticos. Um bija mantra é um mantra monossilábico, composto de poucas letras, mas que evoca a divindade da criação como uma forma de ativar nossas qualidades divinas, abrindo nossas mentes e corações para os planos superiores. Conforme vamos praticando meditações com os bija mantras, podemos perceber uma maior equalização e alinhamento em cada um dos chacras, mantendo uma pulsação de energia equilibrada e sincronizada com os ritmos do universo.

Localização dos chacras e bija mantras correspondentes:

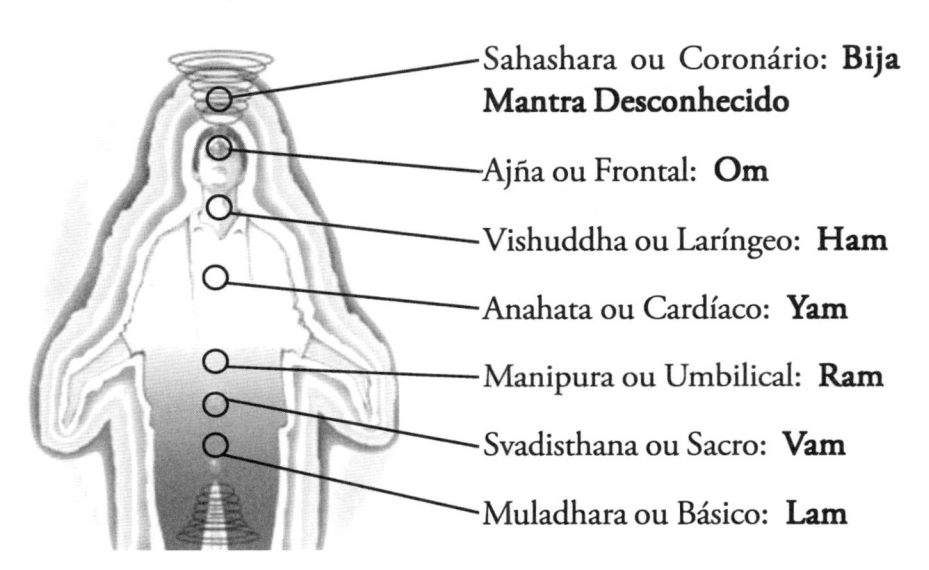

- Sahashara ou Coronário: **Bija Mantra Desconhecido**
- Ajña ou Frontal: **Om**
- Vishuddha ou Laríngeo: **Ham**
- Anahata ou Cardíaco: **Yam**
- Manipura ou Umbilical: **Ram**
- Svadisthana ou Sacro: **Vam**
- Muladhara ou Básico: **Lam**

Informações valiosas sobre os mantras:

- Os mantras são sons de base energética e a intenção quando cantamos ou meditamos produz efeitos físicos, mentais, emocionais e espirituais;
- Os mantras são também sons provenientes dos chacras;
- Os mantras só podem ser expressos em palavras de forma aproximada;
- Os mantras produzem energias comparáveis à do fogo. O fogo pode cozinhar sua comida ou incendiar uma floresta. É o mesmo fogo. Os mantras também invocam energias poderosas, e, por isso, devem ser tratados com respeito. Existem certas fórmulas tão poderosas de mantras, que têm de ser aprendidas e praticadas sob supervisão cuidadosa de um instrutor qualificado. Essas são mantidas como segredos bem guardados no Oriente. Os mantras que são amplamente usados no Ocidente e todos os contidos nesta obra são perfeitamente seguros para serem praticados diariamente, mesmo com intensidade.

Muitos nomes, um só Deus

Existem muitas formas de pronunciar o nome de Deus, em diversas línguas. De todas essas maneiras estamos invocando a energia divina em idiomas diferentes. É uma meditação excelente ficar repetindo o nome de Deus em várias línguas, pois isso nos aproxima de todos os que meditam e rezam, conectando nossos corações aos corações mais longínquos através dos quocientes de luz do chacra cardíaco. Abaixo, uma lista de muitos nomes de Deus para você meditar:

Deus

Deus, Cristo, Espírito Santo

Aum

So Ham

Aquietai-vos e sabei que Eu Sou Deus!

Brahma, Vishnu e Shiva

Alá
YHWH, Javé ou Iavé
Jeová
Om
Adonai
Yod Hay Vod Hay
Yod Hay Wah Hay
El Shadai
El Eliyon
Elohim
Om Namah Shivaya
Om Shanti
Om Tat Sat
Sai Ram
Rama
Hong Sau
Hari Om
Hari Om Tat Sat
Moisés
Om Sri Rama Jaya Rama Jaya Jaya Rama
Eu Sou O Que Eu Sou
Ehyeh Asher Ehyeh
Allahu Akbar
Bismillah Al-Rahman, Al-Rahim
Eu Sou
Eu Sou Amor
Sivo Ham
Sat Nam
Jesus Cristo

Om Mani Padme Hum
Om Ah Hum
Buda
Luz, Amor e Poder
Amor, Sabedoria e Poder
Kuan Yin
Areeeeeeoooommm
Nuk-Pu-Nuk
Rá
Eck Ong Kar Sat Nam Siri Wha Guru
Sh'Mah Yisrael Adonai Elohainu Adonai Chad
Sai Baba
Senhor Maitreya
Ha Shem
Shekinah
Hu
Barukh Ata Adonai
Kodoish, Kodoish, Kodoish Adonai Tsebaoth
Ruach Elohim
Melquisedeque
Mahatma
Arcanjo Metatron
Arcanjo Miguel
Mãe Divina
Espírito Santo
Cristo
Ain Soph Or
Layoo-esh Shekinah
Yahweh Elohim

Shaddai El Chai
Moshe Yeshua Eliahu
Hyos Ha Koidesh
Atma
Mônada
Poderosa Presença do Eu Sou

Ave Maria, Cheia de Graça! O Senhor é convosco. Bendita Sois Vós entre as mulheres, e Bendito é o fruto de Vosso ventre: Jesus. Santa Maria, Mãe de Deus, rogai por nós pecadores, agora e na hora de nossa sorte! Amém.

Eu Sou a Alma, Eu Sou a Luz Divina, Eu Sou Amor, Eu Sou a Vontade, Eu Sou o Desígnio Inamovível.

O mantra da Nova Era - A grande invocação

Do ponto de Luz na mente de Deus
Flua Luz às mentes dos homens
Que a Luz permaneça na Terra.

Do ponto de Amor no coração de Deus
Flua Amor aos corações dos homens
Que o Cristo volte à Terra.

Do centro onde a vontade de Deus é conhecida
Que o propósito guie as pequenas vontades dos homens,
O propósito que os Mestres conhecem e seguem.

Do centro a que chamamos Raça dos homens
Que se manifeste o plano de Amor e Luz
E confirme a vontade para o Bem.

Que a Luz, o Amor e o Poder
Mantenham o Plano Divino sobre a Terra.

Que assim Seja!
E sempre será
Porque assim É.

AS PALAVRAS TÊM PODER

Todas as palavras que pronunciamos em nosso dia a dia são mantras. Esses mantras podem nos levar a um estado iluminado ou não. Você já examinou que tipos de mantras você tem utilizado ultimamente? Tudo o que se torna material, antes de transformar-se em matéria era um quantum de energia desagrupada, dispersa. A primeira forma material de algo é liberada através do som, quando emitimos uma frase.

Ao pronunciar algo, isso já começou a acontecer, já está assumindo uma forma material. E então? Que tipo de palavras têm saído de sua boca? Palavras que agradam os ouvidos de quem está perto de você? E o tom de sua voz? Tem sido agradável como uma sinfonia ou irritável como uma música desafinada?

Como está a sua vida? Complicada, triste, aborrecida... Pense nas palavras que te rodeiam... e comece já a mudar sua forma de comunicar-se com a vida e com as pessoas. Peça ao universo que de sua boca só sejam pronunciadas palavras doces e amorosas, e sua vida seguirá o caminho da doçura, da amorosidade, do equilíbrio e da felicidade.

RESUMO

- A utilização de sons sagrados para a cura na forma como a conhecemos hoje, tem origem na Índia Antiga, porém, grande parte dos povos antigos, em suas épocas, utilizavam-se de vibrações específicas para curar e equilibrar-se.

- Mantras são palavras poderosas que imitam o momento da criação do universo.

- Em várias filosofias religiosas acredita-se que o universo foi constituído num momento de grande explosão, onde um estrondo deu origem à primeira partícula de matéria.

- Os hindus chamam esse primeiro pronunciamento divino de OM.

- Os mantras são sons de base energética e a intenção quando cantamos ou meditamos produz efeitos físicos, mentais, emocionais e espirituais.

- São também sons provenientes dos chacras e só podem ser expressos em palavras de forma aproximada.

- Os mantras produzem energias comparáveis às do fogo. O fogo pode cozinhar sua comida ou incendiar uma floresta. É o mesmo fogo. Os mantras também invocam energias poderosas e, por isso, devem ser tratados com respeito.

- Existem certas fórmulas tão poderosas de mantras que têm de ser aprendidas e praticadas sob supervisão cuidadosa de um instrutor qualificado.

- Essas são mantidas como segredos bem guardados no Oriente. Os mantras que são amplamente usados no Ocidente e todos os contidos nesta obra são perfeitamente seguros para serem praticados diariamente, mesmo com intensidade.

- Todos os dias utilizamos os mantras ao contrário, que são as palavras nocivas à nossa saúde e bem-estar. São palavras que envolvem sentimentos negativos e que acabam por desequilibrar nossa saúde mental, espiritual, emocional e física. Pense nisso.

PERGUNTAS E RESPOSTAS SOBRE O TEMA:

1. O que é um mantra?

A palavra mantra tem origem no idioma sânscrito e traz a ideia de controlar a mente. É a junção das palavras Manas (Mente) e Tra

(Controle). Qualquer pessoa que consegue controlar sua mente libertando-a de pensamentos nocivos através da utilização de sons sagrados, estará utilizando os mantras com maestria.

2. Qualquer pessoa pode utilizar os mantras?

Qualquer pessoa, desde que haja intenção e respeito. O ideal é que a pessoa quando canta conheça a tradução do mantra, ao menos de forma aproximada, pois é importante que sua intenção esteja conectada no momento em que canta. É necessário compreender a ideia central que o mantra transmite.

3. Só os mantras indianos e tibetanos têm poder?

Em geral, os mantras indianos e tibetanos possuem uma raiz pura e profundamente curadora. Porém, qualquer que seja o mantra, na língua portuguesa, por exemplo, se for acompanhado de intenção e energia boa, chegará até os "ouvidos celestes". Falando de forma metafórica, é como se o plano espiritual respondesse energeticamente às vibrações que dispensamos no momento de cantar o mantra. Lembre-se que todas as palavras têm poder, e quando as expressamos enviamos um sinal ao universo que voltará até nós com a mesma intensidade com a qual foi emitido. Portanto, se semeamos palavras de amor elas voltam para nós, se semeamos palavras de ódio, essa energia retorna ao centro que as gerou, como os círculos que se formam em um lago quando jogamos uma pedra em seu centro. As ondas se formam até a extremidade do lago e depois retornam ao centro. Esse é um princípio natural que se encontra em tudo, inclusive em nós quando manifestamos algo.

4. O que são mantras ao contrário?

São palavras que utilizamos sem a intenção de cura. São todas as palavras negativas, agressivas e inferiores que utilizamos no nosso dia a dia e que muitas vezes, de tanto repetirmos, acabam nos levando à tristeza, à depressão e à doença. Normalmente, quando proferimos uma palavra, ela vem carregada com várias emoções, com um maior ou menor nível de carga e intensidade. Palavras carregadas com maldade, medo, tristeza, vitimização, ira e demais emoções inferiores são mantras ao contrário.

5. Quais as dicas básicas para que possamos utilizar os mantras com eficiência?

Os mantras são geralmente repetidos dezenas de vezes para que possamos desenvolver a energia da proposta que o mantra traz. Para que possamos acessar a energia dos mantras, sugerimos que se comece escutando músicas através de CD's que atualmente encontramos facilmente nas lojas. Procure escutar no carro, em casa, enquanto medita, sempre procurando cantar junto. A sensação de paz é incrível. Depois que você já estiver um pouco treinado, convide seus familiares e amigos para cantar com você e vá descobrindo o que os mantras podem trazer de maravilhoso em sua vida: concentração, equilíbrio, paz e muitas outras sensações de aproximação com a divindade.

NA PRÁTICA

Dicas de alguns mantras indianos mais conhecidos e suas aplicações:

1) Mantra para remoção de obstáculos e atração de prosperidade:

"Om Gum Ganapatayei Namaha

Om Gum Ganapatayei Namaha

Gauri Nandana Gajavadana

Om Gam Ganapatayei Namaha

Gauri Nandana Gajavadana

Om Gam Ganapatayei Namaha"

Tradução: *"Om e saudações àquele que remove obstáculos do qual Gum é o som seminal."*

Esse mantra é dedicado a Ganesh, um dos deuses hindus mais venerados de todos os tempos. Ganesh, Ganesha ou Ganapati, é uma divindade muito querida pelo povo indiano, pois ama os seres humanos e destrói os obstáculos que impedem o desenvolvimento material e espiritual. Traz aos devotos a conquista de objetivos, metas e novos empreendimentos, sendo associado a todas as manifestações de prosperidade. Na Índia, costuma-se entregar nas mãos de Ganesh tudo o que é novo, tudo aquilo que está por começar, pois ele é o senhor do "Bom Princípio".

Tudo em Ganesh tem um sentido, uma lição de vida.

A grande cabeça de elefante é para pensarmos muito; as orelhas grandes para ouvirmos mais. Os olhos pequenos lembram de nos concentrarmos, e a boca pequena, de falarmos menos. Na mão direita, Ganesh traz um machado que é para cortar todas as ligações, os apegos. E, na mão esquerda, além de uma flor, segura uma corda que serve para manter a pessoa próxima da sua meta. O atributo mais interessante de todos, presente em todas as gravuras de Ganesh, é o rato, que representa o desejo e o ego. Você somente pode montá-lo se o controlar, senão ele causa destruição.

Muito querido e respeitado em toda a Índia, de norte a sul e em todos os templos, existe uma imagem sua à porta, guardando o recinto, como fazia quando criança, na casa da sua mãe.

Está associado às crianças, à comunicação, à inteligência, à força intelectual e ao dever. Guia a humanidade e seus caminhos na vida, iluminando-nos. É considerado também o protetor e inspirador dos escritores. De acordo com uma lenda, Ganesh, a pedido de Brahma, extraiu um pedaço do próprio dente e o cedeu ao sábio Vyasa, para que ele pudesse escrever o épico Mahabharata.

2) Gayatri Mantra

"Om Bhoor Bhuvah Svoha

Tat savitur varenyam

Bhargo devasya demahi

Dhiyo yo nah prachodayat"

Tradução:

"Ó grande luz do universo

Ó grande removedouro da dor e da tristeza
Descei vossa luz ao nosso intelecto
Para que possamos saber a direção correta"

Entre todos os milhões de mantras compilados e guardados nos arquivos do Extremo Oriente, o mantra Gayatri é universalmente considerado a essência de todos os mantras. As palavras sanscríticas contêm a vibração essencial das esferas superiores de luz brilhante e também todo o seu poder e potencial espiritual. O mantra Gayatri possui muitos milhares de anos de idade e foi descoberto e difundido por um santo (rishi) hindu chamado Vishwamitra, um rei que se empenhou arduamente para obter poder espiritual.

Na Índia o Gayatri Mantra é um dos mais cantados, pois em suas sílabas reside a essência dos Vedas, a literatura sagrada da Índia. O Mantra está todo relacionado ao aspecto iluminador e todo abrangente de Brahman. Em verdade, o mantra nos mostra a natureza essencial de toda a existência. A Deusa Gayatri é uma das formas femininas do Deus Brahma, de Vishnu e Shiva. Ela representa a base, o substrato de toda a existência. Ela é a "expansão" do OM ou a energia que o movimenta. Num estudo mais aprofundado, o mantra se revela como sendo a representação do Sol Espiritual ou a Luz da Consciência. Sem essa Luz, o próprio Brahma (criador na trindade hindu) perderia seu sentido de ser. Sem essa Luz não haveria o que ser sustentado ou preservado. Ela seria a ponte ou a ligação inquebrantável do Deus Supremo (o Todo) com tudo. Seria a presença invisível e subjacente a tudo. Assim, o mantra tem sua aplicação no sentido de manifestação, de realizar o potencial de "vir a ser". É energia pura. Segundo os Vedas, "O Gayatri protege quem o recita". Ele deve ser cantado todos os dias, de preferência de Manhã, de Tarde e de Noite. Ele pode ser dividido em três partes para maior entendimento. A primeira parte é de louvor, a segunda de meditação e a terceira de prece. Primeiro saudamos a Realidade Suprema, depois fixamos a mente e coração Nela e por último apelamos para a purificação e iluminação. O mantra é também atribuído à perfeita expressão, harmonia e unidade. Há muito mais para se falar sobre esse mantra. Daria um livro se fôssemos comentar todos os ensinamentos contidos nele. Afinal, ele é a essência dos Vedas.

3) Invocando a energia da Mãe Divina para multiplicar o que há de bom no universo:

"Om Tare Tuttare Ture Svoha"

Tradução: *"Om e saudações à Tara (Grande Mãe Divina), que nos abriga e sustenta e que com seu poder alimenta a vida em todo o Universo"*

Esse mantra invoca a energia da Mãe Divina, nos trazendo a força, a compaixão e a misericórdia da Mãe Maria e de todas as manifestações da força feminina. Através desse mantra, ativamos a energia da criação e da multiplicação, trazendo à nossa vida a mesma força que a Mãe Terra utiliza para que todas as sementes cresçam sobre ela. Podemos meditar com esse mantra para criar prosperidade e multiplicação das forças positivas em nossa vida.

4) Mantra para transcender obstáculos e sempre ir mais além na escala da evolução:

"Gate Gate Paragate Parasamgate Boddhi Svoha"

Tradução: *"Indo, indo, indo além, indo mais além, alcançando a Luz – Assim Seja!"*

Os Gates são as cadeias de montanhas do Himalaia (lugar mais alto do mundo), onde está localizado o Tibet e parte da Índia. Esse mantra sugere que para alcançar a iluminação temos de atravessar um longo caminho, ultrapassando muitos obstáculos e montanhas para que possamos chegar à outra margem. Muitas vezes parece difícil demais alcançar alguns objetivos, principalmente a Iluminação Espiritual! Com esse mantra, conseguimos fazer uma coisa de cada vez, realizar o que é possível a cada dia, simplesmente andar pelo caminho. Assim, vamos indo, indo, indo além e mais adiante e, quando percebemos, já teremos atravessado os Gates (montanhas) do caminho espiritual.

5) Mantra para saudar Krishna (amor, compaixão) e Rama (reta justiça e sabedoria):

"Hare Krishna, Hare Krishna

Krishna Krishna, Hare Hare
Hare Rama, Hare Rama
Rama Rama, Hare Hare"

Tradução: *"Saudações ao Senhor Krishna, a Suprema Personalidade Divina, e Saudações ao Senhor Rama, a Sabedoria e a Reta Justiça!"*

Quando entoamos, ou simplesmente pensamos no "Mahamantra", como é conhecido, o amor universal se faz presente no mesmo momento, abençoando a todos os seres. Krishna e Rama representam a parte mais bela, pura e angelical da criação divina. Na Índia, Krishna e Rama, que são reencarnações de Vishnu, são representados por um lindo jovem, de pele azul, que usa enfeites com flores, joias, penas de pavão e uma flauta que traz as notas musicais mais divinas. Dentro da filosofia hindu, esses elementos são utilizados para representar as perfeitas criações de Deus. O pavão simboliza a beleza do reino animal, as joias representam as pedras preciosas, o reino mineral. A flauta é o ar, o som se propagando, representando aquilo que não podemos ver, mas podemos sentir com o coração. As flores são as lindas manifestações do reino vegetal.

Sendo assim, a consciência de Krishna e Rama é o Todo que está em Tudo.

Viver na consciência de Krishna e Rama é compreender a presença da luz de Deus em todos os seres e em todos os elementos da natureza.

Krishna e Rama não são necessariamente um ser de pele azul, mas o próprio azul do céu que nos ampara e nos brinda a cada manhã de sol.

O canto de palavras sagradas em seu idioma original tem o poder de controlar os ciclos cerebrais e organizar os pensamentos de forma tranquila, trazendo consciência, criatividade, amorosidade e paz. O Mahamantra auxilia no controle da respiração, na circulação sanguínea, no autoconhecimento e no desenvolvimento das maiores virtudes, que são sathya (verdade), shanti (paz real), prema (compaixão) e sadhana (disciplina espiritual).

O Mahamantra traz a tranquilidade dos Grandes Mestres (Krishna, Buda, Rama, Jesus, Maomé etc.) ao nosso coração, eliminando a agressividade e a violência, tão presentes em nosso mundo. Os mantras em geral nos auxiliam no senso de cooperar com nossos irmãos, de ajudá-los na evolução e na regeneração do planeta, buscando uma nova era de luz.

Alguns mantras tibetanos

1) O mantra da compaixão
"Om Mani Padme Hum"
Tradução: *"Da lama nasce a flor de Lótus."*

Mantra da compaixão, associado à Kuan Yin, que é a manifestação feminina da energia búdica, nos traz calma, discernimento, paz, tranquilidade e equalização à energia do chacra cardíaco. *"Da lama nasce a flor de lótus"* nos traz a ideia de que da lama mais densa, ou seja, da Terra que é o lugar onde habitamos, pode nascer a mais bela flor de lótus, que é tanto o símbolo da iluminação quanto o símbolo dos chacras quando se iluminam. Significa também que, mesmo nosso corpo sendo denso como a lama, abriga grandes quocientes de luz que são os chacras iluminados, representados pela flor de lótus.

2) Vajra Guru Mantra
"Om Ah Hung Benza Guru Pema Siddhi Hung
Om Ah Hung Pema Siddhi Hung"

Dedicado a Padmasambhava, este é o mantra que contém a essência de todos os buddhas (do passado, presente e futuro), mestres e seres realizados, e por isso único em seu poder para a paz, a cura, a transformação e a proteção. Recite-o com tranquilidade, com profunda atenção, e deixe sua respiração, o mantra e sua consciência lentamente tornarem-se um. Ou cante-o de modo inspirado, e descanse no silêncio profundo que às vezes se segue a ele.

O Guru Rinpoche (também conhecido por Padmasambhava, Pema Jungne ou Padmakara) é o Buda do Tibet, pois é o fundador da escola tibetana, ou tântrica, do Budismo. A sua vinda foi prevista por Buda Shakyamuni, e sua vida está repleta de fatos extraordinários, desde o nascimento dentro de uma flor de lótus até manifestações múltiplas de si mesmo ao mesmo tempo em lugares diversos.

A história mágica de sua vida serve de inspiração, e os fatos nos levam além dos conceitos de nome e forma, espaço e tempo, vida e morte.

Capítulo 15

Terapias alternativas

*"O maior erro de qualquer medicina
é trabalhar sozinha."*

Amit Goswami

História e origem das medicinas

Desde que o ser humano entrou em conflito emocional pela primeira vez, suas glândulas começaram a trabalhar aquém da capacidade. Os níveis hormonais começaram a entrar em desequilíbrio, gerando a dor e a doença, que nada mais são do que sinalizadores, demonstrando que nossos aspectos mental, emocional, físico e espiritual encontram-se em desequilíbrio energético. Com o surgimento das primeiras doenças sobre a Terra, houve a necessidade de criarmos uma maneira de amenizar o sofrimento e a dor para que pudéssemos refletir sobre a origem desse desequilíbrio, reformando-nos intimamente para que a cura se estabelecesse. Desde os povos mais primitivos, nas tribos sempre houve a presença do curandeiro ou xamã, alguém com dons e capacidades especiais para curar, com um talento natural para comunicar-se com esferas espirituais. Desde as religiões mais antigas como os xamanismos hiperbóreos, com seus rituais e sacrifícios aos deuses, a tentativa era agradar o plano divino para diminuir nosso sofrimento. Mal sabíamos que para evitar a doença basta que agrademos a nós mesmos! Havia um grande misticismo envolvendo os processos de cura, pois é justamente quando sofremos com uma dor ou doença que abrimos a porta para nosso lado espiritual, conectando-nos com nosso Eu Superior. O homem sempre buscava nos elementos naturais uma maneira de restabelecer seu equilíbrio: contemplando a natureza e utilizando chás, ervas, cristais, cores, sons e a água para curar.

O pensamento humano foi evoluindo ao longo da história e os métodos medicinais também.

Os povos mais antigos utilizavam-se da alquimia (química da alma) e da magia e poderes da natureza para curar. Os chineses, índios, egípcios, celtas, druidas, atlantes, sumérios, persas e indianos possuem até hoje um rico material sobre cura natural, uma cultura que vai frutificando através das gerações, de mestre a discípulo e, mesmo com a era digital e tecnológica dos dias atuais, ainda sobrevive.

Desde as épocas mais antigas, algumas pessoas com maior poder, como os reis e rainhas, sempre preservavam um alquimista ou mago por perto para elaborar poções e fórmulas mágicas de cura. A magia sempre esteve muito presente na cultura antiga e numa época muito triste para a humanidade, nas Cruzadas e Santa Inquisição, foi fortemente combatida, pois normalmente o poder da magia permanecia junto ao feminino, junto às mulheres que foram cruelmente queimadas em fogueiras e mortas em guilhotinas. Tanto que, para preservar esses segredos mágicos, muitas sociedades secretas formaram-se para que seus membros pudessem se proteger de atentados e crimes. Numa época antiga, de pouco desenvolvimento tecnológico e alto grau de ignorância, quem detinha um pouco de conhecimento e poder representava uma ameaça para a Igreja Católica, que na Antiguidade dominava ciência, política e religião e representava a vontade de Deus na Terra. Alguns rebeldes então formaram a era científica ou era do racionalismo, onde não existia o Deus personificado, antropomórfico, mas somente leis da física que regiam nosso universo.

Foi aí que o conflito se estabeleceu. Uma camada religiosa acreditava que tudo era movido pela vontade de um Deus que pune e castiga e a camada de cientistas rebeldes, como Leonardo da Vinci, por exemplo, que conhecia as leis da matéria, como a lei da proporção áurea, por exemplo, tentando provar que o universo obedecia a leis específicas que independiam da vontade de um Deus. Nessa época, qualquer afirmação científica era considerada heresia e quem discordava da Igreja era julgado pelo tribunal da Santa Inquisição. De lá para cá tudo tornou-se científico, um outro extremo que também não é saudável. E hoje, finalmente, no século XXI, estamos chegando ao caminho do meio, pois as terapias alternativas ou medicina vibracional já comprovam seus resultados e eficácia com baixos custos e já são utilizadas em hospitais, clínicas e inclusive pelos cientistas mais céticos.

Existem milhares de medicinas em todo o mundo, inclusive acreditamos que existam bilhões de medicinas! Cada ser humano é um universo e possui uma forma muito particular de encontrar cura e equilíbrio, portanto seria mais sensato dizer que cada ser possui sua medicina interna, sua própria capacidade de curar-se.

Nos tempos atuais, uma das áreas profissionais que mais cresce é a terapia holística. A cada dia, mais e mais terapeutas da Nova Era se formam, com a incrível missão de transformar o mundo em que vivemos através das práticas terapêuticas alternativas. O terapeuta holístico tem o poder de trazer ao consultante o vislumbre de uma nova ótica sobre a vida. O tratamento holístico enxerga o ser em sua totalidade, buscando identificar onde estão seus desafios: no nível físico, emocional, mental ou espiritual. Através de uma visão integrativa que busca nos meios naturais a maior possibilidade de cura, com a terapia alternativa aprendemos a identificar em nós mesmos o caminho do equilíbrio interior. Acreditamos que a primeira maravilha que se descortina na sala do terapeuta holístico é a descoberta do poder pessoal e a incrível capacidade de transformarmos a realidade universal quando iniciamos por nós mesmos. Depois que compreendemos o conceito de mandala, nos tornamos uma, irradiando energia amorosa para o universo através de nosso ponto central que é o coração, recebendo de volta uma chuva de bênçãos cósmicas. Trilhar por essa senda é encontrar o verdadeiro prazer de caminhar rumo à evolução espiritual em todos os aspectos.

Alguns povos na Antiguidade destacaram-se por sua sabedoria em detectar meios para estabelecer a cura. A medicina chinesa, a ayurvédica e a tibetana são riquíssimos sistemas de cura, baseados em princípios como equilíbrio e compaixão.

Abaixo alguns exemplos de medicinas alternativas que proporcionam curas incríveis em todas as partes do mundo.

Medicina ayurvédica

Ayurveda é o nome dado à "ciência" médica desenvolvida na Índia há cerca de sete mil anos, o que faz dela um dos mais antigos sistemas medicinais da humanidade. Ayurveda significa, em sânscrito, ciência (veda) da vida (ayur). Continua a ser a medicina oficial na Índia e tem se difundido por todo o mundo como uma técnica eficaz de medicina tradicional.

A medicina ayurvédica é conhecida como a mãe da medicina, pois seus princípios e estudos foram a base para, posteriormente, o desenvolvimento da medicina tradicional chinesa, árabe, romana e grega. Houve um intercâmbio de informações com o Japão, que tinha a mesma necessidade dos indianos: criar uma medicina barata para atender às suas populações muito pobres e gigantescas, por essa razão existe muito da medicina japonesa nos conceitos de ayurvédica. As duas desenvolveram técnicas muito eficientes e de baixo custo para o tratamento.

Para a Ayurveda não existe doença, mas um desequilíbrio nos doshas, os centros internos que representam os cinco elementos: fogo, terra, água, ar e éter (espírito). Todos nós possuímos os três doshas internamente em diferentes proporções.

A Ayurveda, como ciência integral, considera que a doença inicia-se muito antes de chegar à fase em que ela finalmente pode ser percebida. Assim, pequenos desequilíbrios tendem a aumentar com o passar do tempo, se não forem corrigidos, originando a enfermidade muito antes de podermos percebê-la.

Os doshas são Vata, regido por ar e éter, Pitta, regido por fogo e água, e Kapha, regido por terra e água.

Para a Ayurveda, a saúde de uma pessoa é medida pela força de seu agni (fogo digestivo). Um bom fogo digestivo é capaz de extrair dos alimentos ingeridos os nutrientes necessários para formar tecidos fortes; por outro lado, quando esse fogo está diminuído ou é irregular, a nutrição dos tecidos fica mais pobre, comprometendo a saúde e a integridade estrutural do organismo. Costuma-se ouvir muito que "você é o que você come", mas podemos concluir, com o exposto, que a medicina indiana vai além: "você é o que você consegue digerir".

Além de se utilizar de alimentação adequada, fitoterapia, yoga e outras técnicas, a massagem é uma das principais técnicas utilizada pelos médicos e terapeutas ayurvédicos, por ser de baixo custo e fácil aplicação. A massagem ayurvédica age nos sistemas linfático (desintoxicando o organismo), circulatório (aumentando a produção de glóbulos brancos e a nutrição e oxigenação celular) e energético (reequilibrando o chacra e atuando nos sete corpos – desfazendo bloqueios emocionais).

É importante ressaltar que, para uma massagem ser ayurvédica, deve levar em consideração os doshas do paciente, seus desequilíbrios e suas características. É uma prática individualizada, específica para cada tipo de pessoa. Não existe apenas uma técnica de massagem na Ayurveda, mas sim diversas delas, que são feitas com óleos medicados, de acordo com o dosha do indivíduo.

É indicada como um dos tratamentos para quase todas as doenças, principalmente: dependência química, alergias, estresse, estafa, fadiga, depressão, fibromialgia, bloqueios emocionais, problemas musculares e de coluna, lembrando que na Ayurveda não se trata a enfermidade, mas sim o indivíduo. Deve ser ministrada com cuidado em gestantes.

Reconhecida pela OMS (Organização Mundial da Saúde), a massagem ayurvédica é utilizada por quase toda população da Índia e está sendo amplamente divulgada no mundo.

Outra técnica muito utilizada na medicina ayurvédica é o Shirodhara, um fluxo de óleo morno que cai ininterruptamente sobre o Chacra Frontal durante meia hora. Essa técnica aumenta a produção de serotonina, levando o consultante a um estado de prazer e bem-estar constantes. A principal ênfase do Shirodhara está na nutrição dos canais energéticos pelo prana. Nesta filosofia, não adianta cuidar do cérebro separadamente do cerebelo, do hipotálamo, ou do centro motor, é necessário que se nutra o prana. Através da nutrição do prana, alcançamos um harmonioso estado de bem-estar. Vários distúrbios podem ser tratados através do Shirodhara, como síndrome do pânico, cansaço, deficiência de libido, depressão, insônia, irritabilidade, labirintite, fobias e outros de origem neurológica e psíquica. Essa terapia é indicada para todas as estações do ano e para os três doshas, em qualquer idade a partir dos cinco anos. Deve ser aplicada entre 7h e 10h da manhã. (preferencialmente).

Medicina tradicional chinesa

A história da medicina tradicional chinesa pode ser traçada através de escavações arqueológicas que se estendem por milhões de anos. Os primitivos passavam a maior parte do tempo cuidando da sobrevivência básica: caçar, procurar e preparar plantas para comida, construir abrigos e defender-se. É fácil imaginar que, com o tempo, eles haviam experimentado a maioria das plantas locais em busca de comida. Com o tempo, um registro oral evoluiu e identificou as plantas que representavam boa comida, aquelas que eram úteis para construir, aquelas que tinham um efeito sobre doenças e aquelas que eram venenosas. Por meio de tentativa e erro, uma forma primitiva de medicina fitoterápica e terapia dietética estava se constituindo na China.

O fogo também desempenhou um papel central em suas vidas como fonte de calor, combustível e luz. Como eles se reuniam ao redor de fogueiras, é natural que nossos ancestrais descobririam os poderes curativos do calor. Esses poderes seriam especialmente evidentes para males frios, úmidos, como artrite, para os quais o calor proporciona alívio imediato. Essa foi a origem da arte da moxabustão, a aplicação terapêutica do calor para tratar uma variedade de condições.

Esses antepassados devem ter experimentado uma variedade de ferimentos durante suas vidas duras. Uma reação natural à dor é esfregar ou pressionar a área afetada. Essa terapia manual evoluiu gradualmente para um sistema de manipulação terapêutica. As pessoas descobriram que pressionar certos pontos do corpo tinha efeitos abrangentes. Elas começaram a usar pedaços de ossos afiados para aumentar a sensação, dando início à acupuntura.

À medida que a sociedade chinesa desenvolveu uma história escrita, documentar os poderes da medicina passou de um sistema oral para um sistema escrito.

As causas de doença na medicina tradicional chinesa são determinadas por uma série de fatores. Algumas dessas causas são consideradas externas, como nas seis influências nocivas: vento, frio, calor, secura, umidade e calor de verão. Outras causas são consideradas internas, como nas sete emoções: raiva, alegria, preocupação, pensamento obsessivo, tristeza, medo e choque. Outros fatores que atuam no desenvolvimento de doenças são dieta, estilo de vida e acidentes.

Quando o corpo está saudável, suas várias substâncias e energias estão em equilíbrio harmônico, tanto internamente quanto em relação ao ambiente externo.

A acupuntura é um ramo da medicina tradicional chinesa e consiste na aplicação de agulhas, em pontos definidos do corpo, chamados de "pontos de acupuntura", para obter efeito terapêutico em diversas condições, desbloqueando os canais energéticos para que a energia vital (ch'i) flua livremente.

Os pontos de acupuntura podem ser estimulados por agulhas ou pelo aquecimento promovido por moxa, um bastão de artemísia em brasa, que é aproximado da pele para aquecer o ponto de acupuntura. Há, também, o método de estimulação por laser, ainda em estudos.

A auriculoterapia é uma forma de reflexoterapia que concentra sua ação na orelha, baseando-se em princípios distintos da reflexoterapia, associados ao conhecimento dos meridianos trabalhados pela medicina tradicional chinesa.

Tendo o objetivo de desbloquear os canais de energia do nosso corpo, na auriculoterapia são utilizadas sementes de diversas plantas para massagem dos pontos, sendo a mais utilizada a de mostarda.

O do-in é uma técnica de automassagem de origem japonesa que utiliza os pontos dos meridianos energéticos do corpo humano, conhecidos nas práticas da medicina tradicional chinesa, tais como a acupuntura. É uma técnica curativa e preventiva e aplicável em casos de emergência.

O do-in serve-se dos mesmos pontos utilizados na acupuntura para tratar e prevenir distúrbios e enfermidades no corpo, restaurando, segundo os conceitos da medicina chinesa tradicional, o fluxo da energia Ki, onde esta tenha sofrido bloqueios ou desequilíbrios.

É usada também como técnica de primeiros socorros para certos males, na qual a própria pessoa se autoaplica a massagem.

A massagem consiste, basicamente, no emprego de dois tipos de toque: a sedação, que é a pressão contínua sobre um ponto, e a estimulação, um tipo de pressão intermitente sobre um ponto.

O shiatsu é um método terapêutico japonês criado no fim da era Meiji (1868), a partir dos recursos de pressão dos meridianos com os dedos, que por sua vez, assim como o Do-in, tem origem na teoria dos da medicina chinesa. A palavra japonesa shiatsu significa pressão ("Atsu") com os dedos ("Shi"). O shiatsu tem aplicações várias, como em problemas de rim, problemas com evacuação e até mesmo uma simples queimação de estômago, problemas psicossomáticos como depressão, baixa autoestima e uma infinidade de outras coisas. Não é recomendado para infecções, doenças contagiosas, fraturas, varizes ou como terapêutica única do câncer, podendo, contudo, atuar como coadjuvante no tratamento deste. Deve ser usado criteriosamente nos primeiros três meses da gestação, uma vez que há pontos de pressão (tsubôs) contraindicados para a gestante.

Medicina tibetana

A origem da medicina tibetana remonta há milhares de anos. Desenvolvida nas montanhas geladas do Himalaia, a medicina tibetana integra muitas práticas, como a yoga, meditação, remédios herbais e outras técnicas, sempre levando em consideração o tipo constitucional da pessoa, a relação com o ambiente e a mudança das estações.

É um antigo e profundo sistema de cura, que, tendo origem nos textos tântricos, descreve o método como um sistema médico que integra a vida espiritual ao bem-estar físico e se dedica à libertação do corpo, da mente e do espírito.

Na medicina tibetana o mais valorizado método de cura é a compaixão. No Tibet entende-se que, quem consegue desenvolver esse sentimento está alinhado à Fonte Cósmica de energia, e, estando em sintonia com a Fonte, temos saúde, equilíbrio e bem-estar.

Os médicos tibetanos combinam o conhecimento do corpo físico com a percepção do funcionamento de um corpo sutil que, sob certos aspectos, desempenha uma função mais importante na cura do que o sistema corporal físico. São identificadas três energias, chamadas de nyepa, que permeiam o corpo sutil. A combinação dessas energias determina a disposição e o tipo constitucional da pessoa. O médico então determina qual dessas três vitalidades predominam na constituição do paciente para depois tratá-lo de acordo com a sua constituição energética individual. Essas três energias são conhecidas como lung, tripa e bekan.

As pessoas do tipo lung são magras e de natureza fria, sendo muito ativas mentalmente, falam muito e tendem ao sentimento de ira. Tendem a sofrer de estresse, ansiedade, insônia e depressão. Quando as energias corporais estão em desequilíbrio, a digestão é a primeira área a ser afetada e problemas no sono tendem a surgir.

Os indivíduos do tipo tripa possuem formas arredondadas, sentindo fome e sede com frequência, tendo um apetite saudável. As pessoas tripa suam com facilidade, podendo ter um forte odor corporal. São rápidos para compreender conceitos e convincentes em seus argumentos. O ciúme e a raiva podem estar sempre à flor da pele. Fisicamente, os seus pontos fracos são o fígado, a vesícula e o intestino delgado. Tendem a sofrer de doenças quentes, que se manifestam principalmente na pele.

As pessoas de constituição bekan normalmente estão acima do peso, o corpo é frio e a pele grossa. Toleram bem a fome e a sede e adoram dormir. A digestão tende a ser lenta, o que os torna suscetíveis a doenças que envolvam muco. Normalmente os bekan são tímidos e dos três tipos é o que melhor mantém a prosperidade.

Um dos métodos de diagnóstico utilizados pela medicina tibetana é realizado através do pulso. Essa prática funciona como uma conversa a três pelo telefone, entre o médico, os órgãos e a constituição energética do corpo. Na medicina tibetana, o médico "escuta" o que o pulso quer lhe dizer. Aprender o básico do diagnóstico pelo pulso leva um ano, mas o domínio dessa arte leva pelo menos uma década.

Também são realizados diagnósticos pela língua, pela urina, através da astrologia e da alimentação, que são fatores importantíssimos nesse sistema de cura.

Podemos dizer que a medicina tibetana é um sistema de cura holístico, completo e profundo, pois atua em todos os níveis e dimensões do ser, de forma integral, promovendo saúde, paz, equilíbrio e a cura da alma.

Medicina ortomolecular

A medicina ortomolecular constitui um ramo da chamada medicina alternativa no qual as doenças são vistas como o resultado de desequilíbrios químicos. Assim, os tratamentos ortomoleculares buscam a restauração dos níveis de vitaminas e minerais considerados ideais no organismo.

Este acerto das moléculas se dá através do uso de substâncias e elementos naturais, sejam vitaminas, minerais, e/ou aminoácidos. Estes elementos, além de proporcionarem um reequilíbrio bioquímico, combatem os radicais livres. Mas por que o organismo se desequilibra? Para entendermos como isto se dá, podemos partir de uma analogia. O organismo é uma máquina que está permanentemente se produzindo. Durante este processo de produção podem surgir falhas, seja na chegada de matéria-prima (vitaminas, minerais etc.), seja na própria integração de todo e qualquer sistema que compõe a máquina. Estes sistemas devem trabalhar de forma harmoniosa, como uma engrenagem. Estas engrenagens são os sistemas neuroendócrino, psíquico e imune.

Qualquer falha em algum ponto ou mecanismo desta máquina (ser humano) compromete toda a produção (vida), surgindo os defeitos (doença). Por exemplo: uma pessoa deprimida tem mais chances de apresentar infecções recorrentes, já que uma falha no sistema psíquico leva consequentemente a alterações no sistema imune.

Com a medicina ortomolecular o paciente volta a ser encarado como um todo, um conjunto que deve funcionar em harmonia. Com esta visão global, qualquer tratamento torna-se muito mais vantajoso, pois encontra a origem dos problemas, a verdadeira raiz a partir da qual todo o processo patológico se desenvolve.

Aromaterapia

Aromaterapia consiste no uso de tratamento baseado no efeito que os aromas de plantas são capazes de provocar em nossas emoções, sentimentos e pensamentos.

Dos vegetais é extraída a essência a ser aplicada isoladamente ou em combinação com outros aromas, dependendo das enfermidades e do indivíduo. A aromaterapia surgiu da fitoterapia e é comumente usada em conjunto com esta. É utilizada no tratamento das mais variadas enfermidades e desequilíbrios, sendo considerada uma terapia holística.

Arteterapia

É um processo terapêutico que conecta os mundos internos e externos do indivíduo, através de sua simbologia. Variados autores definiram a arteterapia, todos com conceitos semelhantes no que diz respeito à autoexpressão. É a arte livre, unida ao processo terapêutico, que transforma a arteterapia em uma técnica especial: é a libertação da informação inconsciente, que se torna arte.

A utilização de recursos artísticos (pincéis, cores, papéis, argila, cola, figuras, desenhos, recortes etc.) tem como finalidade a mais pura expressão do verdadeiro *self*, não se preocupando com a estética, e sim com o conteúdo pessoal implícito em cada criação e explícito como resultado final. Contudo, as técnicas de utilização dos materiais acima citados são para simples manuseio dos mesmos, e não para profissionalização ou comercialização.

A arteterapia resgata o potencial criativo do homem, buscando o psique saudável e estimulando a autonomia e transformação interna para a reestruturação do ser. Propõe-se então a estruturação da ordenação lógica e temporal da linguagem verbal, de indivíduos que preferem ou de outros que só conseguem expressões simbólicas. A busca da terapia da arte é uma maneira simples e criativa para resolução de conflitos internos, é a possibilidade da catarse emocional de forma direta e não intencional.

Astrologia

A astrologia nos fornece um estudo minucioso da influência que os astros têm sobre nós, seres humanos, colocando à nossa disposição um conhecimento importante sobre diferentes setores da nossa vida que podem nos auxiliar de forma decisiva em nosso dia a dia ou em situações especiais. A exemplo da nossa própria personalidade, dos nossos investimentos, relacionamentos com amigos, amores, no trabalho, com filhos, enfim, uma rede de possibilidades que formam a complexidade do ser humano. A astrologia pode contribuir de diferentes maneiras. Seguem abaixo mais informações sobre os diferentes focos das interpretações astrológicas.

Mapa natal

Trata-se da representação e interpretação do mapa do céu (planetas) no momento do seu nascimento. Ele retrata as principais características da sua personalidade, suas potencialidades, suas limitações e tendências em diversas áreas da sua vida. Cada mapa é calculado levando em conta a posição astronômica dos planetas em relação a você. Assim, ele indica setores chamados "casas", signos e aspectos que os relacionam entre si. Por isso, você não tem apenas as características de seu signo solar (aquele que você costuma ler nos jornais). Você é uma mescla de todos esses fatores!

Revolução solar

A revolução solar é um mapa que é levantado todos os anos para o momento em que o Sol passa exatamente no ponto onde estava quando a pessoa nasceu. Através dele é possível calcular indicações importantes para o próximo ano. Poderíamos dizer que é um mapa relativo ao "aniversário", por isso sua validade é de um ano, ou seja, até que o Sol retorne a essa mesma posição astronômica. Em outras palavras, trata-se da sobreposição do mapa do seu aniversário atual (recalculado em função deste nem sempre ser passado na cidade de origem) sobre o seu mapa natal. Ela é interpretada através do cruzamento de ambos, trazendo importantes informações e dicas referentes às diversas áreas da sua vida até o seu próximo aniversário.

Mapa infantil

O mapa natal infantil nos auxilia quanto a descobrir mais sobre nossos filhos ou filhas. Trazendo importantes informações de como proceder quanto a sua personalidade, como incentivar os dons natos que ele(a) possui. Além de observar as necessidades a serem trabalhadas. Enfim, contribuindo para o processo da educação da criança.

Sinastria

Ramo da astrologia que estuda as inter-relações resultantes da comparação das posições planetárias e demais pontos de dois mapas astrológicos. É muito útil em relação a qualquer tipo de parcerias: amorosas, familiares, de negócios etc.

A astrologia traz dicas sobre como:

- Evoluir quanto a sua personalidade, o seu temperamento, suas inclinações e tendências, de forma a ter maior maturidade frente às adversidades da vida;

- Alcançar o equilíbrio da sua vida financeira/material através das suas aquisições por esforço próprio para que ela sirva como alicerce para a sua vida espiritual;

- Conhecer a natureza da sua mente, desenvolvendo sua capacidade de aprender e de se expressar, aperfeiçoando a sua capacidade de comunicação com irmãos, parentes próximos, vizinhos...

- Ressignificar privações ou abundâncias recebidas no seu lar pelos seus pais durante a sua infância, possibilitando você a assumir o seu próprio destino neste sentido;

- Focar positivamente a sua força criadora para educar, ensinar, orientar e conceber por amor;

- Harmonizar seu corpo físico, mantendo a saúde, compreendendo sua relação com colegas de trabalho ou subalternos;

- Alcançar o equilíbrio nos seus relacionamentos sentimentais, com profundidade e consciência;

- Superar e transmutar suas limitações, imperfeições e seus instintos;

- Evoluir quanto aos seus ideais, sua educação, ordem e aspirações espirituais;

- Enfrentar os fracassos e êxitos (sociais, profissionais...) de forma que eles não o desviem da sua missão, descobrindo e dedicando-se, assim, à sua vocação com consciência;

- Perceber ensinamentos e orientações dos seus mestres, protetores, amigos que o querem muito bem;

- Resgatar carmas, optando por seguir evoluindo quanto ao amor universal.

(Texto de Aline Schulz – www.luzdaserra.com.br/enciclopédia)

Biodança

A biodança (do espanhol *biodanza*, neologismo do grego *bio* (vida) + dança, literalmente a dança da vida) é um sistema de integração afetiva e desenvolvimento humano baseado em "vivências" (experiências intensas no "aqui e agora") criadas através de movimentos de dança com músicas selecionadas, e através de situações de encontro não verbal dentro de um grupo, centradas no olhar e no toque físico.

O "Sistema Biodanza" foi criado nos anos 1960 pelo antropólogo e psicólogo chileno Rolando Toro Araneda e se encontra difundido em diversos países, incluindo países da América Latina, Europa, Canadá, Japão e África do Sul.

As cinco linhas experienciais da biodança são:

Vitalidade: vista como fonte e expansão da energia vital profunda e do impulso existencial;

Sexualidade: vista amplamente como o desenvolvimento do contato sensível e progressivo natural;

Criatividade: vista como o desenvolvimento da capacidade de renovação do ser e de renascimento interior;

Afetividade: tratada como pesquisa e obtenção da nutrição emocional oriunda da expressão afetiva espontânea, com os outros e por extensão com a natureza;

Transcendência: segundo a evolução da consciência e o desenvolvimento da consciência como ser participante e integrante da harmonia cósmica.

Cromoterapia

Cromoterapia é a prática da utilização das cores na cura de doenças. Vem sendo utilizada pelo homem desde as antigas civilizações – como Egito antigo, Índia, Grécia e China – com o objetivo de harmonizar o corpo, atuando do nível físico aos mais sutis. Para Hipócrates, saúde e doença dependem da harmonia entre meio ambiente, corpo e mente.

Os adeptos da cromoterapia entendem que cada cor possui uma vibração específica e uma capacidade terapêutica. Isaac Newton no século XVII conseguiu descobrir as cores do arco-íris na famosa experiência do prisma. O cientista alemão Johann Wolfgang von Goethe, no século XVIII, pesquisou durante cerca de quarenta anos as cores, e descobriu que o vermelho tem propriedade estimulante no organismo, o azul acalma, o amarelo provoca sensações de alegria, e o verde é repousante. Esses efeitos são mais ou menos intensos, dependendo da tonalidade usada.

A cromoterapia do século XXI utiliza-se de tecnologia, e é baseada nas sete cores do espectro solar. Um pequeno bastão do tamanho de um lápis e com uma lâmpada de 25 watts é utilizado no tratamento.

Ele é colocado a 5 centímetros da pele, e ali permanece por aproximadamente 3 minutos.

A cromoterapia consta da relação das principais terapias alternativas ou complementares reconhecidas pela OMS em 1976, de acordo com a Conferência Internacional de Atendimentos Primários em Saúde de 1962.

É uma das terapias vibracionais que demonstram um alto grau de eficácia no corpo físico, aliviando dores e proporcionando a cura de doenças tratadas como crônicas.

Cristais

Os cristais e pedras são guardiões das energias sagradas da natureza e do cosmos, encerrando em si verdadeiros mundos. Em alguns cristais límpidos de quartzo, chega-se a vislumbrar formas tridimensionais de Devas, animais, cachoeiras, arco-íris, galáxias espiraladas, e uma vastidão de seres que mostram pertencer a outras dimensões. Estes cristais representam fisicamente a magia destas realidades, tornando o acesso às mesmas mais fácil e palpável; fazendo com que nos tornem mais flexíveis, o suficiente para podermos usufruir e vivenciar nas nossas vidas diárias uma realidade bem maior do que aquela que nos ensinaram a aceitar, como única e inquestionável realidade.

Pois bem, este é o trabalho dos cristais: abrir não só as mentes, mas todo o nosso ser para estas energias sagradas e vitais da natureza, que estão aí para nos mostrar a beleza e a luz que carregamos conosco, que somos parte integrante do universo, da natureza e que nossa missão é simplesmente sentir, reconhecer e expressar essa beleza em nossa vida; exatamente como fazem os cristais.

Os cristais representam nossos espíritos originais puros e cristalinos, nos auxiliam a entrar em contato com esta realidade eterna, e a nos religarmos com o universo e com o mistério onipresente do criador, do qual fazemos parte.

Eles são mais do que simples canais de energia, e para aqueles que com simplicidade tornam-se abertos e receptivos são verdadeiros mestres guiando-nos nos caminhos da autodescoberta, auxiliando-nos a entrar em contato com nossas energias de uma forma mais clara e precisa, proporcionando a cura profunda e integral de nosso ser.

Fitoenergética®

Fitoenergética® é um sistema de cura natural baseado no livro; *"Fitoenergética® – A Energia das Plantas no Equilíbrio da Alma"*, de Bruno J. Gimenes, que tem por objetivo desmistificar a influência das plantas sobre os aspectos mais sutis do ser.

De forma simples e sem mistérios, utiliza a combinação e aplicação dos vegetais contra as doenças emocionais mais comuns da atualidade, como, por exemplo: depressões, pânicos, estresse, mágoas, medos, desânimo, tristeza e outras doenças da alma que estão o tempo todo atuando sobre qualquer ser vivo, visto o mundo intenso de emoções e sentimentos em que estamos inseridos. De maneira muito simples e objetiva, usa opções práticas de como preparar as combinações de vegetais (chás, sucos, sprays etc.)

Com uma consistente base científica, a Fitoenergética® mostra que o uso adequado das plantas pode gerar benefícios surpreendentes a todos, melhorando a energia e a qualidade de vida das pessoas, animais, das próprias plantas e até mesmo dos ambientes. Esta técnica terapêutica usa os conhecimentos sobre as influências de mais de cento e vinte espécies de plantas, entre elas ervas, flores e frutas, nos aspectos emocionais, mentais e espirituais dos seres vivos.

A grande vantagem dessa técnica se dá pela praticidade e baixos custos, visto que estas plantas estão presentes de forma abundante em nosso dia a dia.

Baseada nos conceitos da cura energética e da medicina vibracional, a Fitoenergética® atua no entendimento dos bloqueios energéticos, que ficam acumulados nos campos mental, emocional e espiritual, e as doenças que são originadas por essas disfunções, agindo na causa energética geradora do bloqueio, e por isso criando resultados animadores e surpreendentes, e o melhor de tudo: de maneira muito saudável.

A proposta da Fitoenergética®:

Esse trabalho tem como proposta básica fornecer a todas as pessoas uma ferramenta eficiente, simples e acessível contra as doenças da alma, tão evidentes no nosso dia a dia. A Fitoenergética® atua para além dos campos da medicina tradicional que é estruturada apenas na questão orgânica e física, e que na grande maioria dos casos não pode explicar as verdadeiras origens e causas das doenças.

A Fitoenergética® não só propõe tratamentos alternativos de eficiência comprovada, mas também estimula a busca do conhecimento da causa geradora do problema.

Os seres humanos se tornam sensíveis às influências espirituais negativas quando seus aspectos mentais e emocionais estão fragilizados, tornando-os extremamente vulneráveis a obsessões e outras influências nocivas. Por isso o uso adequado das plantas pode trazer equilíbrio também no aspecto espiritual além do mental e emocional, sendo capaz de criar paz e harmonia para o indivíduo.

A Fitoenergética® pode ser usada amplamente para complementar qualquer tratamento com remédios alopáticos. Um exemplo prático é o uso comum de medicamentos ansiolíticos e antidepressivos, que cada vez mais criam efeitos colaterais excessivos e não atuam verdadeiramente na causa do problema. O uso desses remédios só deveria ser feito em casos agudos e temporariamente, pois o que fazem é desligar a pessoa de sua realidade conflitante, ou criar um estímulo "sintético" para enfrentar a vida. No entanto, o que se vê no quadro atual são casos ditos como "crônicos" em que a pessoa faz uso dessas medicações fortes por longos períodos de tempo, sem trazer cura efetiva, por não atuar realmente na causa geradora, que normalmente não está no corpo físico. Essas medicações tradicionais "anulam" ou "distorcem" a percepção da realidade que a pessoa tem, normalmente conflitante e atribulada, trazendo a falsa impressão de que tudo está bem.

Se um problema tem origem nos conflitos que uma pessoa vive em sua realidade de emoções e sentimentos, esse é o ponto nocivo, e por isso é aí que deve ser tratado, já que o físico é só a manifestação do mundo interior da pessoa.

Um tratamento fitoenergético adequado, realizado em paralelo aos tratamentos médicos convencionais, pode criar resultados rápidos, com efeitos significativos, criando bem-estar em todos os aspectos do indivíduo, físico, emocional, mental e espiritual, muito diferente dos remédios alopáticos que só atuam na estrutura orgânica (físico), que é apenas a condensação do mundo de emoções e sentimentos de cada indivíduo.

A Fitoenergética® não faz a pessoa anular a sua percepção de realidade, mas traz força e confiança para ela evoluir no seu mundo de emoções e sentimentos, enfrentando e vencendo os desafios dessa sua realidade. Esse conjunto de qualidades cria proteção e paz espiritual, que são adjetivos mais do que interessantes para que possa existir crescimento pessoal, evolução, bem-estar e, sempre que necessário, a cura natural à qual todos temos direito, sem mistérios e sem complicações.

A Fitoenergética® cria um universo de possibilidades ilimitadas, que a torna uma poderosa ferramenta auxiliar para a medicina tradicional expandir sua atuação.

Homeopatia

Homeopatia (do grego *homoios*, semelhante + *pathos*, doença) é um termo criado por Christian Friedrich Samuel Hahnemann (1755-1843), que designa um método terapêutico cujo princípio está baseado na *similia similibus curantur* ("os semelhantes curam-se pelos semelhantes"). É importante salientar que a homeopatia é comumente confundida com a fitoterapia ou com uma medicina mais natural, com relação aos produtos usados em suas formulações – o que não é verdade.

O tratamento homeopático consiste em fornecer a um paciente sintomático doses extremamente pequenas dos agentes que produzem os mesmos sintomas em pessoas saudáveis, quando expostas a quantidades maiores. A droga homeopática é preparada em um processo chamado dinamização, consistindo na diluição da substância em uma série de passos.

É dito que os princípios gerais da homeopatia foram enunciados por Hipócrates há cerca de 2.500 anos:

Observar. Para Hipócrates, grande parte da arte médica consiste na capacidade de observação do médico. A observação deve ser feita sem nenhum tipo de preconceito ou julgamento, estando o prático aberto aos relatos explícitos e implícitos do paciente.

Estudar o doente, e não a doença. Este princípio, proposto no Ocidente pela primeira vez no tempo de Hipócrates, assentou as bases da medicina holística, estabelecendo que na compreensão do processo saúde/enfermidade não se divide a pessoa em sistemas ou órgãos, devendo-se avaliar a totalidade sintética do indivíduo.

Avaliar honestamente. Dá-se importância à leitura prognóstica dos problemas da pessoa.

Ajudar a natureza. A função do médico é auxiliar as forças naturais do corpo para conseguir a harmonia, isto é, a saúde.

No ano de 1840, o médico francês Dr. Benoit Jules Mure ou Bento Mure trouxe a homeopatia para o Brasil. Vários insumos utilizados na prática homeopática vinham da Europa.

Dr. Mure e seu amigo Dr. João Vicente Martins ministravam cursos e o interesse de farmacêuticos nesta prática só aumentava. A cisão da homeopatia com a prática médica ocorreu por volta de 1851, através da Escola Homeopática do Brasil. Em 1886, através do Decreto nº 9.554, os farmacêuticos ganharam o poder de manipular os medicamentos.

Com o passar dos anos surgiram leis específicas para a farmácia homeopática, e com muitos esforços da classe médica e farmacêutica foi elaborado o Decreto nº 78.841, aprovando a 1ª edição da Farmacopeia Homeopática Brasileira. Somente em 1980 que o Conselho Federal de Medicina reconheceu a homeopatia como especialidade médica.

Iridologia

A iridologia, iridodiagnose ou irisdiagnose é uma forma de

terapia alternativa na qual a análise de padrões, cores e outras características da íris permite o diagnóstico das condições gerais de saúde e de doenças baseada na suposição de que alterações na íris refletem doenças específicas em órgãos. Os praticantes dessa técnica utilizam-se de "tabelas de íris" que divide a íris em zonas que estão relacionadas a porções específicas do corpo humano.

Iridologistas geralmente usam equipamentos como lanternas, lentes de aumento, câmeras ou lâmpadas de fenda para o exame detalhado da íris. Os achados são geralmente comparados a um gráfico que correlaciona zonas específicas da íris com porções específicas do corpo humano.

De acordo com os iridologistas, detalhes da íris refletem mudanças específicas nos tecidos dos órgãos. Por exemplo, sinais de "inflamação aguda", "inflamação crônica" e "catarral" corresponderiam a "envolvimento", "manutenção" ou "cura" dos órgãos correspondentes à zona da íris afetada. Outros achados seriam os "anéis de contração" e "klumpenzellen", que indicam outras condições.

Outra corrente da iridologia afirma ser possível identificar deficiências nutricionais e de oligoelementos, que causam predisposição ao aparecimento de doenças e podem ser corrigidas antes que as mesmas se desenvolvam. Através da iridologia podemos determinar como o indivíduo aprende, se expressa, se modifica e como gera seus relacionamentos, desde a infância, dando a oportunidade de agir sobre distúrbios psicológicos.

O exame iridológico não é invasivo. A única coisa que os pacientes teriam que tolerar é a luz intensa nos olhos.

Iridologistas têm uma visão holística da saúde e procuram descobrir desequilíbrios que predispõem ao aparecimento de doenças, podendo recomendar hábitos saudáveis.

Numerologia

A numerologia tem como objetivo a compreensão profunda do "SER" que compõe cada um de nós. Os números são a prova da existência desse ser interior. A análise dos números do mapa numerológico aponta para as coisas reais de nosso cotidiano e mostra o desenho de nossa trajetória antes da nossa chegada a esta vida.

Dessa forma, a numerologia é um poderoso instrumento, capaz de abrir as portas do autoconhecimento e consequentemente do crescimento humano, pessoal, profissional e, o mais importante: espiritual.

O estudo numerológico traz à tona, desnudando diferentes e variados aspectos da personalidade nos campos afetivo, emocional, familiar, profissional, financeiro e espiritual. Além, é claro, de desvendar não só nossas falhas e limitações, como também as aptidões e potencialidades. Desnuda os mais variados ciclos de nossa existência terrena, indicando mudanças, direções e os melhores traçados a serem percorridos, nos deixando claro os desafios a serem enfrentados e superados para que de fato nossa passagem por aqui não seja vã.

Podemos, a partir desse estudo, criar um nome artístico ou profissional, que auxilie os passos a serem dados rumo à felicidade. As melhores datas para se iniciar algo ou um compromisso. Criar de forma harmônica o melhor nome para o bebê. A melhor vibração para uma razão social ou nome fantasia de uma empresa, assim como verificar se os mapas dos sócios estão em sintonia. Outro ponto fundamental é o nome de produtos e seus respectivos dias de lançamento.

Nossa vida é fruto das decisões que tomamos em nosso dia a dia. E a numerologia é de fato uma chave que pode e deve ser usada na busca do crescimento em larga escala, o qual todos estamos capacitados a acessar.

(Texto de Vyctor Ben-Hur Gonçalves – www.luzdaserra.com.br/enciclopedia)

Quiropraxia

A quiropraxia é uma profissão na área da saúde que se dedica ao diagnóstico, tratamento e prevenção das disfunções mecânicas no sistema neuromúsculoesquelético e os efeitos dessas disfunções na função normal do sistema nervoso e na saúde geral. Há uma ênfase no tratamento manual incluindo a manipulação articular ou "ajustamento" ou outro tipo de manipulação articular e terapia de tecidos moles.

Manuscritos chineses e gregos de 2700 a.C. e 1500 a.C. mencionam formas rudimentares de manipulação articular e manobras articulares nos membros inferiores do corpo humano a fim de aliviar dores lombares. Hipócrates, "pai da medicina", que viveu em 460 a.C. a 377 a.C., publicou textos em que detalha: "Adquira mais conhecimento sobre a coluna vertebral, pois é a origem de muitas doenças."

A partir de 1950, observa-se um crescimento significativo com relação ao número de profissionais, à qualidade do ensino, à pesquisa científica, ao número de faculdades e à internacionalização da profissão. Atualmente a quiropraxia é estabelecida em mais de 60 países, havendo aproximadamente cem mil profissionais no mundo.

Área de atuação e pesquisas científicas: A atuação do quiropraxista está no sistema neuromúsculoesquelético. Os principais acometimentos tratados pela quiropraxia são:

- Dores na coluna lombar;
- Hérnia de disco e dor ciática;
- Dores no pescoço;
- Dores e tensão muscular;
- Problemas nas articulações do ombro, cotovelo, punho, joelho, tornozelo;
- Restrições a movimentações;
- DORT/LER;
- Lombalgia;
- Cervicalgia;
- Dor de cabeça.

Reiki

Reiki é uma técnica japonesa de cura através do nosso campo energético, utilizando-se do poder da mente e da imposição das mãos.

É uma terapia que está inserida no contexto da medicina alternativa, portanto poderíamos dizer que o reiki é uma forma complementar de cura. A palavra "reiki" tem origem japonesa e significa "energia vital universal".

Por tratar-se de uma terapia energética natural, qualquer pessoa pode aprendê-lo, desde que iniciado por um mestre reiki. É muito importante salientar que o reiki não possui vínculo com nenhum tipo de religião e que esta terapia tem um caráter bem científico.

Ao estudar a energia do corpo humano, vários cientistas, como a renomada norte-americana Barbara Ann Brennan, já comprovaram a eficácia do reiki, tanto que em países como a Alemanha, Dinamarca e Suécia a técnica é utilizada em hospitais, principalmente em situações pós-operatórias, para amenizar as dores da cirurgia e também para reduzir o período de internação. O reiki tem sido difundido pelo mundo nos últimos anos e é cada vez maior o número de pessoas que têm aderido à técnica através de cursos ministrados por mestres reiki.

Normalmente, os alunos procuram o curso de reiki para atingir autoconhecimento e equilíbrio emocional, sendo que em noventa e nove por cento dos casos as mudanças são muito significativas. Atualmente, as pessoas estão cada vez mais doentes, utilizando uma série de medicações controladas, os famosos "remédios tarja-preta", e o reiki tem se mostrado um importante aliado contra essas doenças.

Após os cursos de reiki, os alunos acabam descobrindo um mundo completamente novo, um mundo de cura natural, harmonia, equilíbrio, bem-estar e autoconhecimento.

Através do reiki podemos conquistar inúmeros benefícios, mas acredita-se que o mais significativo deles seja o poder de superação que ele nos dá; o poder de superar-se a si mesmo e os obstáculos que a vida nos traz a cada dia, nos tornando seres mais evoluídos e fazendo com que o ambiente e as pessoas à nossa volta evoluam também, como uma grande corrente de luz.

Algumas aplicações do reiki:

- Equilibrar os fluxos energéticos dos seres vivos em níveis mental, emocional, físico e espiritual;

- Gera paz interior, relaxamento, tranquilidade e leveza;

- Auxilia na eliminação de substâncias tóxicas do organismo;

- Aumenta a imunidade do organismo, prevenindo a ocorrência de doenças;

- Tem poder analgésico e cicatrizante, diminuindo notadamente o tempo de reabilitação – em casos de fraturas, luxações, cirurgias, quimioterapias, radioterapias etc.

- Age rapidamente, revertendo estados deprimidos, angústias, fobias, medos;

- Cria confiança, segurança, coragem, força e otimismo;

- Facilita o bom funcionamento do organismo como um todo;

- Excelente poder calmante e antiestresse;

- Alivia rapidamente dores físicas em geral;

- Melhora a qualidade do sono;

- Tem ótimo efeito contra sinusites, rinites, enxaquecas;

- Melhora o nível de qualidade dos relacionamentos;

- Melhora a saúde das plantas e animais;

- Gera clareza de pensamentos;

- Estimula a intuição e a criatividade;

- Aumenta a disposição física;

- Equilibra o emocional;

- Aumenta o poder nutritivo e elimina energias negativas dos alimentos em geral;

- Potencializa o efeito de remédios, chás, florais, cristais;

- Gera expansão da consciência, criando tranquilidade e segurança para enfrentar desafios, quebrar barreiras e vencer dificuldades;

- Enquanto o praticante canaliza reiki para terceiros, ele também se beneficia com os efeitos da energia;

- O reiki mantém o praticante energizado, pois a energia canalizada é universal;

- Além de utilizar em terceiros, o reiki pode ser utilizado para o autotratamento;

- Qualquer um pode aprender reiki com facilidade, não depende da capacidade intelectual e nem da capacidade de meditação. Não necessita de anos de prática;

- Permite ao usuário criar ilimitadas formas de uso para benefício próprio e coletivo;

- É uma ferramenta, uma oportunidade que possibilita a transformação do carma coletivo, pois gera modificação da energia consciencial;

- Aumenta a nossa frequência vibratória no chacra cardíaco;

- Nos faz receber energia cósmica, que muda nossa consciência para melhor;

- Muda a informação do DNA espiritual para uma nova evolução dos seres, para novas gerações encarnadas, para a evolução do planeta Terra;

- O reiki obedece às leis de causa e efeito, por isso ele não anula o carma, acelera o processo de término, fazendo a pessoa ter aprendizados;

- Ele nos desafia em aumentar nossas percepções;

- A iniciação habilita a pessoa para unir o Rei e o Ki para a qualificação, para sintonizar na nova frequência;

- Desperta o poder curativo de cada um;

- Faz a pessoa sair de adormecida para portadora de luz, dá um salto quântico na sua energia;

- Irriga a glândula pineal (7º chacra), que é responsável pela intuição e pela fé;

- Com a prática, vai eliminando nossa ignorância, ego, apegos e medos;

- O reiki é abundante, a fonte jamais se esgotará, use-o com amor e respeito, e ele fluirá!

Xamanismo

O termo xamanismo é de origem siberiana, baseado no conceito do saman, que identifica aquele que é inspirado pelo espírito, aquele que não perdeu a conexão, a integração.

O xamanismo teve a sua origem há milhares de anos, quando nossos ancestrais decidiram superar todos os obstáculos impostos no caminho da evolução. Através da integração com o meio ambiente, confiança e determinação descobriram as fórmulas que iriam garantir a sua sobrevivência. Não possuíam tecnologia avançada, mas com a necessidade de vencer e sobreviver criaram técnicas naturais, se organizaram, desenvolveram e ativaram plenamente seu poder pessoal. Os guerreiros antigos, utilizavam toda a força do seu universo interior e uma enorme integração com a natureza, as quais o xamanismo decodificava e direcionava em prol de sua sobrevivência e sucesso.

O xamanismo possibilitou um maior senso de comunidade, união, organização e disciplina, além de uma maior autoconfiança, integração ambiental e conexão, em que tudo torna-se sagrado na espiritualidade natural. As formas existentes na natureza eram então respeitadas como sendo espíritos que formavam uma única família, uma lição que poderíamos aplicar nos dias de hoje para melhorar todas as nossas relações. Também foi responsável pelo surgimento de várias técnicas de cura, estratégias, filosofia e artes. Várias técnicas muito antigas são utilizadas até hoje, reconhecidas por comunidades científicas, outras com características tradicionais milenares reconhecidas popularmente, enfim, o importante é que essas maravilhosas técnicas naturais e evolutivas ainda estão sendo utilizadas e, com certeza, sempre serão utilizadas pela humanidade em seus processos de cura.

O xamanismo é muito profundo, é uma linda filosofia de vida, onde honramos e agradecemos ao Todo a possibilidade de estarmos aqui, neste planeta mãe escola, evoluindo, crescendo, respeitando toda a existência, resgatando a integração com a mãe natureza. Os guerreiros da luz têm como missão buscar a paz, saúde, sucesso, equilíbrio entre corpo, mente e espírito e ampliar sua visão sobre tudo. Sabemos que cada um de nós tem a responsabilidade de escrever sua história pessoal de forma harmoniosa e íntegra, permeada pelo perfume do amor.

No xamanismo, reconhecemos que somos uma semente, um microuniverso de infinitas possibilidades, nos preparando a todo instante para se tornar uma árvore bela, viçosa e frutífera.

O xamanismo é a síntese da espiritualidade, da integração e da essência divina. Não tem nenhuma conotação religiosa, em que seu templo é a própria natureza.

Praticar xamanismo é buscar a excelência espiritual, é enxergar a realidade existente por trás dos conceitos e se harmonizar com as marés naturais da vida, valorizando a essência e não a forma, ampliando assim sua consciência ecológica planetária, reconhecendo a importância de cuidarmos muito melhor da mãe Terra, pois sabemos que o planeta está gritando e se faz necessário assumirmos nossas responsabilidades para termos uma qualidade de vida verdadeiramente melhor, respeitando a nossa geração e as gerações futuras, lembrando sempre que o nosso planeta Terra não é descartável. Para isso precisamos repensar de forma coerente sobre nossos hábitos, buscando exercer atitudes muito mais responsáveis.

(Texto de Vitor Hugo França – www.luzdaserra.com.br/enciclopedia)

Tratamentos espirituais

A expressão tratamento espiritual é utilizada para abranger um conjunto de métodos de cura praticados em centros espíritas, espiritualistas ou afins, que têm como objetivo o auxílio no tratamento de doenças do corpo ou da mente.

São denominados de "espirituais" pelo fato de serem realizados – no corpo físico ou no chamado perispírito – por espíritos desencarnados, com o eventual auxílio de um médium. No primeiro caso, no Brasil, por exemplo, ficaram famosas as cirurgias praticadas pela entidade que se denomina Dr. Fritz, através do médium José Arigó.

Sob a ótica da doutrina espírita, alterações no chamado "corpo espiritual" (perispírito) são capazes de afetar a ordem molecular no corpo físico, podendo enfraquecer ou fortalecer o organismo, determinando estados de doença ou de saúde. Segundo o neurologista Nubor Orlando Facure, "toda doença, de qualquer natureza, tem sempre uma motivação espiritual". Sendo o corpo material e o espiritual oriundos da mesma Fonte – o chamado "fluido cósmico universal" (Allan Kardec. *Revista Espírita*, 1866.), intervenções na esfera do perispírito podem resultar em danos ou benefícios à saúde do corpo material.

Tipos de tratamentos espirituais

Psicoterapia reencarnacionista e regressão terapêutica

A Psicoterapia Reencarnacionista nasceu em Porto Alegre/RS, em 1996. É um sistema de cura canalizado pelo médico Dr. Mauro Kwitko, e sua proposta é expandir o território de atuação da Psicologia e Psiquiatria. É uma nova escola terapêutica que tem como pilares básicos a personalidade congênita, a reencarnação, a regressão terapêutica e a atuação de espíritos obsessores.

Estudando a personalidade congênita, nosso nascimento não seria o início da vida, mas a continuação de uma existência anterior, e a morte do corpo físico seria o encerramento de um ciclo que continuará numa próxima vida.

Considerando a reencarnação, expandimos nossa visão e muitos preconceitos de rótulos e "cascas" são eliminados, pois, como posso ter preconceito religioso ou racial se em outra vida podemos ter sido de uma outra raça ou religião?

Muitos sentimentos processados em nosso ser e sem aparente explicação nos atormentam a cada instante. A Psicoterapia Reencarnacionista acredita que esses sentimentos são inferioridades que nos acompanham há centenas e até há milhares de anos. Esses sentimentos são aflorados a cada instante através dos gatilhos: situações ou pessoas que com suas ações afloram nossas inferioridades. Existem também em nosso caminho as armadilhas, situações aparentemente benéficas, que nos levam à ilusão e ao distanciamento de nossa missão de alma.

O método curativo aplicado na Psicoterapia Reencarnacionista é a regressão terapêutica. Nesse método é realizado um relaxamento, uma expansão da consciência que nos leva até o momento em que nossos traumas foram gerados para que ocorra um desligamento dos fatos traumáticos. Como nossa condição humana é limitada, a regressão é realizada pelo Plano Espiritual.

O terapeuta atua de forma assistente, pois o Plano Superior se manifesta para que o consultante tenha uma recordação fiel dos fatos e também para que compreenda a finalidade de sua encarnação. Depois da regressão, normalmente a pessoa compreende quais sentimentos veio curar nessa vida, e novas possibilidades se descortinam, trazendo principalmente autoconhecimento.

O método de regressão da Psicoterapia Reencarnacionista é conhecido como "Regressão Ética" inclusive recomendado pela Federação Espírita, por não infringir a lei do esquecimento. Como a regressão é realizada pelo Plano Espiritual, os mentores espirituais somente permitem o acesso às informações que o consultante está pronto para ver, dependendo de seu nível consciencial.

É uma incrível técnica de cura, que traz maior entendimento sobre a finalidade de nossa vida atual, um maior esclarecimento sobre nossa missão de alma e também maior humildade e felicidade, nos trazendo maestria para lidar com os desafios diários.

Para mais informações recomendamos o site: www.abpr.org

Passe espírita

O passe, segundo definido pela doutrina espírita, corresponde a uma transmissão de fluidos magnéticos e/ou espirituais de um indivíduo para outro, podendo, uns e outros, estarem encarnados ou não.

Nos centros espíritas e em outras instituições espiritualistas há, durante as sessões públicas, um momento reservado para a aplicação de passes. Acreditam os espíritas que, nessa atividade, o médium age como intemediário entre os espíritos e os beneficiados, sendo eles, os espíritos, os emissores dos fluidos benéficos. Dizem ainda os espíritas que, para que as energias benéficas fluam livremente, é necessário que o médium faça o seu trabalho em estado de prece e com amor no coração.

O passe espírita é feito sempre com o médium utilizando as suas mãos, que podem ser impostas de forma estática sobre o beneficiado ou movimentadas ao redor de seu corpo, sempre, no entanto, sem se dar o toque físico entre os dois. Em outras casas espiritualistas, por outro lado, o passe pode incluir toques físicos da mão do médium sobre o beneficiado e sopros daquele sobre partes do corpo deste.

Fluidoterapia (água fluidificada)

A água fluidificada é utilizada nos centros espíritas e em diversos centros de outras tradições espiritualistas. Essa água é utilizada como um depósito de fluidos espirituais benéficos que são nela mantidos durante um bom período.

Em alguns centros, os frequentadores são orientados a trazer de casa garrafas com água e deixarem-nas em determinado local do centro para que ali receba, durante a sessão, os fluidos benéficos transmitidos pelos espíritos, podendo eles levá-las de volta para casa ao final da sessão e beber da água em pequenas doses, obtendo, assim, o benefício contido na água fluidificada. Em outros centros, a água fluidificada é servida em copinhos aos frequentadores, que a ingerem no próprio local.

Receituário homeopático

A tradição de receituário homeopático em centros espíritas e espiritualistas remonta aos primórdios do movimento, não sendo, porém, muitos aqueles onde isso ocorre hoje em dia. Neste tipo de tratamento, há um médium que escreve as receitas após ouvir os problemas dos consultantes que procuram o tratamento.

Os medicamentos são informados por espíritos médicos, caso em que o médium faria apenas o que o nome diz, isto é, servir de meio pelo qual a receita seria passada para o papel.

Conforme o entendimento da doutrina espírita, é importante que o médium seja médico homeopata ou o tenha sido em existência anterior, de modo a facilitar a alegada utlização pelo espírito receitista dos seus registros mentais sobre o nome dos remédios e a dosagem de cada um, conforme apropriado para cada caso.

Tratamento à distância

O chamado "tratamento à distância" é praticado em muitos centros espíritas e espiritualistas. Destina-se a atender a pessoas que, por motivo da doença que têm, ou por morarem muito longe, não podem comparecer ao centro pessoalmente.

Nessa forma de tratamento, segundo afirmam as obras espíritas que tratam do tema, um médium leria os dados do paciente que seriam por ele mentalmente passados a espíritos que, então, visitariam o doente com vistas a tratar de sua saúde.

Apometria

A apometria é uma técnica de tratamento espiritual criada pelo farmacêutico e bioquímico porto-riquenho Luis Rodrigues, quando jovem e residente no Rio de Janeiro. Afirmava ele ter descoberto que, através de uma contagem progressiva, se podia obter o desdobramento anímico das pessoas e levá-las a hospitais do mundo espiritual onde suas enfermidades seriam diagnosticadas e onde elas seriam tratadas.

Luiz Rodrigues denominou o tratamento de hipnometria, termo que, para evitar confusão com outras formas de tratamento que usam de hipnotismo, segundo relata o Dr. José Lacerda Azevedo, foi rebatizado por este de apometria. O termo apometria deriva do grego *apo*= separar e *metron*= medir, tendo-se consagrado como designativo do tratamento espiritual por meio do alegado desdobramento anímico provocado por uma sequência de pulsos ou comandos energéticos mentais.

A apometria é um tipo de tratamento espiritual praticado em diversos centros espíritas e espiritualistas, com muitos casos de sucesso.

Cirurgia espiritual

A cirurgia espiritual, segundo a Doutrina Espírita, é um tipo específico de passe que é aplicado para o restabelecimento energético de um determinado órgão interno de um indivíduo, sem qualquer intervenção física. Estas cirurgias aconteceriam muitas vezes sem o indivíduo se dar conta, principalmente enquanto dorme.

Como ocorre com tudo mais que envolve tratamentos espirituais, a seriedade de um centro onde se pratica "cirurgia espiritual" costuma ser avaliada pelos espíritas a partir de dois critérios básicos: as cirurgias não devem ser cobradas aos doentes e o centro onde elas ocorrem deve insistir para que os doentes não abandonem de forma alguma o tratamento médico convencional que vêm fazendo ou que procurem atendimento médico caso não o tenham ainda feito.

É cada vez maior o número de pessoas que, através das cirurgias espirituais, acessam níveis de cura considerados impossíveis pela medicina alopática.

História e origem das medicinas

500 d.C - Venha até aqui e coma esta raiz!

1000 d.C. - Esta raiz é coisa de ateu, faça uma oração ao Deus que está no céu!

1792 d.C. - O Deus não está no céu, quem reina é a razão. Venha até aqui e beba esta poção!

1917 d.C. - Esta poção é para enganar o oprimido, sugiro que você tome um comprimido!

1960 d.C. - Este comprimido é antigo e exótico! Chegou a Nova Era, tome antibiótico!

1990 d.C. - Agora o antibiótico te deixa fraco e infeliz! Há um novo tratamento: coma essa raiz!

Resumo

- A medicina holística sempre esteve presente no planeta Terra e consiste na busca pelo equilíbrio, bem-estar e felicidade.

- Através de técnicas simples, de integração com a natureza e com o nosso Eu Divino, encontramos nossa saúde.

- Os cinco elementos que constituem a matéria (ar, fogo, minerais, água e éter) também se encontram dentro de nós e são sensivelmente afetados por nossas emoções, pensamentos e sentimentos.

- Quando nossas emoções estão em desequilíbrio, desregulamos nossos sistema glandular, gerando substâncias desnecessárias ao organismo, baixando a imunidade, o que nos torna suscetíveis à vírus e contaminações, gerando a doença.

- A medicina alopática ocidental é relativamente jovem e existem medicinas milenares e tradicionais como a medicina tradicional chinesa, a medicina tibetana e a medicina ayurvédica;

- Muitas vezes recorremos a tratamentos alopáticos, necessários quando existe uma manifestação física da doença.

- Na maioria das vezes, a doença está relacionada com fatores internos como o desequilíbrio das emoções, por exemplo, e a cura precisa ser gerada no mesmo local em que nasceu a doença.

- Por exemplo, em um caso de depressão, muitas vezes recorremos à alopatia através das medicações ansiolíticas e antidepressivas. Porém, nesse caso a alopatia como fator externo só anula a percepção de realidade do consultante, impedindo a cura profunda. Quando uma depressão ocorre, é como se acontecesse uma "pane geral" em todo o sistema e tudo precisa ser reformado. O ideal nesse tipo de tratamento é a integração das medicinas, proporcionando ao doente uma reforma íntima em seus padrões de pensamentos, sentimentos e emoções, revendo conceitos e encontrando o equilíbrio internamente, através das terapias naturais e integrativas.

Perguntas e respostas sobre o tema

1. Se somos seres divinos, por que a doença se manifesta em nosso corpo?

A dor e a doença são sinais emitidos pelo nosso corpo para sinalizar que algo dentro de nós se encontra em desequilíbrio, ou seja, fora do contexto divino. As dores acontecem para que possamos compreender nossos mecanismos internos, é um sinal de que algo não vai bem, de que precisamos parar para refletir sobre nossas atitudes e comportamentos.

2. Qual o nível de eficácia das terapias alternativas?

As terapias possuem um alto grau de eficácia, pois partem do princípio de que o ser é integral e não segmentado com partes independentes umas das outras. Dentro dessa prática, o ser não é tratado por especialidades. Nas terapias alternativas trata-se o doente e não a doença. Em alguns casos, o tempo de cura é mais lento porque é necessária uma reforma íntima, mudando padrões de pensamento estabelecidos há muitos anos. Algumas doenças levam muitos anos para serem construídas, então é natural que haja uma recuperação mais lenta e gradual para que se construa uma cura profunda. Mas, normalmente, a estatística dentro das curas naturais é de que a cura se estabeleça em três por cento do tempo que a doença levou para ser construída. Por exemplo, uma doença construída em vinte anos de pensamentos, sentimentos e emoções desequilibrados necessita de seis meses de tratamento alternativo para que a cura profunda se estabeleça. Isso tudo, graças ao nosso sistema imunológico que, quando equilibrado, trabalha rapidamente para estabelecer a cura, bastando que nossa consciência seja ajustada para isso.

3. Como sei quando tenho que utilizar a medicina alternativa ou a medicina alopática ocidental?

A medicina alopática ocidental é extremamente importante e nos ajuda muito quando a dor ou doença já estão manifestadas fisicamente. Imagine uma febre alta, enxaqueca, ou um ferimento provocado por um acidente sem a medicação alopática? Seria um grande sofrimento. Porém, nos dias atuais, com a facilidade de chegarmos até a farmácia, estabeleceu-se uma cultura de irmos diretamente ao remédio sem antes questionar internamente qual o tipo de sentimento que gerou a dor ou doença. A medicação alopática deve ser acompanhada de grandes doses de consciência.

Nos casos que ainda não possuem dores e manifestações físicas podemos incluir a medicina alternativa sempre. Por exemplo, estresse provocado por preocupação, gerando insônia: reiki, yoga, meditação, fitoenergética, massagem ayurvédica, shiatsu e outras técnicas funcionam muito bem. Vale muito a pena experimentar.

4. O que é tratamento espiritual? Quando deve ser utilizado?

Os tratamentos espirituais são muito utilizados em casos graves, de pessoas que foram diagnosticadas com doenças sem cura. Essas doenças também trazem aprendizados, principalmente às pessoas mais materialistas e céticas. A falta de opções na medicina alopática ocidental leva essas pessoas à busca de cura em diversos espaços espiritualistas como centros espíritas e ali elas acabam encontrando cura, fé e espiritualidade, e ao desenvolver esse aspecto tornam-se pessoas mais felizes e equilibradas.

Os tratamentos espirituais devem ser utilizados sempre que a pessoa através de sua intuição acreditar que é necessário. Existem muitos tipos de tratamentos espirituais, como passe espírita, cura prânica, meditação, orações, cirurgias espirituais, mas o mais preventivo e eficaz é o conhecido "orai e vigiai", para que possamos manter nossos pensamentos e sentimentos em estado de pureza. O equilíbrio das emoções é o maior bálsamo do espírito. É a luz que precisamos para manter nossa saúde estável.

5. Como faço para identificar um bom terapeuta holístico?

Para identificar qualquer situação, possuímos nosso leme interior, que nos diz o que é bom ou ruim para nós, o que é certo e errado: a intuição. Ela deve ser utilizada em todos os casos e só temos uma maneira de desenvolvê-la: testando. Agende uma consulta com um terapeuta alternativo e experimente. Vá de coração aberto, ouça o que ele tem a dizer. Verifique a estrutura do local de atendimento, a higiene, a cordialidade das pessoas que ali trabalham, a seriedade, procure indicação de seus amigos e, principalmente, questione com seu coração; ele saberá responder o que é bom ou não para você. Atualmente é crescente o número de espaços terapêuticos sérios e engajados no trabalho das terapias da Nova Era. Experimente, vale a pena.

Na prática

- As dores e doenças manifestam uma mensagem expedida pelo inconsciente ou espírito.

- Existem muitas medicinas, e todas devem trabalhar de forma conjunta, integrando conceitos para que se proporcione a cura e o equilíbrio do todo: esse é o conceito holístico.

- Na natureza encontramos todos os elementos necessários para nossa cura, de forma simples e equilibrada.

- Nessa Nova Era em que vivemos, precisamos aprender a enxergar a saúde considerando todos os aspectos: energéticos, mentais, emocionais e físicos; pensar dessa forma é ser holístico.

- Antes de utilizarmos uma medicação alopática por períodos prolongados, o ideal é que façamos uma reforma íntima, procurando compreender quais os sentimentos, pensamentos e emoções desequilibradas que geraram a doença.

- Através de uma consciência holística, de terapias energéticas e naturais, poderemos detectar a doença antes de sua manifestação física, ganhando tempo, facilitando as coisas e trazendo autoconhecimento.

Capítulo 16

O livre-arbítrio e a Missão de cada um

"Só existe uma missão para cada um de nós: aquela que Deus quer."

Jesus Cristo.
Do livro Um Curso em Milagres

Segundo as tradições filosóficas, livre-arbítrio é uma expressão que denota a faculdade que o homem tem de determinar-se a si mesmo.

O nosso estado de liberdade é permeado pelas mais diversas decisões a todo instante. Temos liberdade para decidir desde as coisas mais simples como sair de casa ou não até o que vamos comprar no supermercado e também decidir qual curso universitário faremos ou a grande decisão de ter filhos ou não. Todas as nossas decisões estão atreladas ao carma. Até o fato de termos livre-arbítrio parte de uma decisão que tomamos em um tempo muito longínquo, quando todos nós éramos uma alma única. Essa alma angelical e feita à imagem e semelhança do Criador, um dia decidiu experimentar a matéria e se densificar. O estado de densificação chegou a tal ponto, que essa alma, para poder experienciar mais e mais, foi se dividindo e densificando, até que chegamos ao estágio em que hoje nos encontramos: separados. Esse estado de separação e superidentificação com a matéria faz com que pensemos que somos individuais. Materialmente fomos individualizados, por nossa própria escolha, porém, todos os nossos pensamentos, sentimentos e emoções formam uma única energia, a teia da vida que habita nosso planeta.

No passado, quando tomamos essa decisão de separação, criamos o ego negativo, o sistema de crença baseado no medo e na separação, que algumas culturas e filosofias utilizam muito bem até hoje para manipular as consciências daqueles que vivem em um piloto automático, sem parar para pensar nas suas questões espirituais.

Embora pensemos que somos livres para decidir, o nosso livre-arbítrio é extremamente limitado. Tão limitado quanto uma criança que está em seu berço com apenas alguns meses de idade: ela pode até se mexer no berço, chorar, pode decidir se levanta ou não, mas existem os limites naturais que a impedem de ir mais longe: os limites impostos pelo próprio berço e a sua condição infantil e imatura, que não permite andar, falar ou fazer tudo aquilo que seu espírito gostaria. Assim somos nós, com apenas cinco sentidos desenvolvidos e caminhando a passos lentos rumo ao desenvolvimento de um sexto sentido chamado intuição. Estudiosos afirmam que, além dos sentidos que conhecemos, possuímos mais dezessete não desenvolvidos. Os Grandes Mestres que atingiram um alto grau de iluminação possuem seus sentidos desenvolvidos e aguçados.

Nós seres humanos e todos os outros seres somos regidos por leis muito maiores e estamos inseridos em um contexto único onde prevalece somente uma vontade: a Vontade da Fonte, de Deus, do Pai Maior.

O universo é uma corrente evolutiva que flui para uma determinada direção. Não podemos impedir esse fluxo, então não seria mais sensato nadarmos juntamente com a correnteza? Seria menos cansativo, mais prazeroso e também mais rápido. Nosso livre-arbítrio apenas permite que tomemos a decisão de evoluir agora ou depois, pois nossa missão já é predeterminada: evoluir.

Podemos dizer que genericamente nossa missão maior é a evolução, tornando-nos cada dia melhores nos aspectos inferiores de nossas vidas. Se a cada dia sentirmos menos aspectos inferiores, podemos dizer que estamos evoluindo.

Se a cada dia percebermos os sentimentos de raiva, mágoa, tristeza, inveja, crítica e tantos outros que permeiam nossa vida, já estaremos caminhando em direção à cura: a consciência é o primeiro passo. Depois é só orar e vigiar a cada instante, prestando atenção em cada decisão tomada.

Como uma incrível bússola, Jesus Cristo e tantos outros Mestres nos ensinaram a regra de ouro: "Não faça ao outro aquilo que você não gostaria que fizessem para você". Existe alguma outra frase que explique de forma tão perfeita o conceito de alma única? Quando faço ao outro algo de ruim, esse sentimento também se manifesta em mim, pois somos todos um só. Precisamos ter muita atenção em todas as nossas decisões, pois elas ditam o rumo de nossa evolução e de nossa felicidade. Por isso o maior desafio do ser humano é usar seu livre-arbítrio com discernimento para com isso realizar plenamente a missão da sua alma, que é evoluir sempre.

Abaixo, algumas decisões que podemos praticar diariamente para curarmos nossa vida.

Podemos decidir diariamente entre:

- O mau humor e o bom humor;
- O sofrimento e o aprendizado;
- A evolução pela dor ou pelo amor;
- A imprudência e o discernimento;
- A raiva e a paciência;
- O ego negativo e a compaixão;
- Enxergar com olhos terrenos ou com olhos crísticos;
- Ser manipulado ou ser livre;
- Ser igual ou ser único;
- Ser material ou ser completo;
- Viver na ilusão ou viver na verdade;
- Ver a Terra como mãe ou como depósito de lixo;
- Prender-se a uma única crença ou estar aberto a aprender;
- Ser amoroso ou ser egoico;
- Ser sorridente ou ser fechado;
- Enxergar o lado ruim das pessoas ou o lado divino de cada um;
- Estar atento ou distraído;
- O desperdício e a sabedoria;
- A ignorância e o conhecimento;
- Ser treva ou ser luz;
- Ser um anjo ou um obsessor;
- Ser seguro ou inseguro;
- Ser uma vítima indefesa ou a luz no fim do túnel;
- Ver o que todos veem ou ver o que realmente existe;
- Ver o mundo colorido ou vê-lo em preto e branco;
- A compaixão e o descaso;

- A meditação e o piloto automático;
- O consumismo e a moderação;
- O desejo e a consciência;
- A meditação e a medicação;
- A organização e a bagunça;
- A disciplina e o desleixo;
- Os bons exemplos e as más referências;
- A gentileza e a grosseria;
- A humanidade e a prepotência;
- A calma de Deus ou a impaciência do ego;
- A ansiedade e o prazer de degustar um dia de cada vez;
- Dar um conselho, oferecer uma ajuda ou ignorar seu irmão;
- A coragem e a fraqueza;
- Pregar princípios ou viver de acordo com os princípios;
- O perdão e o rancor;
- Saber calar ou falar na hora errada;
- A preguiça e o trabalho espiritual;
- A gratidão e a falta de consideração;
- O determinismo e a flexibilidade;
- O céu e o inferno, ambos são estados de consciência;
- Ser flexível como o bambu ou duro como o ferro;
- Ser honesto ou desonesto;
- Ser gentil ou ser grosseiro;
- A paz e a guerra;
- Comprar um produto reciclado ou uma mercadoria originária de uma espécie ameaçada;
- Ser um criador do amor ou um destruidor da virtude;
- Preocupar-se com futilidades ou estar atento à própria essência;
- Ser moderado ou consumista;

- Viver por viver ou ser intensamente vivo;
- Velejar nas águas do bem ou afogar-se nas profundezas da maldade;
- Buscar discernimento ou viver na ilusão;
- Limitar-se ou buscar o ilimitado que vem da luz;
- Reclamar ou contemplar;
- Assumir seu lugar no mundo ou esconder-se;
- Ficar em cima do muro ou posicionar-se;
- Ser o dono do seu destino ou deixar a vida te levar;
- Ser o mais natural que puder ou agir contra a natureza;
- Separar seu lixo ou destruir seu planeta;
- Perdoar-se ou viver em constante perturbação, culpando-se;
- Conquistar amizades ou inimizades;
- Evoluir ou não.

Permita-se ser luz, ser feliz. Dê uma chance para você mesmo, independente do seu passado. Busque sua evolução, você só tem esse momento sagrado para isso!

Resumo

- Você tem uma missão?
- Você já pensou sobre isso?
- Qual o seu propósito aqui na Terra?
- Somos únicos em nossa essência e genericamente a nossa missão é evoluir.
- Cada um de nós possui internamente uma programação, que prevê a melhoria de aspectos inferiores específicos.
- Essa programação interior é muito bem guardada e sutil. Ela serve como um leme em nossas vidas. Conhecendo-a bem, aprenderemos a decidir com sabedoria.

- Evoluir significa melhorar os aspectos inferiores da personalidade – raiva, medo, ansiedade, tristeza, egoísmo, ego, vaidade, orgulho, futilidade, comodismo, rebeldia, depressão, pessimismo etc.

- Como podemos evoluir se desconhecemos os nossos defeitos?

- Através dos gatilhos, que são situações ou pessoas atraídas por nós mesmos, para que as nossas inferioridades sejam reconhecidas e transmutadas.

- Os gatilhos atuam aflorando as nossas inferioridades, pois normalmente estão associados a situações "difíceis". Os gatilhos são importantíssimos para nossa evolução e através deles podemos medir a nossa condição geral e nos autoconhecermos melhor.

- Tudo, efetivamente tudo, de bom ou ruim que está ocorrendo em nossas vidas, somos nós quem atraímos, pelo nosso padrão mental e pelas necessidades de aprendizado que temos.

- Não existem vilões, nem culpados, tampouco vítimas.

- A família nessa ótica é a união de espíritos unidos por laços cármicos e de afinidade.

- Somos a resultante de nossas escolhas e elas servem para que nos aproximemos ou nos distanciemos da missão de nossa alma.

- Quando nos desviamos do caminho, as flechas dos anjos nos mostram a necessidade de fazermos reformas, mudarmos o rumo.

- Alguns exemplos de flechas dos anjos: demissões, acidentes, dívidas, doenças, crises em geral, assaltos, as coisas não fluem etc.

- A dor e a doença são "técnicas pedagógicas" de Deus, com o objetivo de estimular a reflexão e a mudança de padrão.

- Nosso planeta é uma escola! Aqui existem as condições das quais precisamos para nossos aprendizados.

PERGUNTAS E RESPOSTAS SOBRE O TEMA

1. O que é livre-arbítrio?

Livre-arbítrio é o nosso poder de decidir e optar pelos caminhos que desejamos seguir. Temos a ilusão de que podemos decidir tudo, mas nosso livre-arbítrio é limitado e temporário. Podemos até tomar pequenas decisões, mas as grandes decisões cabem à ordem cósmica que tudo regula e tudo sabe. Essa ordem é subordinada às leis naturais, como a lei do carma, por exemplo, que é muito maior e abrangente, tornando as nossas decisões muito limitadas.

2. Qual a relação do livre-arbítrio com a missão de nossa alma?

A relação é direta, pois todas as nossas escolhas possuem o único objetivo de nos aproximar ou de nos afastar da missão de nossa alma. Todas as decisões que tomamos, sem exceção, determinam o andamento do nosso projeto de evolução em todos os aspectos.

3. Qual a maneira mais eficaz de evoluir espiritualmente?

Não existe uma receita e cada um tem seu caminho particular. Cada um de nós também decide qual o ritmo de sua evolução. Algumas pessoas decidem evoluir mais rápido, buscando a cura de seus sentimentos e emoções, autoconhecimento, melhorando características negativas. Todos esses fatores geram equilíbrio, paz interior e nos aproximam da evolução espiritual. Porém, não existe um caminho errado, existem caminhos diferentes para evoluir, portanto aquelas pessoas que decidem evoluir mais devagar não dedicam atenção à sua cura e "abandonam-se", principalmente porque possuem uma tendência de se concentrar na evolução alheia, criticando e apontando defeitos. Precisamos lembrar sempre, que viemos ao mundo para melhorar o **NOSSO** espírito e não o espírito das outras pessoas.

4. Qual a dica para quem quer evoluir sem sofrer?

Que evolua por autoestima, por amor ao seu espírito e que não precise provar de uma dor, que é um remédio muito amargo, para evoluir. Seja um bom estudante, pois quando as provas da vida vierem você estará devidamente preparado para enfrentá-las e tirar nota 10.

5. Onde posso encontrar exemplos?

É só olhar para a vida dos Grandes Mestres, que são exemplos de amor e virtude, e agir como cada um deles agia: com sabedoria, amor, poder pessoal e conexão com as esferas superiores. Bons exemplos não faltam, o que precisamos é recordar os ensinamentos desses Grandes Seres. Jesus, Krishna, Buda, Yogananda, Madre Teresa, Allan Kardec, São Francisco de Assis e muitos outros Mestres viveram de acordo com os princípios divinos e conseguiram cumprir sua missão com êxito. Também podemos, é só querer e se dedicar.

Na prática

O Universo sempre dá os sinais que precisamos para ajustar a rota e reconhecer o caminho certo (as flechas dos anjos);

Sinais que nos mostram se estamos no caminho certo da missão de nossa alma:

- Você olha para suas fotos mais antigas, mesmo tendo a noção de que está envelhecendo fisicamente, gosta mais de ser como você é agora;

- Você tem bom humor constante, facilidade para sorrir e por onde anda é notado por seu alto astral;

- Você não alimenta culpas, não culpa o próximo, bem como não se autopenaliza pelos erros cometidos. Entende que foi um aprendizado e prefere olhar para frente querendo fazer melhor;

- Sua saúde é boa, dificilmente contrai doenças;

- Acidentes, assaltos, fracassos, crises intensas não acontecem com frequência em sua vida;

- Você atrai pessoas boas, seu ciclo de amizades é constituído de pessoas íntegras e de moral elevada;

- Você tem o costume de rezar e buscar as respostas internamente no silêncio da meditação ou oração;

- Você segue sua intuição, tem consciência de que ela é a gerente geral da sua missão de alma. Utiliza a percepção do coração como uma forte aliada nas suas decisões.

Dicas para ser feliz na prática:

- Mantenha seu nível de energia acima do inconsciente coletivo;

- Busque a sua missão, ajude que ela aflore;

- Ajude a coletividade a evoluir;

- Desligue-se das emoções, pensamentos e sentimentos negativos;

- Nossa missão está no simples, na família, no trabalho etc.

- Busque constantemente o Eu interior, nutrindo a espiritualidade, assuma compromissos com você mesmo;

- Não vá contra a natureza das coisas;

- Sua missão não está em outra pessoa;

- Quanto maior o número de pessoas que você ajuda, mais força você adquire para realizar a sua missão;

- Questione-se constantemente: *"Eu estou no caminho certo?"*;

- Para conhecer a missão é necessário antes conhecer-se intimamente, e isso requer uma reforma íntima.

Mensagem final

Amado leitor(a)! Juntos chegamos ao final de mais uma obra. É maravilhoso poder compartilhar de assuntos tão importantes para o nosso desenvolvimento espiritual.

Falar de espiritualidade é dividir o que temos de mais precioso!

Por isso, quando encontrar com seus amigos, em vez de fazer as mesmas perguntas de sempre, surpreenda-os perguntando:

– Como está sua evolução espiritual? Como está seu relacionamento com Deus?

Todos os dias limpamos nosso corpo físico com um bom banho. Mas e os demais corpos como estão? Como está nosso emocional? Mental? Espiritual. Estão limpos?

A visão holística de mundo é urgente e precisamos adicionar às nossas tarefas diárias um tempo para nosso espírito, pois ele é a razão de estarmos aqui na Terra.

Precisamos dispor diariamente de um tempo para cuidar de todos os nossos corpos de forma integral.

Desejamos que a prática faça parte de sua vida sempre, pois ela é o maior mestre que existe.

Vá em frente, busque seu caminho espiritual! Ninguém poderá fazê-lo por você. O primeiro passo você já deu, buscando leitura e informação. Agora é só continuar trilhando na sua senda da Maestria Espiritual.

Através da prática, aprendemos a desenvolver bons hábitos, que são muito saudáveis para conquistarmos elevados estados de paz, tranquilidade e felicidade.

Espiritualidade e Ação precisam andar juntas. Só através da prática e da disciplina no caminho espiritual, que no oriente os sábios chamam de Sadhana, é que podemos evoluir!!!

Boa jornada!

Abraço carinhoso e muita luz!

Até a próxima!

Bruno e Patrícia.

Referências Bibliográficas

BESANT e LEADBEATER, Annie e Charles Webster. *Formas de Pensamento*. São Paulo: Editora Pensamento, 2005.

BORGES, Wagner. *Viagem Espiritual II*. Londrina: Livraria e Editora Universalista Ltda, 1998.

BRENANN, Bárbara Ann. *Mãos de Luz*. São Paulo: Pensamento, 2006.

CÂNDIDO, Patrícia. *Grandes Mestres da Humanidade – Lições de Amor para a Nova Era*. Nova Petrópolis: Luz da Serra Editora, 2008.

GIMENES, Bruno José. *Decisões – Encontrando a Missão de Sua Alma*. 2 ed. Nova Petrópolis: Luz da Serra Editora, 2007.

_____. *Sintonia de Luz – Buscando a espiritualidade no século XXI*. Porto Alegre: Luz da Serra Editora, 2006.

KARDEC, Allan Kardec. *O Livro dos Espíritos*. 182.Ed. São Paulo: IDE Editora, 2006.

KWITKO, Mauro. *Como Aproveitar a Sua Encarnação*. 5. Ed. Porto Alegre: Besourobox, 2008.

_____. *Terapia de Regressão: Todas as Perguntas, Todas as Respostas*. Porto Alegre: Besourobox, 2007.

MAES, Hercílio. Ramatís. *Elucidações do Além*. 10. Ed. Limeira: Editora do Conhecimento, 2005.

_____. *Magia de Redenção*. 13.ed. Limeira: Editora do Conhecimento, 2006.

_____. *A Vida Além da Sepultura*. 12. ed. Limeira: Editora do Conhecimento, 2007.

_____. *A Vida Humana e o Espírito Imortal.* Limeira: Editora do Conhecimento, 2006.

_____. *Magia de Redenção.* 7. Ed. Limeira: Conhecimento Editorial Ltda, 1998.

MENEZES, Jorge. *Inteligência Quântica.* 2.ed. Porto Alegre: Besourobox, 2007.

ORLOVAS, Maria Sílvia. *Os Sete Mestres.* São Paulo: Madras Editora, 2004.

PARANHOS, Roger Bottini. *Sob o Signo de Aquário.* 4.ed. Limeira: Editora do Conhecimento, 2006.

REDFIELD, James. *A Décima Profecia.* 2.ed. Rio de Janeiro: Objetiva, 2009.

_____. *A Profecia Celestina.* 2.ed. Rio de Janeiro: Objetiva, 2009.

_____. *O Segredo de Shamballa.* 2.ed. Rio de Janeiro: Objetiva, 2009.

RINPOCHE, Chagdud Tulku. *Vida e morte no Budismo Tibetano.* Três Coroas/RS: Rigdzin Editora, 2000.

YOGANANDA, Paramahansa. *Autobiografia de um Yogue.* Rio de Janeiro: Seztante, 2006.

Transformação pessoal, crescimento contínuo,
aprendizado com equilíbrio e consciência elevada.
Essas palavras fazem sentido para você?
Se você busca a sua evolução espiritual,
acesse os nossos sites e redes sociais:

Luz da Serra Editora no **Instagram**:

Conheça também nosso **Selo MAP Mentes de Alta Performance**:

No **Instagram**:

Luz da Serra Editora no **Facebook**:

No **Facebook**:

Conheça todos os nossos livros acessando nossa **loja virtual**:

Conheça os sites das outras empresas do Grupo Luz da Serra:

luzdaserra.com.br

iniciados.com.br

luzdaserra

Luz da Serra®
EDITORA

Avenida Quinze de Novembro, 785 – Centro
Nova Petrópolis / RS – CEP 95150-000
Fone: (54) 3281-4399 / (54) 99113-7657
E-mail: loja@luzdaserra.com.br